ANGÈLE KREMER-MARIETTI

Michel Foucault

Archéologie et Généalogie

LE LIVRE DE POCHE

Une première version de ce texte a été publiée en 1974 aux éditions Seghers, dans la collection « Philosophie ».

Michel Foucault
Archéologie et Généalogie

On s'en souvient peut-être, tout a commencé avec une fresque somptueuse, l'*Histoire de la folie à l'âge classique.* Michel Foucault relatait les principales étapes du « grand renfermement ». Deux dates fixaient les bornes. 1657, fondation d'un « Hôpital général » où l'on interne les fous, mais aussi et indistinctement, les pauvres, les mendiants, les chômeurs, tous les nouveaux gueux du capitalisme naissant. 1794, libération des enchaînés de Bicêtre, lorsque l'on rend à la folie sa spécificité, qu'enfin on la dissocie de son horizon de délinquance : elle aura désormais ses asiles, ses espaces de guérison où s'appliquera un savoir particulier, la psychiatrie. Temps de fondation et de reconnaissance de la déviance psychologique, temps des grandes illusions. Car la folie, nommée, désignée comme mal, avec son lot de symptômes et de troubles, devenait du même coup un carcan nouveau pour enfermer le fou et le réduire au silence. 1794 : la Raison l'emportait, l'exclusion comme mode répressif était consommée. La modernité venait de naître.

Il n'est pas sans importance que le travail de Foucault ait débuté par là, ainsi que le montre Angèle Kremer-Marietti. Sous prétexte de brosser un tableau de la déraison, le philosophe finalement remodelait l'histoire de la Raison. Il fixait les moments de rupture, repérait les phases de transformation. Ainsi l'âge classique, ou le bouclage d'un cycle, quand l'Occident a changé de mode de penser... à partir, justement, de l'idée de Raison, ce dont témoigne l'enfermement des fous : signe massif qui expose le statut du changement, qui surtout révèle que dorénavant l'esprit occidental définit son *dehors* pour structurer son *dedans.* Une leçon de choses exemplaire. Dont la moindre conséquence sera de nous donner à comprendre sous quel régime nous vivons, dans quel type de rationalité, de nous amener à percevoir comment s'est effectué le passage d'une Raison à l'autre, de l'ancien au nouveau, d'une pensée qui se définissait par rapport à un *fond,* à une pensée qui s'est conçue à partir de ses *marges,* avec la folie comme limite extrême. Et au terme de la démarche s'élucidait alors, très logiquement, le système de pouvoir qui découlait de l'ordre mis en place dans les têtes. Notre ordre intellectuel, nos structures mentales d'aujourd'hui.

Car tel est bien l'objectif de Foucault, et toute son œuvre y converge : démonter un à un les rouages du pouvoir qui se perpétue depuis l'avènement de la modernité. Les travaux qui suivirent l'*Histoire de la folie* s'y consacrent pour l'essentiel. *L'Archéologie du savoir, Les Mots et les Choses, Surveiller et Punir* ou l'*Histoire de la sexualité* : autant de manières de sonder l'inconscient politique, de descendre aux racines des valeurs, de repérer

(Suite au verso.)

la vérité des institutions à l'instant de leur surgissement, autant de façons aussi de cerner les stratégies de domination ou le processus des répressions. Figures grimaçantes. Ici la langue, dans *Les Mots et les Choses,* ou encore dans la leçon inaugurale du Collège de France, *L'Ordre du discours* : les effets de la nomination, de la classification. La reconnaissance qu'il n'y a pas de grammaire, ni de syntaxe neutres. Que parler, c'est déjà se couler dans une discipline. Qu'articuler des mots pour qu'ils traduisent des idées, mettre en forme le discours pour qu'il y ait cohérence de sens, c'est se plier, se soumettre à une loi cachée, obéir à un ordre qui ne se dit pas. De même avec le registre du savoir. Pas d'innocence dans l'encyclopédie, pas de neutralité dans la science. Quand l'âge classique entreprend de classer des objets, de répertorier ses connaissances, quand le XIXe siècle accouche de sciences nouvelles comme la philologie, la biologie et l'économie politique, ils ne préparent et ne formalisent rien d'autre que les procédures d'une répression douce, d'un enfermement des âmes. Nul doute que Foucault aura marqué l'un des temps forts de la philosophie contemporaine. En inventant une méthode, « l'archéologie », la remontée aux sources, à la fondation des choses, et en adoptant un objet neuf, « l'épistémie » (comprendre : pour une époque donnée, le sol de son savoir, le champ de ses conceptions), il aura contribué largement au renouveau de la réflexion, et notamment à fracturer la version marxiste du monde. Sous les coups de ses analyses, la vision pyramidale et centralisée du pouvoir a vécu, tout comme celle d'une aire sociale organisée à partir d'un centre névralgique tout-puissant : l'Etat. Il leur a substitué une pensée de la diversité, de la dispersion, l'image d'un ordre disciplinaire articulé en réseaux innombrables, secrets et silencieux. Mais il aura aussi réussi ce tour de force étonnant d'être à la fois un des rares philosophes militants de ce temps, et un des rares à avoir su produire la théorie de son militantisme. A de multiples reprises, en effet, il descendit dans l'arène, et chaque fois il livra de quoi légitimer la forme de son engagement. Que ce soit sa lutte contre le système carcéral, son soutien à la naissance du journal « Libération », son appui accordé aux Maos... toujours son œuvre viendra, comme un écho, exposer les raisons qui l'ont guidé et ont déterminé ses choix : énonçant fermement que c'est parce qu'il reconnaissait en théorie la forme constellée du pouvoir que se justifiait en pratique sa politique des actions ponctuelles.

Jusqu'à ses derniers textes, la cohérence de son travail sera demeurée intacte. Certes, *L'Usage des plaisirs* et *Le Souci de soi* ont semblé amorcer un déplacement des préoccupations. L'intérêt manifesté à la compréhension des modalités du pouvoir apparemment s'affaiblissait. Mais en fait, comme le note Angèle Kremer-Marietti, le changement n'a pas été aussi radical que certains l'ont prétendu. Simplement Foucault, en se rabattant sur un déchiffrement de la morale sexuelle de l'Antiquité, a tenté de baliser un nouveau terrain : pour exprimer sa volonté de vivre autrement, librement. Il continuait, en somme, son travail de philosophe.

INTRODUCTION A L'ÉPISTÉMOLOGIE D'UN ARCHÉOLOGUE DU SAVOIR

C'est parce qu'il a brouillé toutes les cartes, confondu volontairement toutes les rubriques, banalisé toutes les traces admises que l'archéologue du savoir se refuse à passer pour un épistémologue pur et simple. Aussi le syntagme « épistémologie archéologique » serait-il la désignation exacte, mais violente, de la nouvelle pratique (épistémologique) inaugurée par l'archéologue du savoir qu'est Michel Foucault. Mais l'archéologie du savoir n'est pas une science. Foucault l'écrit : « Il est exact que je n'ai jamais présenté l'archéologie comme une science, ni même comme les premiers fondements d'une science future[1]. » En tout cas, l'archéologie du savoir est certainement une méthode régularisée ayant un objet délimité, non pas la science, mais le *savoir* : méthode rigoureuse traitant la normativité des discours d'une époque, les formes de normalisation et les règles de formation du savoir, méthode ample se déployant dans l'extra-territorialité scientifique, opérant par débordement des méthodes des sciences reconnues et officialisées telles que l'histoire et l'épistémologie, la sociologie et la psychologie historique. L'archéologie ne peut se confondre avec aucune de ces disciplines car elle les « dépasse » toutes, prenant son objet sur leur domaine propre et s'avouant la méthode historique la plus positive de toutes, une histoire critique (comme le devrait être toute histoire) non pas qu'elle juge le passé, mais au contraire parce qu'elle le « montre », et cette démonstration du passé équivaut dans la réalité historique, vécue actuellement, à une véritable *praxis*, propre à révolutionner les pratiques institutionnalisées, preuve en est l'*antipsychiatrie* dont le mouvement commencé avant la parution de l'*Histoire de la folie* s'est alors identifié, confirmé, amplifié : la traduction anglaise de l'*Histoire de la folie* a opéré sa force d'impact sur Cooper lui-même, méditant depuis une dizaine d'années sur les ressorts de la psychiatrie officielle.

L'archéologue du savoir procède à des « enquêtes concrètes[2] » : il analyse les performances verbales selon certaines lignes d'attaque, qu'il s'agisse, pour l'affaire Rivière, des rapports médicaux, des pièces judiciaires, du mémoire de l'accusé[3], et cela loin du prestige de l'écriture, uniquement pour analyser la formation et le jeu d'un savoir dans ses rapports avec les institutions, pour déchiffrer les relations de pouvoir sises au sein d'un discours et à partir desquelles il s'établit et fonctionne, à partir desquelles il reçoit un statut social. « Archéologie », le terme désigne la « spécification d'un niveau : celui de l'énoncé et de l'archive ; détermination et éclairage d'un domaine : les régularités énonciatives, les positivités ; mise en jeu de concepts comme ceux de règles de formation, de dérivation archéologique, d'*a priori* historique[4] ». L'archéologie du savoir analyse et décrit les sciences en formation, qui deviennent pour elles des « sciences-objets », pour autant qu'elles soient des systèmes en formation, des discours issus de pratiques discursives et non discursives et entraînant elles-mêmes la formation de pratiques discursives et non discursives, tels les rapports entre psychiatrie et justice pénale.

D'un côté, masquée, présente et forte, il existe une société, invisible, aux rouages « normaux » et « légaux ». De l'autre, c'est l'*exclusion*, le renfermement des « anormaux » et « illégaux », enclavés dans les hôpitaux psychiatriques et les prisons. Ce phénomène d'exclusion, pour nous banal, évident, n'est effectivement institutionnel que depuis la fin du XVIIIe siècle, époque où ni l'emprisonnement ni l'internement ne sont encore systématiquement institutionnalisés. Entre cette société et son enclave, s'érigent l'ordre, la loi, le pouvoir, le pouvoir-savoir. A la fin du XVIIIe siècle, ce pouvoir-savoir donne à la répression de la folie le même prétexte qu'à la répression de la criminalité : l'*insurrection de la force*. Placée à dessein en marge du savoir et du pouvoir, l'archéologie prend le droit de regard sur toutes les sciences, sur toutes les forces sociales. Placée en marge des discours entendus comme pratiques, en marge des pratiques hors du discours, l'archéologie se donne le droit de regard sur toutes les pratiques discursives ou non discursives. Absente des tableaux classiques d'enregistrement, des rubriques reçues, des limites institutionnelles, elle se veut le droit de regard et d'accès au cœur de toutes les enceintes pour en montrer la mouvance, pour en dénoncer les coordonnées discursives et non discursives, pour en formuler le diagnostic, le pronostic et l'anamnèse.

L'archéologue élaborera-t-il jamais une théorie générale, doit-il même en élaborer ? Il analyse et décrit, mais en suivant minutieusement ce qui se fait et se défait, ce qui s'annonce et se dénonce, n'admettant l'objet que constamment rectifié et réorganisé, ne tolérant le sujet que comme centre d'une activité de construction et de mise en question. Restant très proche de l'histoire des concepts entendue par G. Canguilhem, il continue la révélation des filiations inattendues inaugurée par ce dernier en établissant pour un concept son champ théorique de possibilité hors duquel il aurait été impensable. Mais les descriptions de l'archéologie du savoir s'articulent sur d'autres disciplines et mettent au jour le rôle scientifique d'instances non scientifiques et même politiques : elles font émerger les concepts et leurs champs et permettent l'analyse des formations sociales. Ainsi, évoluant des territoires réservés jusqu'aux terres inconnues et, de celles-ci, aux terres reconnues, la « théorie enveloppante[5] » de l'archéologie se sent partout chez elle. Sa vocation serait de ne pas en avoir parmi celle des instances officielles : elle consent à se présenter comme un discours nécessaire « pour faire surgir, avec l'archive, les formations discursives, les positivités, les énoncés, leurs conditions de formation, un domaine spécifique[6] ».

Discours tout de même, l'archéologie se veut discours libre, sans frontière, échappant au jeu de formation : observant les formations, elle se doit d'être informelle. S'il fallait néanmoins la considérer comme un savoir, on devrait le dire contestataire ; comme une instance, on devrait la dire marginale.

La *volonté du savoir* propre à notre civilisation double la *volonté du pouvoir* dénoncée par Nietzsche. Une *volonté de puissance* pousse notre civilisation à nier ce qui lui résiste, à refouler ce qui la nie dans la personne du fou et de l'asocial. Allant à l'encontre des procédures du principe d'exclusion, le discours archéologique, pour dénoncer le rejet qu'opère sans cesse cette *volonté de vérité*, masque de notre *volonté de puissance*, accomplit un détour épistémologique dans les sciences humaines qu'elle sollicite de l'intérieur. Elle se rend ainsi attentive à déceler ce qui, dans le processus du développement historique, manifeste les signes de sa propre destruction. En fait, il s'agit là moins d'une destruction réelle que d'une destructuration archéologique pure et simple, dans l'absence consciente d'une théorie étendant son silence philosophique comme le contre-discours qui ouvrirait les asiles et les prisons. « Et l'admirable conclusion de l'*Archéologie*, qu'est-elle sinon un appel à une théorie générale des productions, qui doit se confondre avec une pratique révolutionnaire, où le "discours" agissant se forme dans l'élément d'un "dehors" indifférent à ma vie et à ma mort[7] ? »

NOTES

1. *L'Archéologie du savoir*, Gallimard, 1969, p. 269.
2. *Ibid.*
3. *Moi, Pierre Rivière, ayant égorgé ma mère, ma sœur et mon frère... Un cas de parricide au* XIXe siècle, *présenté par Michel Foucault*, coll. « Archives », Gallimard-Julliard, 1973.
4. *L'Archéologie du savoir, ibid.*
5. *Op. cit.*, p. 270.
6. *Ibid.*
7. Gilles Deleuze, *Un nouvel archiviste*, « Scholies », Fata Morgana, Bruno Roy éditeur, 1972, p. 271.

I

LA RUPTURE DES CHAMPS DE PENSÉE DANS LEUR HISTOIRE

1. *Les champs de pensée*

Pour comprendre ce que Michel Foucault nous annonce de la rupture des champs de pensée, question posée dans le domaine de l'histoire — et tout particulièrement dans un domaine que nous conviendrons de désigner par les termes d'*anthropologie historique* —, pour comprendre surtout qu'il s'agit bien plus que d'une simple vue historique : mais d'une ambition à la fois archéologique et généalogique, il faut partir, non pas d'hier mais de maintenant, non du passé mais du présent historique. En effet, quiconque s'apprête à plonger dans le cours de l'éventualité historique ne peut qu'adopter un certain nombre des négatives certitudes nietzschéennes, s'il veut restituer au passé son économie, reconnaître les transformations historiques en elles-mêmes, analyser des objets pris dans leur mouvement dialectique, séparer la fonction de l'objet, poser le décalage objectif de la pratique et du sens, comme le fait Nietzsche dans *La Généalogie de la morale*. Prendre cette « continuité » historique à contre-courant en refusant de se « laisser porter » par les truismes ou les conventions, tel est le principe même de cette méthode historique qui tire de la discontinuité la garantie de sa justesse de vision.

De toutes les structures de pensée inscrites en l'homme par l'effet de la réalité sociale totale, il faut reconnaître que la structure linguistique est à la fois la plus dévorante et la plus captieuse. Ainsi, l'alternative établie par Foucault se présente-t-elle rétrospectivement à nous : dans la période allant de la Renaissance au XXe siècle, il fallut décider entre l'*être du langage* et l'*homme*. Entre la positivité objective du discours et la positivité subjective de l'humanité, il faut décider au risque de voir l'humain entièrement déporté dans son langage, noyé et disparu. La naissance de l'homme implique un certain silence, par ailleurs un certain discours implique la mort de l'homme. La question est actuelle, comme l'écrit Foucault dans *Les Mots et les Choses* : « Si ce même langage surgit maintenant avec de plus en plus d'insistance en une unité que nous devons mais que nous ne pouvons pas encore penser, n'est-ce pas le signe que toute cette configuration va maintenant basculer, et que l'homme est en train de périr à mesure que brille plus fort à notre horizon l'être du langage[1] ? » En fait, il ne s'agit ici que de vérifier une série de suspicions qui viennent de Marx, Nietzsche et Freud, et qu'il faut savoir replacer dans le contexte et le courant de notre civilisation. Et, si, souvent, la surprise a été grande à la lecture des travaux que relate Foucault, cette surprise ne vint-elle pas de ce que la prise de conscience nécessaire n'avait pas encore eu lieu ? Ce que l'homme est *devenu*, l'objet positif du savoir, son domaine, non l'objet d'une science, voilà ce qui ressort de l'archéologie du livre *Les Mots et les Choses*. L'accent est mis sur un point essentiel, en effet : « Une chose est en tout cas certaine : c'est que l'homme n'est pas le plus vieux problème ni le plus constant qui se soit posé au savoir humain[2]. »

Nietzsche n'avait-il pas soupçonné cette étrange alternative ? Sa conclusion était : « Si nous voulons essayer de considérer le miroir en soi, nous n'y découvrons finalement rien que les choses, si nous voulons saisir les choses, nous ne revenons en dernier lieu sur rien d'autre que le miroir — c'est encore l'histoire la plus générale de la connaissance[3]. » Ce jeu de cache-cache de l'histoire du *Même* comporte des épisodes qui couvrent et découvrent l'homme : « En fait, parmi toutes les mutations qui ont affecté le savoir des choses et de leur ordre, le savoir des identités, des différences, des caractères, des équivalences, des mots — bref au milieu de tous les épisodes de cette profonde histoire du *Même* — un seul, celui qui a commencé il y a un siècle et demi et qui peut-être est en train de se clore, a laissé apparaître la figure de l'homme[4]. » Ainsi, pour Foucault, l'*épistémé* moderne était-elle liée à la perte du Discours, « au glissement du langage du côté de l'objectivité et à sa réapparition multiple[5] ». Ce mouvement vers l'objectivité, auquel Auguste Comte a été sensible et qu'il a tenté de reconvertir en son mouvement contraire, à un niveau supérieur où l'objectivité est assimilée à l'humaine subjectivité, ne pouvait d'ailleurs pleinement s'accomplir qu'après le mouvement vers le « sujet épistémique » de la seconde *Méditation* cartésienne, vers ce *cogito* duquel Rousseau parvint à se défaire au bénéfice de la communication par la pitié. Quoi qu'en pense Bachelard (*Le Nouvel Esprit scientifique*, p. 168), ce mouvement était nécessaire dans l'histoire du savoir, puisque, comme l'affirmait Descartes, « toutes les raisons qui servent à connaître, et concevoir la nature de la cire, ou de quelque autre corps, prouvent beaucoup *plus facilement et plus évidemment* la nature de mon esprit ». Sur la base de ces données fondamentales, une question s'avère brûlante en ce qui nous concerne : *quel est le champ actuel de notre pensée ?* Question semblant posée au-dessus des réalités matérielles qui certainement la sous-tendent et qui laisse entre parenthèses l'autre question de l'articulation de ce champ au régime de matérialité.

C'est ce champ épistémique que Michel Foucault a tenté de circonscrire dans *Les Mots et les Choses*, entreprise certes inachevée, mais qui n'interdit pas qu'on y revienne, bien au contraire. Ce champ est figuré par un *trièdre*. Nous y songerons. En effet, la visibilité du miroir n'est possible qu'à partir de celle des choses, inversement les choses elles-mêmes sont visibles à partir de la visibilité de ce miroir. « Sans difficulté j'ai pensé que j'étais un homme : mais qu'est-ce qu'un homme ? » demande Descartes. Et, toujours dans la seconde *Méditation*, il continue : « Car si je juge que la cire est, ou existe, de ce que je la vois ; certes il suit bien plus évidemment que je suis ou que j'existe moi-même, de ce que je la vois. » Ainsi les choses elles-mêmes sont-elles visibles à partir de la visibilité du miroir de l'œil et de la représentation : ce qui constituerait le double miroir que le langage classique a pour fonction d'identifier. Par un jeu de reflet se découvre le lieu de notre savoir. Voulant connaître le miroir, ce sont les choses qu'il porte que je connais ; voulant connaître les choses, ce ne sont que des choses reflétées par ce miroir qui entrent dans mon savoir : plus je prétends connaître les choses, plus je découvre mon esprit appréhendant ces choses ; ce qui donne ce qu'on nomme un *savoir*. Telle est bien la position des sciences humaines telles que Foucault les situe dans leur rapport au champ actuel de pensée : un rapport de la représentation à ses objets, puisque la représentation est leur lieu en regard de l'*épistémé*, c'est-à-dire du champ de la pensée : « La représentation est le champ même des sciences humaines et dans toute leur étendue : elle est le socle général de cette forme de savoir, à partir de quoi il est possible[6]. » Les sciences humaines se logent donc tout entières dans la représentation, comme tout le savoir classique : elles n'ont pas d'autre condition de possibilité, tout comme le savoir classique, d'où la prudence épistémologique de Descartes. Il en est d'ailleurs ainsi de tout ce qui est fondé depuis Descartes sur le *cogito*. Si l'on étend « au-delà de ses limites le domaine du savoir de l'homme, on étend de même au-delà de lui le règne de la représentation[7] ». Le miroir porte les choses ; vouloir susciter les choses hors du miroir, ce n'est encore qu'étendre ce miroir sous les choses. Aussi bien peut-on dire, dès lors, que les sciences humaines traitent comme leur objet ce qui n'est toujours que leur *condition de possibilité*. A partir de là, on pourra même parler d'*idéologie*, de fausse représentation, de représentation aliénée, mais l'idéologie elle-même implique le *cogito*. Les sciences humaines, écrit Foucault, « vont de ce qui est donné à la représentation à ce qui rend possible la représentation, mais qui est encore une représentation[8] ». Au fondement des possibilités, il y a donc encore et toujours l'homme qui est, en même temps qu'au fondement, présent aux choses empiriques et réelles qu'il pratique et expérimente dans sa vie concrète. S'il y a eu « science de l'homme », il n'y a pas eu science véritable, et cela dès que les êtres vivants que nous sommes se sont objectivés dans la *vie*, dès que les richesses que nous avons produites se sont objectivées dans les *formes de production*, dès que les mots se sont objectivés dans l'être et le devenir du *langage*. Alors l'*épistémé* a redistribué son ordonnance antérieure, laissant enracinées dans les interstices de ses disciplines lesdites « sciences humaines », en fait toujours étroitement dépendantes des autres formes du savoir. Quant à ces autres formes majeures du savoir, qui ont acquis leur autonomie objective, ce sont elles qui constituent le fameux « trièdre épistémologique », dont les faces se distribuent comme suit : première face couverte par les sciences mathématiques ; deuxième face couverte par les sciences du langage, de la vie et de la production et distribution des richesses ; troisième face couverte par la « réflexion philosophique qui se développe comme la pensée du Même[9] ». Telle est la nouvelle classification des sciences, d'après la topologie d'un espace recouvert où manquent les sciences humaines, nullement établies, puisqu'on ne les retrouve sur aucune des faces, mais bien seulement dans les interstices des autres disciplines. Telle est la situation épistémologique actuelle, telle qu'elle apparaît à l'interrogation de Foucault : on ne peut prévoir l'avenir de la pensée de l'homme qu'elle réserve. Ce trièdre lui-même prend la place d'un ancien quadrilatère, *épistémé* de l'âge classique.

En lieu et fonction de l'ancien quadrilatère anthropologique du langage opère donc maintenant ce trièdre qui marque une évolution par rapport à l'ancienne « analyse d'une forme visible[10] » à laquelle peut se réduire le savoir ancien. Aussi le quadrilatère anthropologique analysait-il, en effet, le discours grâce aux quatre théories que dégage Foucault et qui concernent la *proposition*, l'*articulation*, la *désignation*, la *dérivation*. A l'époque classique, que commande ce quadrilatère, rhétorique et grammaire constituent toutes les sciences du langage, mais déjà la grammaire s'affirme dépendante de la rhétorique, puisque, comme le remarquait Nietzsche, elle « suppose la nature rhétorique des langages, même des plus primitifs et des plus spontanés[11] ». On retrouve là ce que déjà observait Nietzsche quand il affirmait qu'il n'y a pas de naturel non rhétorique du langage[12]. Pour ce qui concerne précisément l'époque classique, Foucault montre que le pouvoir du langage, en l'occurrence, est « celui de donner des signes adéquats à toutes les représentations quelles qu'elles soient, et d'établir entre elles tous les liens possibles[13] ». On voit donc clairement que « connaissance et langage sont strictement entrecroisés[14] ». En ce sens, le langage appartient au savoir, enregistrant les acquisitions de ce dernier, retenant entre autres la *discursivité*. Le rapport au texte devient, dans cette optique, le rapport à la langue[15]. Du point de vue de la théorie de la *proposition*, l'analyse de Foucault fait du verbe être « l'être de la représentation », c'est-à-dire « l'être représenté dans le langage ; mais c'est aussi bien l'être représentatif du langage[16] ». Le verbe être affirme l'idée, et par là énonce son existence, donc aussi rapporte « tout langage à la représentation qu'il désigne[17] ». Du point de vue de la *théorie de l'articulation*, le mot est le *nom propre*, « pointé vers telle représentation[18] ». Le langage est alors une représentation dédoublée, une représentation de la représentation : tout est nomination, jusqu'aux syllabes, jusqu'aux lettres elles-mêmes. Rappelons que Foucault a fait suivre *Les Mots et les Choses* d'un tableau de Vélasquez qui montre et illustre justement cette « représentation de la représentation », inhérente au système classique (tout comme chez Nietzsche le tableau de Raphaël, *Transfiguration*, évoqué dans *La Naissance de la tragédie*, montre et illustre « l'apparence de l'apparence »). En « nommant », le langage indique, « est » désignation : la *théorie de la désignation* complète curieusement l'analyse du langage d'action par l'étude des racines : « Puisque la première rend compte de la substitution du signe au désigné et que la seconde justifie le pouvoir permanent de désignation de ce signe[19]. » Enfin, la *théorie de la dérivation* donne à la dérivation un mouvement commun « à l'attention, aux signes et aux mots[20] ». C'est ainsi que les tropes ont été possibles sur la donnée positive selon laquelle la « représentation peut s'attacher, et attacher un signe verbal, à un élément qui en fait partie, à une circonstance qui l'accompagne, à une autre chose, absente, qui lui est semblable et qui revient à cause d'elle à la mémoire[21] ». Nous retrouvons là une fonction cartésienne, celle de l'évidence instantanée, exercée dans la condition d'une attention prudente qui, se défiant de la mémoire en général, légitime cependant une mémoire encadrée d'attention : ce que la première et la quatrième règle de la méthode cartésienne veulent nous signifier. Sans ce pouvoir de dérivation qui engendre les tropes, on peut penser que l'évidence cartésienne elle-même serait impossible : du moins est-ce ce qui ressort logiquement de cette analyse. Aussi le rôle de la métaphore se trouve-t-il explicité de la même façon qu'il avait été perçu par Nietzsche, en particulier dans *Le Livre du philosophe*[22], et tel qu'il a été localisé par Ferdinand de Saussure dans les différences mutuelles des signes entre eux.

L'analyse de Foucault nous renvoie en permanence à celle de Nietzsche qui affirme le caractère rhétorique du langage (son « naturel » rhétorique) : par rapport au langage, ce point de vue est à l'opposé de celui de la foi du charbonnier, puisqu'il permet de considérer, dans l'opération linguistique, un phénomène techniquement désigné depuis longtemps comme *synecdoque, métaphore, métonymie*. C'est d'ailleurs à propos de la synecdoque que Nietzsche cite un linguiste éminent, Bopp (tout spécialement la *Grammaire comparée*, II, p. 417) qui explique l'*augment* grec comme privatif niant le présent, « donc » d'après Bopp comme désignant le passé ; aussi Nietzsche observe-t-il qu'en vérité la négation du présent n'est pas nécessairement l'affirmation du passé, tandis qu'inversement le passé est bien au contraire négation du présent. Ce mode d'explication a le mérite de montrer comment le langage en use, comment il procède, relevant généralement un *indice* en lieu et fonction d'un *tout*, aussi suffit-il d'évoquer l'indice pour évoquer le tout[23] : c'est une loi subjective de la série que l'on peut ramener à la « règle des etc. », connue en esthétique. En outre, du fait de la nature rhétorique du langage, Nietzsche tire des conséquences épistémologiques : le processus métaphorique du langage fonde la critique de la vérité en général ; « dire la vérité » devient de ce fait absolument impossible. Sur la considération rhétorique du langage, n'ont plus cours que des relations ou des désignations de relations. Le pouvoir de fonder est par là même refusé au langage, il ne peut être la « maison de l'être » ou bien, s'il l'est effectivement et objectivement, c'est dire la relativité et l'historicité de l'être, voire son caractère aléatoire. Notre *absolu*, pris dans les filets du langage, n'est plus qu'un « absolu » relatif. On saisit bien ici que la critique de Nietzsche vise ni plus ni moins la philosophie réflexive, ou tout ce qui l'implique dans l'extériorité de la civilisation : le point de vue classique et le langage classique se rapportent manifestement à la représentation, à la réflexivité d'un *cogito*. Nombreux sont les textes où Nietzsche accuse l'« être représenté » et l'« être représentant ».

Michel Foucault confirme donc que l'âge classique a une grammaire générale dont le verbe être est l'assise fondamentale qui, ainsi qu'il est démontré, garantit la visibilité des êtres : *être*, c'est être visible dans et par le langage ; cette grammaire générale est pourvue de *noms* permettant la description de ce visible linguistique, et de tropes autorisant une liberté de signe, preuve du voisinage des êtres et de la continuité de la nature. La nature elle-même n'est accessible qu'à travers la grille du langage dénommant : « La nature ne se donne qu'à travers la grille des dénominations, et elle, qui, sans de tels noms, resterait muette et invisible, scintille de loin derrière eux, continûment présente au-delà de ce quadrillage qui l'offre pourtant au savoir et ne la rend visible que toute traversée de langage[24]. » La nature des XVIIe et XVIIIe siècles n'est visible qu'à partir du dicible, visible parce qu'elle est dicible : vision, langage et raison s'identifient et coïncident miraculeusement. A la fin du XVIIIe siècle, toutefois, est sensible un passage de la représentation à l'interprétation, avec ce que cette dernière implique d'importance accordée à l'*exégèse*. De même, en effet, que dans l'histoire naturelle, le *caractère* perd alors sa fonction représentative, de même le *mot* perd simultanément de sa discursivité immédiate. Des règles strictes d'appartenance grammaticale régissent la langue : de réels événements linguistiques se produisent dans le champ de pensée, et qui sont « l'isolement des langues indo-européennes, la constitution d'une grammaire comparée, l'étude des flexions, la formulation des lois d'alternance vocalique et de mutation consonantique[25] ». Il s'agit là rien moins que de la naissance de la philologie avec Grimm, Schlegel, Rask et Bopp. Le langage — telle est la nouveauté épistémologique — est un ensemble d'éléments phonétiques : il est davantage parole qu'écriture. De là se tire au clair cette « différence » que Nietzsche voulait vaincre, quant à lui, par la vibration du style, le retour aux rythmes physiques de la *Kunstprosa* passant des choses aux mots et des mots aux hommes. Ainsi Nietzsche n'est-il pas lui-même très éloigné des positions du savant Bopp qui définit scientifiquement l'essence du langage. En effet, le langage n'apparaît plus désormais comme un *système de représentations*, qui aurait pouvoir et fonction de découper et, à partir de là, de recomposer d'autres représentations ; il désigne maintenant « en ses racines les plus constantes des actions, des états, de volontés ; plutôt que ce qu'on voit, il veut dire originairement ce qu'on fait ou ce qu'on subit[26] ». C'est ainsi qu'est mise au jour la manière dont le langage est ramené au pur statut, puisqu'il se montre dès lors comme une médiation nécessaire : les mots étant considérés comme rendant possibles les connaissances et renouvelant par là même l'exégèse. Dans cette nouvelle perspective, aussi bien, *Le Capital* de Marx apparaît-il à Foucault comme simple exégèse de la *valeur*, tous les écrits de Nietzsche deviennent de même simple exégèse de quelques mots grecs, et les travaux de Freud ne sont autres que l'exégèse des phrases muettes qui soustendent nos discours explicites. C'est pourquoi, dans et contre cette nouvelle optique, il importe de revenir au *Capital*, au discours de l'inconscient, enfin aux textes philologiques de Nietzsche. En tout état de cause, Nietzsche est celui qui a rendu consciente, au niveau de la réflexion philosophique, la disparition du sujet « homme » devant l'avance de l'objet « homme », tout comme Marx et Comte le font au niveau de la réalité sociale. C'est d'ailleurs ici que se situe cette question difficile de l'*existence* aléatoire de l'homme à laquelle Foucault a fait allusion.

Le phénomène « Nietzsche » est, sinon la référence explicite, du moins l'allusion de base de cette analyse foucaldienne. La raison en est que Nietzsche est le symptôme d'une dissociation s'effectuant entre l'homme et le langage, vivement et différemment ressentie au XIXe siècle. Le décalage, difficile et nécessaire en philologie, entre *vivre dans* l'Antiquité et pourtant *rester* un homme moderne se trouve accentué par les présupposés épistémologiques que Nietzsche se donne dans l'entreprise philologique et généalogique qui est la sienne. Les deux voies royales proposées par Nietzsche sont l'*herméneutique* et la *critique* : de prime abord, l'herméneutique prépare à la critique, à laquelle de nouveau doit succéder l'herméneutique : tel est le cercle nietzschéen, son *Zirkel im Verstehen* personnel, synthèse nécessaire après la critique. « Avant tout, écrit Nietzsche, nous voulons l'aspect vivant de la langue comme l'expression de l'âme du peuple[27]. » Ainsi était bien formulée l'idée nouvelle que le langage est l'*activité du peuple*. C'est pourquoi, au niveau du travail philologique, Nietzsche conseillait des lectures répétées et abordées chaque fois sous des angles différents : la *lecture différente*[28]. Et quand il s'agit de traiter d'histoire de la littérature, Nietzsche entend « l'histoire du traitement du langage conformément à l'art[29] » : ce qui est ramener la littérature à sa pratique historique. La méfiance de Nietzsche est essentiellement dirigée contre une pensée inconsciemment sécrétée par la grammaire. Aussi, et dans sa propre langue, tente-t-il et réussit-il cet exploit d'écarter non seulement les termes insidieux comme des pièges que tend le langage à tout penseur, mais encore les autres pièges de la transitivité classique du nom et de la représentation, comme celle du sujet grammatical et du verbe, parvenant ainsi à dissocier même le sujet du *cogito*, au point d'être accusé — pour ces opérations linguistiques novatrices et réductrices — d'un prétendu nihilisme destructeur, alors qu'en fait Nietzsche ne faisait qu'exhumer le nihilisme latent dans le langage classique, mieux, le vide inhérent à ce langage même. C'est alors que Nietzsche se présente à nous dans sa vérité historique comme la *négation de la négation*. Négateur qui dénonce le Malin Génie porté par le langage auquel Descartes, imprudent à force de prudence, avait fini par succomber, le rencontrant et l'identifiant sans pouvoir le reconnaître et déjouer son emprise. Cette défiance qui atteint donc le langage dans ses origines rhétoriques et métaphoriques, c'est ce que l'on a mal deviné chez Nietzsche et que l'on a souvent condamné et rejeté sous l'étiquette d'un jugement de valeur qui accusait ceux-là mêmes qui le portaient, de *nihilisme*.

Mais, précisément, la réalité d'une telle acuité d'analyse émerge enfin à nos yeux pour nous faire comprendre ce que nous réserve la Promesse-Menace du « surhomme » qu'interprète Michel Foucault : « C'est que nous sommes si aveuglés par la récente évidence de l'homme, que nous n'avons même plus gardé dans notre souvenir le temps cependant peu reculé où existait le monde, son ordre, les êtres humains, mais pas l'homme. On comprend le pouvoir d'ébranlement qu'a pu avoir, que garde encore pour nous la pensée de Nietzsche, lorsqu'elle a annoncé sous la forme de l'événement imminent de la Promesse-Menace, que l'homme bientôt ne serait plus, mais le surhomme ; ce qui, dans une philosophie du retour, voulait dire que l'homme, depuis bien longtemps déjà, avait disparu et ne cessait de disparaître, et que notre pensée moderne de l'homme, notre sollicitude pour lui, notre humanisme dormaient sereinement sur sa grondante inexistence[30]. » C'est ainsi que les rhéteurs humanistes — qu'un système social a faits de nos contemporains — ne peuvent que difficilement admettre, pour une majeure partie d'entre eux, ce qui découle pourtant clairement de l'avertissement de Nietzsche parfaitement compris par Foucault : c'est-à-dire que l'homme *pense*, mais qu'il *n'est pas* (au lieu du *cogito, ergo sum*, il faudrait dire : *cogito, sed non sum*). Je pense, mais suis-je ? En fait, *que* suis-je ? Puisque je ne suis pas le langage que je parle, ni le travail que j'accomplis, ni la vie au fond de moi. Mais encore, il faut poursuivre : ce que l'homme ne pense pas, c'est l'*impensé* ; ce qu'il ne dit pas, c'est son *indicible* ; ce qu'il ne voit pas, c'est l'*invisible*. Et c'est un mode d'être de cet *impensé* (indicible et invisible) que Michel Foucault finit par découvrir comme le contemporain marginal de tout homme conscient : « Cette plage obscure qu'on interprète volontiers comme une région abyssale dans la nature de l'homme[31]. » Alors, surgissant on ne sait d'où, apparaît l'*Autre* de l'homme, structure plus profonde sans doute que toutes les autres. Structure du désir, que Nietzsche a découverte au sein de la culture grecque, dieu d'au-delà des limites de la Cité, le Dionysos de l'inculture et de la démesure : rythme originaire tendant à se nier et à s'affirmer en même temps. S'affirmant en se niant dans la précision apollinienne, le *Soi* inconnu est une *structure rythmique*, véritable musique en nous, aspirant à naître à la visibilité et à la dicibilité, mais pour l'essentiel inexprimée, indéfinie, immémoriale. Autre de l'homme, il s'agit encore de l'homme, mais l'homme hors de la clôture, d'avant l'individuation, hors l'enceinte de la cité et de la culture, un *Autre* refusé dans les structures historico-sociales, mais qui semble vouloir manifester, quand il le juge nécessaire, son droit de regard sur la *loi de la cité*. Sans en avoir aucune certitude, nous reconnaissons cette *force informe* qui s'oppose au *logos* comme à toute forme plastique et normative d'Apollon, cette réalité donnée mais innomée s'opposant à la vérité dicible de Socrate, ce que la pensée *veut* penser, ce que la vision *veut* voir, ce que le langage *veut* dire, mais partout et toujours *sans le pouvoir*. En tout cas, c'est bien ainsi que la pensée moderne s'efforce, comme Foucault l'a bien vu après Nietzsche et Freud, « de lever le voile de l'Inconscient, de s'absorber dans son silence ou de tendre l'oreille vers son murmure indéfini[32] ».

Nous viennent là-dessus des questions nombreuses, très légitimes : si je ne suis pas ce que je veux penser, suis-je peut-être alors ce que je ne peux penser ? Ce que je ne peux dire ni voir ? Suis-je, ne serait-ce que *négativement* ? Mon « essence » est-elle l'absence d'essence ?

Un manque d'être ? Qu'on se rappelle alors la réponse du sage Silène jetant à la face de l'homme ce que Nietzsche évoque dans *La Naissance de la tragédie*, § 3 : « Misérable race des hommes, enfants du hasard et de la nécessité ! Pourquoi veux-tu entendre ce qui ne te vaudra rien ? Ce bien suprême, sache qu'il t'est inaccessible : c'est de n'être pas né, de n'*être pas*, de n'être *rien*. Mais le bien second est pour toi — de mourir bientôt. » Suis-je, négativement, l'irréfléchi de la réflexion ? Et, conscient de mon non-être, vais-je me taire, me refermer sur cette pensée de l'*impensé*, sur cette absence de parole et de vision et, comme cette figure de légende invoquée par Nietzsche, aurai-je la faculté de retourner mes yeux en dedans et de me contempler moi-même ? Quoi qu'il en soit, c'est vraisemblablement dans ce vide marginal qu'il faudra maintenant essayer de penser, et sans doute grâce à ce vide. Retournée à son commencement, la tâche philosophique est réduite à l'évidence de l'absence de l'homme. Une certitude reste acquise cependant, et que souligne Michel Foucault, un point a été atteint, « point où l'homme et Dieu s'appartiennent l'un l'autre, où la mort du second est synonyme de la disparition du premier, et où la promesse du surhomme signifie d'abord et avant tout l'imminence de la mort de l'homme. En quoi Nietzsche, nous proposant ce futur à la fois comme échéance et comme tâche, marque le seuil à partir duquel la philosophie contemporaine peut recommencer à penser[33] ». Certes, il est indéniable que la *mort de Dieu* est une certaine *fin de l'homme*, que Nietzsche a entrevue comme la *fin du défini et celle de la définition* de l'*homme*, l'absence d'*a priori*, l'absence d'innéité, la fin de l'homme métaphysiquement défini, la fin de la croyance aveugle dans la fiction du concept d'homme. Quant à ce concept de l'idéalisme, Marx et Engels n'établissent pas autre chose quand ils substituent à l'Homme, des hommes vivants concrets. Le procès d'individuation, dont Apollon est le principe, en tant qu'il est la *norme*, la *limite*, la *mesure*, la *pensée*, s'est appliqué et accompli dans l'histoire des hommes, dans l'histoire de Socrate à Descartes et leur descendance ; et le *cogito* définit ce point fixe, véritable sommet de l'existence du *sujet de la représentation*, soleil intelligible qui a raison des ténèbres de l'ignorance et dont le fondement absolu siège à la fois à l'intérieur et à l'extérieur : Dieu. La perspective unique et absolue détruite, surgissent des perspectives finies, possibles et réelles, qui viennent égarer les hommes labyrinthiques que nous devenons. Le déchiffrement difficultueux, tel qu'il est accompli par Foucault, doit être reconnu et apprécié dans l'aurore d'une nouvelle universalité. Dans les dédales de la linguistique, de l'ethnologie, de la psychanalyse, et de l'histoire, il reste de capter cette réalité informe que Nietzsche désigne par le syntagme *Volonté de puissance* et qui prend forme à nos yeux témoins : dans la vie, dans l'économie, dans le langage et dans la science tout entière. A la révolte métaphysique pure et simple se substitue une action systématique, tout à la fois au niveau de la pensée et de l'action, mettant la réalité au service de l'homme nouveau s'édifiant, une réalité telle qu'elle apparaît à la connaissance, niant les attributs de puissance de l'ancienne *omniscience divine*. Mais de cette puissance même conçue par l'idéalisme, les forces s'épuisent davantage chaque jour, à mesure qu'augmentent les puissances techniques et scientifiques. A son insu, la science et le pouvoir qui la promeut forgent l'homme, bâtissent une nouvelle condition humaine issue d'une nouvelle connaissance de la pratique sociale, et d'une nouvelle pratique sociale.

2. *La rupture des champs de pensée*

L'existence des champs de pensée, si elle est fondée, implique la rupture même de ces champs de pensée. La rupture ne supprime pas la continuité historique, mais la différencie. Ce qu'entreprend de faire apparaître Michel Foucault dans *L'Archéologie du savoir*, c'est la région du langage, la signification de l'*archive* ou domaine des choses dites. A la lecture de ces pages, il nous semble tout d'abord voir repris un même examen, poursuivi trente ans auparavant dans un autre ouvrage, qui est l'*Introduction à la philosophie de l'histoire*[34] de Raymond Aron. Mais ce ne sont plus les mêmes régions du langage qui parlent ici. Dans les deux cas toutefois nous voyons un philosophe à la recherche de l'*histoire-science*. Tandis que Raymond Aron présentait les virtualités et assistait au glissement d'une histoire-évolution vers une histoire-devenir, déjà sur deux points uniques mais importants il se serait trouvé d'accord avec ce que devait énoncer Michel Foucault dans *L'Archéologie du savoir*. D'une part, un premier point de rencontre nous paraît être la *pensée de l'autre*, puisque déjà pour Aron l'historien « cherche à pénétrer la conscience d'autrui... est, par rapport à l'être historique, l'*autre* » (*op. cit.*, p. 88) ; d'autre part, un second point de rencontre serait cette idée d'une *structure historique*, au sujet de laquelle Aron écrivait : « La structure d'un ensemble autorise une compréhension totale. Or, l'ambition de l'historien n'est-elle pas de saisir la structure de la totalité historique ? » (*Op. cit.*, p. 274.) Deux idées sur lesquelles Aron et Foucault s'accorderaient sans doute et qui descendent directement de l'anthropologie historique de Dilthey. La seconde idée n'est d'ailleurs pas incompatible avec un certain discontinuisme. Or, les principes mêmes de *L'Archéologie du savoir*, qui est essentiellement un livre à principes, accentuent l'aspect dialectique et pratique des deux idées présentées. Peut-être l'originalité de Foucault consiste-t-elle à démontrer la difficulté de la mutation épistémologique de l'histoire, « comme si nous avions peur de penser l'autre dans le temps de notre pensée » (*AS*, p. 21). Nous constatons avec Foucault que « la notion de discontinuité prend une place majeure dans les disciplines historiques » (*AS*, p. 16). Il y a tout lieu de s'interroger sur la méthode propre de l'histoire, et c'est la tâche que se donne Foucault au début de son ouvrage qui se présente donc à nous comme un *nouveau discours de la méthode pour aborder le discours*.

Foucault part de l'évidence positive d'un certain nombre de phénomènes sociaux et de leur disposition relative. Rappelons que l'apanage de la sociologie positive, telle qu'elle s'est affirmée aux environs de 1945, est précisément la mise en évidence de la pluridimensionalité des phénomènes sociaux, de leur disposition en étagements, en couches, en paliers, de même l'affirmation de la mobilité des structures sociales, de leur structuration, destructuration, restructuration. Mais, sans doute, en abandonnant tout exprès aux historiens l'étude des phénomènes en profondeur du passé la sociologie a-t-elle ainsi permis, tout occupée qu'elle est à la description de la société présente, que l'historien prenne une nouvelle orientation plus typologique et plus singularisante, plus ouverte à ce que constate Foucault, c'est-à-dire aux « équilibres stables et difficiles à rompre », à tous « les phénomènes tendanciels qui culminent et s'inversent après des continuités séculaires, les mouvements d'accumulation et les saturations lentes » (p. 9). Et ce que remarque donc Foucault, c'est un véritable jeu de décrochage en profondeur dans les récents travaux historiques. Les problèmes théoriques posés par ce livre important s'ouvrent sur la description du jeu « des concepts de discontinuité, de rupture, de seuil, de limite, de série, de transformation » (p. 31). Inversement, s'imposent de nouvelles tâches épistémologiques envers la culture passée : se défamiliariser des découpages reconnus, reconnaître en eux des « faits de discours », se méfier des synthèses continuistes, considérer la description nouvelle du discours comme opposée délibérément à une histoire des idées, à l'histoire de *la* pensée (surtout à sa « conscience » et à ses « intentions ») : autrement dit, prendre la pensée ou le discours comme un système défini ; de même, éviter la « synthèse psychologique » et faire, au contraire, apparaître « dans sa pureté l'espace où se déploient les événements discursifs » (p. 41). Il importe, pour ce faire, et d'un point de vue méthodologique, de constituer d'abord des relations d'énoncés, ensuite au second degré des relations entre les groupes d'énoncés ainsi formés, d'aborder enfin la pratique sociale en décelant les relations entre énoncés ou groupes d'énoncés et des événements tout autres, comme les événements politiques, techniques, économiques. Telles sont les règles substantielles qui jalonnent et articulent cette nouvelle manière de s'en prendre au discours. Et, par *discours*, Foucault entend ce *lieu commun*, idéologique, entre la science et le langage, entre l'histoire et la philosophie. La pluridimensionalité nouvelle efface tous les faux angles de vue ; à leur place, de nouveaux étagements, de nouvelles couches, de nouveaux paliers tendent à cerner un discours, non seulement plus neuf, mais plus *total*, situé en tout point hors du « psychologisme ». C'est alors que nous voyons se développer une possibilité de rénovation épistémologique et que nous assistons, en tout cas, à la fin de l'ancienne « explication de texte » si chère à l'école d'autrefois. Au contraire, le développement de séries d'énoncés, les constitutions d'ensembles et, surtout, les relations de relations prennent à nos yeux une réalité plus grande que la prétendue « réalité psychologique », de laquelle beaucoup auront toutes les peines du monde à se défaire. C'est pourquoi, et en effet, il est permis de considérer *L'Archéologie du savoir* comme le texte légitime de la méthode nécessaire pour aborder l'état du discours, ou encore comme le recueil fidèle des *Règles de la méthode archéologique*. Certainement, et comme l'écrit Foucault, « tout ce qui jusqu'alors veillait à la sauvegarde de l'historien et l'accompagnait jusqu'au crépuscule... tout cela ne risque-t-il pas de disparaître, dégageant pour l'analyse un espace blanc, indifférent, sans intériorité ni promesse ? » (p. 54).

La détermination de l'existence des champs de pensée dans *Les Mots et les Choses* partait d'un présupposé ou bien impliquait un principe, celui du discontinuisme en histoire. La rupture des champs de pensée est particulièrement étudiée et soulignée dans *L'Archéologie du savoir*. L'histoire nous est présentée en tant que science officielle en pleine mutation épistémologique. Si nous suivons maintenant pas à pas l'exposé des motifs, nous prendrons connaissance de l'ampleur de cette mutation et de ses modes. L'histoire nouvelle, telle qu'elle apparaît dans un ordre nouveau de recherches discontinuistes, rencontre un certain nombre de problèmes méthodologiques que Foucault a inventoriés et qu'il énumère en les situant précisément : 1. « La constitution de corpus cohérents et homogènes de documents. » 2. « L'établissement d'un principe de choix. » 3. « La définition du niveau d'analyse et des éléments qui sont pour lui pertinents. » 4. « La spécification d'une méthode d'analyse. » 5. « La délimitation des ensembles et des sous-ensembles qui articule le matériau étudié. » 6. « La détermination des relations qui permettent de caractériser un ensemble » (p. 19). Il est vrai que quelques-uns de ces problèmes préexistaient à l'histoire nouvelle telle que l'a circonscrite Foucault ; désormais ils la caractériseront. Ainsi, pour les reprendre, les *corpus* étudiés pourront être conçus comme ouverts, ou fermés, finis, ou indéfinis, le principe de choix devant être établi différemment « selon qu'on veut traiter exhaustivement la masse documentaire, qu'on pratique un échantillonnage d'après des méthodes de prélèvement statistique, ou qu'on essaie de déterminer à l'avance les éléments représentatifs » (p. 19). Les éléments du niveau d'analyse pourront être des *indications numériques*, des *références à des événements*, à des *institutions*, à des *pratiques*, ou bien encore des *mots usités* et leurs *champs sémantiques*, enfin le *type des propositions* qui les unissent. La méthode d'analyse pourra consister à *traiter quantitativement des données, à décomposer selon certains traits assignables*, à *déchiffrer* selon la méthode interprétative, à *analyser* des fréquences et des distributions. Les ensembles et sous-ensembles pourront être des régions, des périodes, des processus unitaires. Les relations déterminées pourront être des relations numériques ou logiques, fonctionnelles, causales, analogiques, et même la relation de signifiant à signifié. Désormais sont abandonnés les problèmes de la philosophie de l'histoire et les questions qu'elle posait sur la rationalité et la téléologie, sur la relativité ou la signification du devenir, sur la « totalité inachevée du présent » (p. 20). En outre, nombre de points communs émergent avec d'autres disciplines comme la linguistique, l'ethnologie, l'économie politique. Encore importe-t-il de retenir l'avertissement de Foucault quant au danger de la conclusion qui ferait voir, dans tous ces travaux, soit une structuralisation de l'histoire, soit le dépassement du prétendu conflit entre structure et devenir : « Il y a maintenant beau temps que les historiens repèrent, décrivent et analysent des structures, sans avoir jamais eu à se demander s'ils ne laissaient pas échapper la vivante, la fragile, la frémissante "histoire" » (p. 20). Il n'y aurait rien de fructueux à tirer de l'opposition structure-devenir « ni pour la définition du champ historique, ni, sans doute, pour la définition d'une méthode structurale » *(ibid.)*.

Nous pouvons maintenant situer le premier moment de cette mutation épistémologique : il prend date avec Karl Marx et le matérialisme historique. On peut même affirmer, ce qui est beaucoup moins connu, qu'elle a commencé plus tôt encore avec Auguste Comte et sa conception de l'histoire générale, comme en témoigne l'opuscule de jeunesse intitulé *Sommaire Appréciation de l'ensemble du passé moderne*[35]. Si elle a commencé tôt, cette mutation n'est cependant pas encore totalement accomplie actuellement. Elle n'avait surtout pas encore été réfléchie ni élaborée en tant que telle avant *L'Archéologie du savoir* : « Comme si ces concepts de seuils, de mutations, de systèmes indépendants, de séries limitées — tels qu'ils sont utilisés de fait par les historiens —, on avait du mal à faire la théorie, à tirer les conséquences générales, et même à dériver toutes les implications possibles[36]. » La volonté de faire de l'analyse et de la synthèse historique le discours du continu et celle de faire de la conscience humaine le sujet de toute pratique ont longtemps permis de résister à tous les décentrements, à celui de Marx comme à celui de Nietzsche. *Contre l'analyse marxiste* des rapports de production et de la lutte des classes, cette volonté a opposé une histoire globale, la conception d'un type cohérent de civilisation. *Contre la généalogie nietzschéenne*, cette volonté a opposé le *telos* de la rationalité de l'humanité. *Contre les conséquences évidentes de la psychanalyse, de la linguistique, de l'ethnologie*, cette volonté continuiste a opposé, a inventé l'histoire-devenir, une histoire « qui ne serait pas jeu de relations, mais dynamisme interne ; qui ne serait pas système, mais dur travail de la liberté ; qui ne serait pas forme, mais effort incessant d'une conscience se reprenant elle-même et essayant de se ressaisir jusqu'au plus profond de ses conditions » (p. 23). Alors qu'en réalité il s'agissait nécessairement de se familiariser avec les concepts de seuils, de mutations, de systèmes indépendants, de séries limitées et surtout alors qu'il était requis de formuler « une théorie générale de la discontinuité, des séries, des limites, des unités, des ordres spécifiques, des autonomies et des dépendances différenciées » (p. 21). C'est donc à juste titre que Michel Foucault affirme que « l'histoire continue, c'est le corrélat indispensable à la fonction fondatrice de sujet » (pp. 21-22). En effet, la notion idéaliste de *sujet* a joué son rôle dans la conception que l'historien se faisait de l'histoire. Si le sujet est interprété comme il le fut généralement jusqu'ici, c'est-à-dire comme le fondateur de la pensée et de l'objet pensé, l'histoire sera prise pour une histoire sans rupture, une histoire où tous les éléments sont amenés continûment dans le temps conçu comme totalisation. Mais les perspectives modernes mettent en question cette fonction fondatrice du *cogito* ; au contraire, le *cogito*, le *sujet pensant* doit maintenant chercher ailleurs son propre fondement, c'est-à-dire en tout cas ni en Dieu ni dans la Raison humaine, et ainsi se dissoudre dans ce que la société compte de forces effectives culturelles et sociales, susceptibles de « porter » un nouveau mode de *cogito*, non plus individuel, mais collectif, non plus spirituel, mais matériel, non plus séparé des réalités mais prenant ses racines en elles ; ce sont ces forces que *L'Archéologie du savoir*, par les principes qu'elle avance, peut permettre justement de démêler, à leurs différents niveaux d'analyse.

Même si à la fois structure et système jouent un rôle évident dans cette nouvelle histoire, il ne faut pas que les problèmes épistémologiques qui se posent soient encadrés dans le faux débat entre la structure et le devenir (ou la genèse). Cette archéologie des sciences se situe tout entière « dans ce champ où se manifestent, se croisent, s'enchevêtrent et se spécifient les questions de l'être humain, de la conscience, de l'origine et du sujet » (p. 26). A quoi il faut ajouter : « Mais sans doute n'aurait-on pas tort de dire que c'est là aussi que se pose le problème de la structure. » Certes, on peut pleurer l'histoire défunte, la disparition d'une histoire qui se référait à l'*activité synthétique du sujet* : elle offrait une perspective « confortable ». Mais il faut examiner ce que l'on pleure ainsi. « Ce qu'on pleure, c'est ce devenir qui devait fournir à la souveraineté de la conscience un abri plus sûr, moins exposé, que les mythes, les systèmes de parenté, les langues, la sexualité ou le désir ; ce qu'on pleure, c'est la possibilité de ranimer par le projet, le travail du sens ou le mouvement de la totalisation, le jeu des déterminations matérielles, des règles de pratique, des systèmes inconscients, des relations rigoureuses mais non réfléchies, des corrélations qui échappent à toute expérience vécue ; ce qu'on pleure, c'est cet usage idéologique de l'histoire par lequel on essaie de restituer à l'homme tout ce qui, depuis plus d'un siècle, n'a cessé de lui échapper » (p. 24). La nouvelle histoire se bâtit à l'aide des nouveaux instruments épistémologiques que sont les concepts de discontinuité, de rupture, de seuil, de limite, de série et de transformation ; ces concepts posent autant de *questions de procédure* que de *problèmes théoriques*. C'est uniquement aux *problèmes théoriques* que s'attaque Foucault dans *L'Archéologie du savoir*, laissant les questions de procédure pour des études ultérieures et, en effet, auxquelles il s'est consacré depuis qu'il a occupé une chaire au Collège de France. L'entreprise théorique nouvelle implique un certain nombre de décisions personnelles ; avant tout, la décision de dénouer les sujétions anthropologiques, et leur mode d'apparition ; aussi l'entreprise de Foucault ne fait-elle ici que continuer celle de l'*Histoire de la folie*, où les procédures sont cependant également prises en considération, celle de la *Naissance de la clinique*, enfin *Les Mots et les Choses*. Toutefois, par rapport à ces œuvres, des différences notables interviennent, de l'aveu même de Foucault : par rapport à l'*Histoire de la folie*, un pas décisif est accompli loin du « sujet anonyme et général de l'histoire » (p. 27) qu'elle semblait implicitement admettre ; par rapport à la *Naissance de la clinique*, l'archéologie a spécifié son problème propre que risquait d'escamoter l'analyse structurale, en usage dans cette œuvre ; par rapport au troisième ouvrage, on a désormais abandonné tout soupçon de totalité culturelle que la méthodologie employée laisse percer dans *Les Mots et les Choses*. Ces précisions épistémologiques sont honnêtement et simplement apportées par Michel Foucault qui montre bien que l'explicitation, l'affirmation, la netteté décidées quant à la méthodologie enfin mise au jour n'étaient elles-mêmes possibles que par le passage épistémologique à travers ces trois pratiques scientifiques, enquêtes empiriques mais inscrites par avance dans l'entreprise même et que l'on peut voir maintenant se dégager du cœur d'un « espace blanc », cherchant à se définir et à s'articuler dans un discours cohérent.

Après ces éclaircissements, il importe de désigner le repère initial : celui des unités données, nécessaires en même temps que douteuses initialement. Aussi n'est-il pas question de se placer à l'intérieur de ces unités. La précision suivante se révèle indispensable : « Je ne m'appuierai sur elles que le temps de me demander quelles unités elles forment ; de quel droit elles peuvent revendiquer un domaine qui les spécifie dans l'espace et une continuité qui les individualise dans le temps ; selon quelles lois elles se forment ; sur fond de quels événements discursifs elles se découpent ; et si finalement elles ne sont pas, dans leur individualité, acceptées et quasi institutionnelles, l'effet de surface d'unités peu consistantes » (p. 38). Ainsi se présente la recherche possible : tout d'abord interpréter les documents existants, les réformer, ensuite définir un domaine immense. Quant à ce domaine, il est constitué par l'ensemble de tous les énoncés effectivement parlés ou écrits dans leur dispersion d'événements et dans l'instance propre à chacun. Il va s'agir de décrire ces événements discursifs qui seront donc l'horizon d'une recherche des unités. Mais ces travaux ne doivent pas se confondre ni avec une analyse du langage ni avec une histoire de la pensée : la description portera sur les faits de discours libérés des groupements dont on a cru qu'ils étaient des unités naturelles : le problème nouveau étant de former d'autres unités du discours. Enfin, comment ces nouvelles unités peuvent-elles être définies ? « Il faut en première approximation accepter un découpage provisoire : une région initiale, que l'analyse bouleverse et réorganisera si besoin est. Cette région, comment la circonscrire ? » (p. 42) : un domaine est empiriquement choisi aux relations denses et nombreuses, la science ou les sciences offrent de tels domaines aux relations relativement faciles à décrire. Donc, provisoirement, l'objet de la recherche s'identifiera au terrain recouvert par les sciences humaines, mais il ne faut voir là qu'une première approximation, destinée déjà à faire apparaître certaines relations dont déjà on peut présumer qu'elles feront tomber ces limites. Le principal problème sera donc de dégager les relations devant apparaître entre les énoncés pris dans le champ du discours. Il va de soi qu'il existe déjà des découpes toutes faites, mais qui sont dangereuses, car on risque d'y succomber sous l'effet de l'habitude et comme allant de soi ; il en est ainsi de la découpe de l'*œuvre*, de l'*auteur*, ou de la catégorie de l'*influence*. Pour éviter ces erreurs, Michel Foucault propose d'aborder des domaines larges, de fixer des échelles chronologiques vastes. Une dernière inquiétude s'impose encore : « Enfin comment être sûr qu'on ne se laissera pas prendre à toutes ces unités ou synthèses peu réfléchies qui se réfèrent à l'individu parlant, au sujet du discours, à l'auteur du texte, bref, à toutes ces catégories anthropologiques ? » (p. 43). On devine que cette entreprise s'annonce semée d'embûches nombreuses et qu'elle ne peut se mener à la légère ; les nombreuses questions de méthode qu'elle suscitera iront généralement contre certaines de nos habitudes épistémologiques plus anciennes, contre toute une pseudo-psychologie de la science que dénonce Foucault. Des unités qui nous paraissaient définitivement données s'effritent sous nos yeux pour attendre de se regrouper dans cette archéologie scientifique. Ainsi en va-t-il de *la* grammaire, de *la* médecine, de *l'*économie politique. Dans l'inventaire des énoncés, nous devons même finir par douter de l'*existence* de ces disciplines.

Pour faire admettre les prémisses théoriques de ses démarches dans l'histoire générale, Michel Foucault a souvent rappelé, évoqué les hypothèses auxquelles il s'était rallié et à partir desquelles il a procédé. Il s'est tout d'abord posé la question du regroupement autour de l'objet : « Les énoncés différents dans leur forme, dispersés dans le temps, forment un ensemble s'ils se réfèrent à un seul et même objet. » Ainsi se formule la première hypothèse. On prouvait, par exemple, que les énoncés relevant de la psychopathologie se rapportaient tous au même objet « folie » ; mais interrogeant cette supposée unité « folie » — et c'est à dessein que Foucault prend un terme vulgaire sous lequel on regroupe un ensemble homogène sinon défini d'éléments « anormaux » pour une idéologie — permet-elle d'individualiser un même ensemble d'énoncés reliés de façon descriptible et constante ? Or, il n'en est rien. Les énoncés en question nomment, découpent, décrivent, expliquent, racontent, indiquent des corrélations, jugent, articulent des discours qui ne se rapportent cependant pas au même objet idéalement inépuisable : « L'objet qui est posé comme leur corrélat, par les énoncés médicaux du XVIIe ou du XVIIIe siècle, n'est pas identique à l'objet qui se dessine à travers les sentences juridiques ou les mesures policières ; de même, tous les objets du discours psychopathologique ont été modifiés de Pinel ou d'Esquirol à Bleuler : ce ne sont point des mêmes maladies qu'il est question ici et là ; ce ne sont point des mêmes fous qu'il est question » (pp. 45-46). Devant la multiplicité des objets en la matière, il n'est guère possible d'inférer l'unité d'un discours qui serait le « discours concernant la folie ». Chaque discours a refaçonné son objet. A l'évidence de l'absence d'une identité d'objet et d'une identité de discours, il faut bien découvrir une nouvelle raison d'unité : « L'unité des discours sur la folie ne serait pas fondée sur l'existence de l'objet "folie", ou la constitution d'un horizon unique d'objectivité ; ce serait le jeu des règles qui rendent possible pendant une période donnée l'apparition d'objets : objets qui se différencient dans la pratique quotidienne, dans la jurisprudence, dans la casuistique religieuse, dans le diagnostic des médecins, objets qui se manifestent dans des descriptions pathologiques, objets qui sont cernés par des codes ou recettes de médication, de traitement, de soins » (p. 46). Dans l'unité du discours, ce serait l'espace de surgissement de l'objet, lui-même multiple et divers selon un jeu de règles le rendant possible dans des pratiques diverses ; mais ce serait encore le jeu des règles de ses transformations et de ses ruptures, le jeu de la discontinuité qui le ferait autre à lui-même. Enfin, « définir un ensemble d'énoncés dans ce qu'il a d'individuel consisterait à décrire la dispersion de ces objets, saisir tous les interstices qui les séparent, mesurer les distances qui règnent entre eux — en d'autres termes, formuler leur loi de répartition » (pp. 46-47). Résumons : ce qui, en définitive, unifie les énoncés, ce ne peut être ni l'unité du discours, ni l'unité de l'objet, mais la loi d'apparition et de transformation, la loi de répartition des objets dans un espace d'émergence et de pratique. On ne peut donc qu'admettre cette formule générale, quitte à préciser, expliciter, les points qu'elle recouvre.

Michel Foucault a de même formulé une seconde hypothèse qui l'a conduit, en la dépassant, à un ordre de réalité aussi décisif. « Seconde hypothèse pour définir, entre des énoncés, un groupe de relations : leur forme et leur type d'enchaînement » (p. 47). Minimisant le rôle des objets et des concepts, on peut en effet se demander si le *style*, le caractère d'énonciation ne définit pas mieux certaines sciences comme les sciences médicales : le regard posé sur les choses, l'identité d'analyse du fait pathologique, l'identique quadrillage du champ perceptif. Cette hypothèse aussi a dû être abandonnée : « Le discours clinique était tout autant un ensemble d'hypothèses sur la vie et la mort, de choix éthiques, de décisions thérapeutiques, de règlements institutionnels, de modèles d'enseignement, qu'un ensemble de descriptions » (p. 47). Il n'était guère possible de faire abstraction des uns et des autres. Les multiples raisons qui président au déplacement de la description médicale ont également agi sur la position du sujet regardant : l'unité de principe ne renvoie pas à une forme typique d'énoncés, et la question se pose : « Ne serait-ce pas plutôt l'ensemble des règles qui ont rendu simultanément ou tour à tour possibles des descriptions purement perceptives, mais aussi des observations médiatisées par des instruments, des protocoles d'expériences de laboratoires, de calculs statistiques, des constatations épidémiologiques ou démographiques, des règlements institutionnels, des prescriptions thérapeutiques » (p. 48). Il reste, là, à caractériser l'existence simultanée d'énoncés dispersés et hétérogènes et à définir « le système qui régit leur répartition, l'appui qu'ils prennent les uns sur les autres, la manière dont ils s'impliquent ou s'excluent, la transformation qu'ils subissent, le jeu de leur relève, de leur disposition et de leur remplacement » (p. 48).

Troisième hypothèse : « Ne pourrait-on pas établir des groupes d'énoncés, en déterminant le système des concepts permanents et cohérents qui s'y trouvent mis en jeu ? » (p. 48). Autrement dit, est-ce qu'on ne pourrait pas, plutôt, chercher les concepts mis en jeu dans l'analyse du langage et des faits grammaticaux chez les auteurs classiques ? Ainsi, l'architecture conceptuelle de la grammaire classique pourrait être explicitée, et des concepts pourraient apparaître établis une fois pour toutes, des concepts tels que celui de *jugement*, ou ceux de *sujet* et d'*attribut*, c'est-à-dire le concept de *nom*, enfin le concept de *verbe* ; or, là encore, des limites se dresseraient : aux concepts établis par Port-Royal viendraient s'ajouter d'autres concepts dérivés ou hétérogènes, voire incompatibles. On devrait, de même, conclure que la grammaire constitue une fausse unité ; toutefois, cherchant ainsi, peut-être enfin découvrirait-on tout autre chose : « Une unité discursive si on la cherchait non pas du côté de la cohérence des concepts, mais du côté de leur émergence simultanée ou successive » (p. 49). Peut-être encore leur écart, leur distance les uns par rapport aux autres, leur incompatibilité donneraient-ils cette unité cherchée. Il ressort de cette hypothèse un ordre de recherches dont la condition de possibilité se situe encore du côté du jeu d'apparition, du jeu de dispersion, du jeu de transformation éventuelle.

La quatrième hypothèse enfin qu'a étudiée Michel Foucault en vue de regrouper les énoncés et de décrire leur mode d'enchaînement ne serait-elle pas formulée dans l'*identité et la persistance des thèmes* ? En quoi cette hypothèse serait-elle susceptible de rendre compte des énoncés ? Parmi les thématiques, si l'on choisissait celle de l'évolutionnisme, nous nous trouverions devant un thème philosophique autant que scientifique, « plus proche de la cosmologie que de la biologie » (p. 50) ; il a plutôt dirigé *les recherches qu'expliqué les résultats* : il supposait plus qu'on ne pouvait vérifier et connaître véritablement. S'il s'agit bien d'un thème, il ne réserve pas en lui-même la raison nécessaire à la formation d'unité d'énoncés, puisque ceux-ci partent du domaine philosophique pour aboutir au domaine scientifique ; ensuite parce que le thème inspire des recherches comme s'il était une idéalité, mais lui-même ne produit pas effectivement des résultats. Si énoncés il y a, ils n'appartiennent que par l'inspiration, pour ainsi dire platonicienne et idéelle, à ce thème qui reste cependant en dehors d'eux et ne porte pas en lui la raison suffisante de leur réalité. Autre thématique, dans le domaine économique : le thème physiocratique « qui postulait, au-delà de toute démonstration et avant toute analyse, le caractère naturel des trois rentes foncières » (p. 50) : ainsi était exclue toute analyse des mécanismes de la production industrielle ; mais il a permis à Ricardo, grâce à la description du circuit de l'argent à l'intérieur d'un État, de s'interroger sur les conditions de formation de ces rentes. Ce qui veut dire aussi que l'hypothèse de ce thème posée, il est évident qu'il reste infructueux, et que l'examen de ses affirmations se retourne contre ces dernières, comme Ricardo, le poussant jusqu'à ses limites, l'a fait lui-même. Pour reprendre les deux thèmes avancés, on voit que le premier n'est possible qu'à condition d'admettre une dualité d'enquête ; soit d'une part que l'évolutionnisme se rapporte, au XVIIIe siècle, à la parenté et à la continuité des espèces, soit que d'autre part il concerne, au XIXe siècle, la discontinuité et un jeu de modalités d'interaction entre un organisme et un milieu : « Un seul thème mais à partir de deux types de discours » (p. 51). Le second thème partait d'un ensemble d'analyses cohérentes et identiques ici et là, avec toutefois la divergence se faisant à propos de la formation de la valeur ; on expliquait celle-ci de deux façons : « Selon qu'on analysait à partir de l'échange, ou de la rétribution de la journée de travail » (p. 51). D'ailleurs le résultat différent ne s'est pas fait attendre : deux options fondamentalement différentes sont nées de ces deux possibilités. Si les thèmes restent donc impuissants à nous donner les principes d'individuation et d'individualisation du discours, resterait à examiner si les principes cherchés ne se cachent pas dans la dispersion des points de choix laissés libres par ce discours ? Ce n'est donc plus la permanence des thèmes qu'il faut interroger, mais la dispersion elle-même des points de choix et le champ offert aux possibilités stratégiques.

De ces différents efforts il résulte que l'importance doit être accordée non pas à ce qui est « donné » prétendument : ce qu'on appelle l'objet, le style, le type d'enchaînement des énoncés, la permanence, la cohérence, de certains concepts privilégiés, l'identité et la persistance des thèmes, donc ni à l'objet, ni au style, ni aux concepts, ni aux thèmes, mais bien plutôt à des séries lacunaires, dans des formulations de niveaux différents, au moyen d'un outillage conceptuel divers par sa structure et ses règles d'utilisation, au sein de possibilités stratégiques diverses activant des thèmes incompatibles. En un mot, ce qui apparaît décidément à l'analyse, c'est, derrière une fausse présence, une fausse cohérence, une fausse procédure, une fausse thématique, la *dispersion même*. Mais il ne s'agit pas, non plus, d'isoler dans cette discontinuité des îlots de cohérence, ni d'éclairer ainsi des conflits latents, mais en tout et pour tout d'étudier les formes de répartition : non pas d'établir des chaînes d'inférence, mais de dépister des systèmes de dispersion. Tel est le champ des recherches nouvelles que propose Michel Foucault ; et il n'est pas sans connaître les dangers que court une telle entreprise, mais il apporte les moyens de s'en garder grâce à une méthodologie très sûre et très précise que nous allons maintenant approfondir.

3. *Les règles de la méthode archéologique*

Voyons à quelles règles de méthode ont abouti les démarches archéologiques précédentes dont nous avons analysé du moins les prémisses théoriques. Nous décomposerons notre exposé en cinq centres d'intérêt, abordant en premier les règles de la méthode, puis les pratiques discursives, les stratégies du discours, ensuite la fonction énonciative, enfin le discours de l'archéologie du savoir, suivant en cela globalement le plan de Michel Foucault.

L'un des points acquis est la notion de « règle de formation », notion à inventorier à partir de multiples possibilités. En effet, Foucault envisage d'abord la formation des objets : par exemple, la formation des objets de la psychopathologie, ou bien encore, par exemple, les perturbations, les troubles, les aberrations, etc. Les questions se posant à leur endroit concernent la règle de leur apparition, également leur appartenance à un système non déductif, et quel système, enfin leur régime d'existence en tant qu'objets du discours. Les nouvelles questions sont donc proprement archéologiques et visent le repérage des surfaces d'émergence, les instances de délimitations (médecine, justice pénale, autorité religieuse, critique littéraire et artistique), les grilles de spécification, c'est-à-dire le jeu des rubriques selon lesquelles tout est classé, groupé, apparenté. Ainsi, en ce qui concerne le discours psychiatrique au XIXe siècle assistons-nous à une manière caractéristique de formation des objets : par des relations entre des instances d'émergence, de délimitation et de spécification, relations qui forment un ensemble à définir. Par rapport à l'*Histoire de la folie*, nous situons ce discours comme la théorie des descriptions de la *Nef des fous*, du grand renfermement, de l'animalité de la folie, et de ses différentes figures, de la thérapeutique, du fantastique, de la Grande Peur, de l'établissement de la réalité des relations malade-médecin que Freud sera le premier à assumer comme dialogue. Il est clair pour nous que l'interrogation archéologique de Foucault procède de la même interrogation originaire que celle qui dirige Nietzsche dans *La Généalogie de la morale*, ouvrage dans lequel Nietzsche pose le problème de la *valeur* des valeurs admises, celui des conditions sociales et des milieux culturels qui ont permis leur formation. La conclusion générale peut s'énoncer clairement : « On ne peut parler à n'importe quelle époque de n'importe quoi » (p. 61). Ce projet initial, que nous hasardions de rapprocher de celui d'un ouvrage plus ancien apparenté au devenir implicite et innocent de l'histoire, nous le voyons nettement se singulariser maintenant dans le refus des singularisations toutes faites : telles que *la* psychopathologie, *la* grammaire, *l'*économie, et qui laissent place ouverte à d'autres unités répondant à une identité différente, avec une date de naissance différente, à la surface et aux articulations tout autres. Non pas histoire du référent, mais encore moins interprétation et neutralisation d'un discours, ce qui nous est exposé et proposé dans *L'Archéologie du savoir*, c'est le discours lui-même dans sa consistance délimitée. Véritable travail archéologique, au sens propre du terme, l'opération consiste à exhumer, non à enfoncer, c'est-à-dire à « faire une histoire des objets discursifs qui ne les enfoncerait pas dans la profondeur commune d'un sol originaire, mais déploierait le nexus des régularités qui régissent leur dispersion » (p. 65).

Certes, la difficulté est grande et le danger n'est pas moindre de confondre ce travail avec un autre qu'il n'est pas ; constamment, Michel Foucault s'efforce de différencier son œuvre de projets autres auxquels elle ne doit pas s'identifier, de par sa nature propre. Par exemple, on pourrait ici confondre cette entreprise avec l'analyse linguistique de la signification : il ne peut donc s'agir d'inventorier le lexique ni le champ sémantique. La tâche, tout autre, est celle du repérage des mises en relation caractéristiques d'une *pratique discursive*. L'auteur de *Les Mots et les Choses* reconnaît que, ce qu'on rencontre le moins dans une telle entreprise, ce sont précisément les mots et les choses, les uns et les autres ne se situent plus au niveau du discours : mais soit au-delà, soit en deçà. L'important est ce qui est souligné : « Je voudrais montrer que le discours n'est pas une mince surface de contact, ou d'affrontement entre une réalité et une langue, l'intrication d'un lexique et d'une expérience ; je voudrais montrer sur des exemples précis, qu'en analysant les discours eux-mêmes, on voit se desserrer l'étreinte apparemment si forte des mots et des choses, et se dégager un ensemble de règles propres à la pratique discursive. Ces règles définissent non point l'existence muette d'une réalité, non point l'usage canonique d'un vocabulaire, mais le régime des objets » (p. 66).

Les discours ne sont donc plus à considérer comme des ensembles de signes, mais comme des *pratiques*, obéissant à des règles déterminées. Les énoncés des discours médicaux s'énoncent selon une loi à la recherche de laquelle s'emploie l'archéologie proposée tout entière. Véritable travail topologique, l'opération archéologique détecte les régions et tout d'abord la région du langage, avec la première question : *qui* parle ? C'est-à-dire : qui est fondé à énoncer le discours ? Et on interrogera le statut du médecin, on l'exhumera du sein du réseau d'institutions, de systèmes, de normes pédagogiques, de conditions légales, politiques, judiciaires, et même religieuses. Qui parle et au sein de quelles institutions ? On repère un discours émanant de l'hôpital, du laboratoire, de la bibliothèque. Déjà, en 1966, dans une conférence prononcée à Montréal, *L'Objet de l'histoire des sciences*, G. Canguilhem avait élucidé ces questions : « La question *Qui ?* entraîne une question *Où ?* Autrement dit, l'exigence de recherche et d'enseignement de l'histoire des sciences, selon qu'elle est ressentie en tel et tel domaine déjà spécifié du savoir, conduit à sa domiciliation ici ou là dans l'espace des institutions universitaires... La réponse à la question *Pourquoi ?* est symétrique de la réponse à la question *Qui*[37] ? » L'archéologie telle que l'entend Foucault se tient dans le même ordre de recherches que celles inaugurées et définies par G. Canguilhem : « Au modèle du laboratoire, on peut opposer, pour comprendre la fonction et le sens d'une histoire des sciences, le modèle de l'école ou du tribunal, d'une institution et d'un lieu où l'on porte des jugements sur le passé du savoir, sur le savoir du passé[38]. » Et comme l'affirme Michel Foucault, ce discours se situe précisément dans le rapport à l'existence de certains objets. En dernier ressort, ce qui apparaît définitivement à l'analyse, ce n'est surtout ni un acte fondateur ni une conscience constituante. Les modalités diverses du discours ne peuvent finalement se référer à l'unité du sujet connaissant, ni du point de vue du « connaître », ni de celui des « connaissances ». Au contraire, incontestablement, ce qui apparaît, c'est la dispersion d'un sujet à la recherche du savoir : aux emplacements du discours, à la discontinuité des plans de ce discours, nulle part, et d'aucune manière, il n'est plus possible de parler d'« expression », mais plutôt et précisément d'un « champ de régularité pour diverses positions de subjectivité » (p. 74).

Nous voyons, pratiquées dans *L'Archéologie du savoir,* non seulement les critiques du *cogito* telles que Nietzsche les a inaugurées, mais encore et surtout les parcours eux-mêmes d'un discours qui n'est plus celui d'un sujet qui pense, qui connaît et qui le dit. Rappelons l'analyse que donne Nietzsche du terme *cogito* :

« Dans ce célèbre *cogito* il y a : 1. quelque chose pense ; 2. je crois que c'est moi qui pense ; 3. mais en admettant même que ce deuxième point soit incertain, étant matière de croyance, le premier point : quelque chose pense, contient également une croyance, celle que "penser" soit une activité à laquelle il faille imaginer un *sujet,* ne fût-ce que "quelque chose" ; et l'*ergo sum* ne signifie rien de plus. » (K. XIV, 1re partie, § 7, trad. Bianquis, in *La Volonté de puissance,* I, p. 65.)

Nous trouvons aussi chez Nietzsche la critique — non seulement du sujet épistémique, mais encore de la notion d'*auteur* du moi par le moi :

« Le "sujet" est interprété à notre point de vue, si bien que le moi passe pour une substance, pour la cause de toute action, pour son *auteur.* La force persuasive des postulats logiques et métaphysiques, la croyance à la substance, à l'accident, à l'attribut, etc., consiste dans l'habitude de considérer toute notre activité, comme une conséquence de notre vouloir : si bien que le moi, comme substance, ne passe pas, malgré la multiplicité des changements. *Mais il n'y a pas de vouloir.* » (K. XVI, § 547, *loc. cit.,* p. 81.)

Le point fixe traditionnel, où toutes les vérités se tenaient et d'où elles fusaient toutes, est réduit — chez Nietzsche et chez Foucault — à néant. En effet, une fois le *cogito* justifié et établi par la référence à Dieu, le « penseur » avait toute son autonomie individuelle, son « certificat » de pensée. Il y a soudain, au contraire, une multiplicité de liaisons entre des points repérables une fois pour toutes, mais dont on présume leur plus ou moins grande probabilité de localisation et de temporalisation. Les concepts, comme les objets, doivent répondre à la même entreprise de questionnement : peut-on obtenir l'apparition de l'architecture déductive de laquelle ils ressortissent légitimement ? S'il s'agit des concepts de Linné, ou des concepts d'une discipline déterminée (grammaire, économie, biologie), la dispersion des concepts est-elle réductible à un ordre ? La question reste pendante. En tout état de cause, ce qui peut maintenant être provisoirement accompli, c'est « l'organisation du champ d'énoncés où ils apparaissent et circulent » (p. 75). Et c'est ce que fait Michel Foucault, en précisant que cette organisation comporte des formes de succession et des formes de coexistence, avec des procédures d'intervention (par exemple, la réécriture ou la transcription). Sur l'exemple de la Grammaire générale développé dans *Les Mots et les Choses*, Foucault démontre que les quatre schémas théoriques qu'il y avait précisés permettent un certain nombre de descriptions qui constituent un niveau préconceptuel par rapport à un discours qui devient le lieu d'émergence des concepts. Là, pas davantage il ne faut invoquer un « sujet », ni connaissant ni psychologique.

Ces discours, que sont donc les disciplines scientifiques et leurs annexes, dépendent, dans leur organisation conceptuelle, dans leur agrégation objectuelle, dans leur mode énonciatif, de deux types possibles, *thèmes* ou *théories* que Foucault désigne l'un et l'autre par le terme de « stratégies ». Qu'il s'agisse de l'*Histoire de la folie* ou de *Les Mots et les Choses*, déjà a été soulevé cet ordre de recherche des choix théoriques, dont ici l'analyse est ouverte, dont les directions orientent vers la détermination des points de diffraction possible (points d'incompatibilité, d'équivalence, d'accrochage d'une systématisation), vers l'économie de la constellation discursive, qui constitue tous les ensembles qui auraient pu voir le jour, vers la fonction dans un champ de pratiques discursives à laquelle est destiné le discours ainsi déterminé. Ce serait mal comprendre ces mises au jour de *L'Archéologie du savoir*, que de les placer « dans la profondeur muette d'un choix à la fois préliminaire et fondamental » (p. 92). Ou encore de voir dans ces stratégies comme des « éléments seconds qui viendraient se surimposer à une rationalité discursive qui serait, de droit, indépendante d'eux » (p. 93). Le discours qui concerne le système de *formation du discours* se veut donc dégagé des scansions traditionnelles, dégagé des unités illusoires telles que la médecine clinique ou l'histoire naturelle, qui recouvrent en fait la dispersion même, dégagée de l'immobilisme ou du fixisme : non seulement il admet les interactions et les reconnaît, il admet un certain avenir et s'attache à en prendre le mouvement, il admet un résidu impensé de connexions et de leurs subdivisions, de processus d'élaboration et de leurs chaînes déductives.

En effet, ce qui reste, ce que l'archéologie accomplit effectivement, ce n'est ni le détour du discours, ni celui du systématique, mais « elle laisse en pointillé la mise en place finale du *texte* » (p. 100). Elle examine les possibles qui ont rendu réel le réel, c'est-à-dire des « systèmes qui rendent possibles les formes systématiques dernières », non la vie bouillonnante sous le système, mais des relations qui, pour n'être pas la trame du texte, n'en font pas moins partie du discours lui-même. Nous devons donc créer une catégorie nouvelle, puisque nous ne l'avons pas encore, une rubrique conceptuelle nouvelle présidant à un ordre de connaissances tout autres, ne regardant ni les profondeurs irrationnelles et inconscientes, ni la réalité d'une durée extra-spatiale, ni l'inhumanité de la chose en soi, ni l'Idée ou la Forme en soi du discours idéal, ni une quelconque intentionnalité constituante : *une connaissance autre regardant le texte*. L'énoncé défini. Le problème est cerné quand on parvient enfin à ces précisions : « L'énoncé n'est pas une unité du même genre que la phrase, la proposition ou l'acte de langage ; il ne relève donc pas des mêmes critères ; mais ce n'est pas non plus une unité comme pourrait l'être un objet matériel ayant ses limites et son indépendance » (p. 114). Dans la négative, la question des critères structuraux d'unités nous autorise du moins à suivre la description d'une fonction : la fonction énonciative.

Ce que l'énoncé *n'est pas* : la même phrase peut n'être pas le même énoncé : on ne peut non plus confondre ce dernier avec ce qu'il énonce et ce rapport même le confondre avec le rapport entre une proposition et son référent, ou avec le rapport entre une phrase et son sens. Seule, une analyse des rapports entre l'énoncé et l'espace de différenciation peut faire apparaître ce qu'*est* l'énoncé. Le sujet même de l'énoncé ne peut être vu identique à l'auteur de la formulation : seule, la détermination de la position possible et nécessaire peut indiquer ce qu'est, c'est-à-dire quelle relation est le sujet. Et cela, parce que « l'énoncé n'est pas la projection directe sur le plan du langage d'une situation déterminée ou d'un ensemble de représentations » (p. 130). Dès son énonciation, l'énoncé s'encadre dans un champ énonciatif : hors de ce champ il n'est pas possible et il n'est pas. Et l'un des déterminants constitutifs de ce champ énonciatif est sa matérialité : « Il faut qu'un énoncé ait une substance, un support, un lieu, une date » (p. 133). Aussi l'identité d'un énoncé est-elle soumise à la limite des autres énoncés qui lui sont contemporains : « Ce qui a été modifié, c'est le rapport de ces affirmations à d'autres propositions, ce sont leurs conditions d'utilisation et de réinvestissement, c'est le champ d'expérience, de vérifications possibles, de problèmes à résoudre auquel on peut les référer » (p. 136). L'énoncé obéit donc à un « principe de variation ». Malgré ce qu'il *n'est pas* et par ce qu'il *est difficilement*, l'énoncé est « un objet tout de même » (p. 138), qui surgit dans sa matérialité et « circule, sert, se dérobe, permet ou empêche de réaliser un désir, est docile ou rebelle à des intérêts, entre dans l'ordre des contestations et des luttes, devient thème d'appropriation ou de rivalité » (p. 138). On ne peut mieux dire qu'il est possible de définir l'énoncé de type linguistique. Quelle sera donc la *théorie de l'énoncé* ? Le seul type qui puisse être actuellement explicité semble être l'établissement d'une *loi de rareté* (p. 156). Le présupposé de cette loi est que *tout* n'est jamais dit : principe de scansion et principe de vacuité, la formation discursive n'est pas une répartition de certains éléments limités et découpés avec leurs lacunes et leurs absences. Tout n'est jamais dit, mais le texte *n'est que* le texte : « Il n'y a pas de texte d'en dessous » (p. 157). Ce texte, *tel qu'il est*, retransmet et conserve quelque chose de défini : on ne saurait exagérer sa transparence, mais on peut dédoubler, repérer, reproduire et transformer la rareté de son énoncé. Étant extérieur, l'énoncé recouvre un intérieur à dévoiler par un travail de remontée de l'expression à ce qui l'a déterminée : « Entreprendre l'histoire de ce qui a été dit, c'est alors refaire dans l'autre sens le travail de l'expression... Ainsi se trouve libéré le noyau de la subjectivité fondatrice qui demeure toujours en retrait par rapport à l'histoire manifeste » (p. 159). Enfin, puisqu'il s'agit encore d'*histoire*, nous devons faire face au cumul du temps et de ses sommeils ; aussi l'analyse énonciative suppose-t-elle la considération des énoncés dans la rémanence qui leur est propre, dans la forme d'additivité, eu égard aux phénomènes de récurrence. L'histoire ne revient pas par-delà l'oubli vers une sorte d'origine fondatrice, elle n'est pas une seconde naissance, elle se propose ce qui est devant elle : un *cumul* ; telle est la nouvelle positivité, positivité typique du discours.

Parmi tous les discours, le discours de l'archéologie, qui les identifie tous, concerne l'archive et les formations discursives, les conditions de formation des énoncés, et pour cette tâche il requiert un domaine spécifique, au statut propre. Il est difficile de présager sa vocation, d'assurer sa réalité comme ferme et stable. Sans doute est-ce un discours ouvert sur la non-liberté des autres discours, et cette entreprise risque d'être mal accueillie comme essentiellement privatrice de liberté. Encore qu'elle ne supprime pas celle-ci délibérément mais qu'elle ne fasse que montrer l'illusion de liberté de l'illusoire *cogito*. Son ambition ne vise qu'à délimiter, reconnaître plutôt en le définissant l'exercice d'une pratique effective, et ce serait se méprendre sur l'intention qu'elle recouvre que de lui reprocher une action restrictive de liberté. Car, en fait, « il s'agit moins des bornes posées à l'initiative des sujets que du champ où elle s'articule (sans en constituer le centre), des règles qu'elle met en œuvre (sans qu'elle les ait inventées ni formulées), des relations qui lui servent de support (sans qu'elle en soit le résultat dernier ni le point de convergence » (p. 272). Pourquoi ne pas dire ce qu'est proprement l'archéologie, c'est-à-dire une *historia* authentique, dont le projet d'être générale se fonde sur le réseau général et hypothétiquement complet de toutes les relations, relations mises à découvert grâce au travail déjà accompli par l'ensemble des méthodes qu'à tort ou à raison on a regroupées sous le nom de *structuralisme* ? De ce fait, la vocation d'un tel discours, comme son promoteur l'exprime honnêtement — peut être soit de prendre un essor imprévisible, soit au contraire de rejoindre des travaux d'études de pratique : analyse des formations sociales, descriptions épistémologiques, théorie de l'histoire des sciences. Toutefois, l'archéologie vise moins la science que le savoir dans son rapport avec les sciences, l'interrogeant dans un faisceau de relations autres ; c'est, en effet, « dans l'interstice des discours scientifiques qu'on a pu saisir le jeu de formations discursives » (p. 255). Et si l'âge classique est bien l'une des meilleures régions ouvertes à l'archéologie et s'il a offert à l'examen les régularités spécifiques du savoir, nous ne pouvons nous empêcher de nous demander, au contraire, s'il n'est pas symptomatique que l'archéologie de Michel Foucault (sujet possible et nécessaire par où s'énonce ce discours) ne soit elle-même possible et nécessaire que dans un temps où les structures (formations, règles, énoncés, réseaux de relations), se découvrant comme telles, n'en viennent par cette vision de l'en-soi-pour-soi à se nier elles-mêmes en se destructurant. Aussi s'agirait-il alors, par cette mise au jour, moins d'une révolution ouvertement politique que de la révolution théorique nécessaire à la première.

Cette destructuration théorique des structures discursives serait la pratique même accomplie par l'opération d'autoreconnaissance. Si nos discours comportent et colportent plus qu'un inconscient, plus encore qu'une « mauvaise foi », mais tout un réseau de relations entre les instances, l'honnêteté intellectuelle consisterait à se défier d'un mode de discours naïf ou directement issu de réseaux de relations qui, celles-ci, sont tues, mais qui n'en déterminent pas moins la « vérité » de ces discours. Pourquoi les critiques de cette archéologie ont-ils formulé leurs craintes quant à la liberté ? Et non pas quant à la vérité ? C'est que la liberté, quand on en use « de droit » par prépondérance ou dominance sociale, déter mine la « vérité » de ceux qui usent de la liberté : telle vérité est vérité d'une liberté. Certes, une analyse, une description de la formation des discours donneraient au discours archéologique une puissance désintégratrice si elle était appliquée aux discours du présent. Partie à la recherche de l'*a priori* historique, l'archéologie dénonce un *a priori* conditionnant la réalité des énoncés, *a priori* que l'histoire-science aurait laissé négligemment tomber en ignorant la spécificité de l'histoire du discours et celle du discours de l'histoire. L'archéologie a son objet spécifique : l'*archive*, les choses dites coupées des choses qu'elles disent et des hommes qui les disent, replacées dans le cadre du système de la discursivité, avec ses possibilités et ses impossibilités énonciatives.

NOTES

1. Michel Foucault, *Les Mots et les Choses*, Gallimard, Paris, 1966, p. 397. Abréviation = *LMC*.

2. *Op. cit.*, p. 398. *Cf.* Noël Mouloud, *Langage et Structures*, Petite Bibliothèque Payot, 1969, p. 162 : « L'ouvrage récent de M. Foucault, *Les Mots et les Choses*, nous semble présenter la grande nouveauté d'ouvrir cette question des corrélations entre la société, le langage qu'elle parle, et les activités intellectuelles et pratiques qu'elle développe : il remonte aux grands événements culturels et sémantiques qui se sont produits dans l'histoire de l'Occident, de la Renaissance à nos jours, et équivalent à des mutations dans les catégories fondamentales de la parole et de la représentation. »

3. Kröner IV, *Aurore*, 243.

4. M. Foucault, *op. cit.*, p. 397.

5. *Op. cit.*, p. 375. Une tradition française tenace a empêché de voir chez Auguste Comte ce glissement objectif et sa reconversion à partir des langages scientifiques ; voir notre ouvrage : *Entre le signe et l'histoire* (Klincksieck, Paris, 1982).

6. *LMC*, p. 358.

7. *Ibid.*

8. *Ibid.*

9. *LMC*, p. 94.

10. *Ibid.*

11. K. XVIII, *Rhetorik*, p. 249.

12. M. Foucault, *op. cit.*, p. 100.

13. *LMC*, p. 101.

14. *LMC*, p. 102.

15. *LMC*, p. 109.
16. *LMC*, p. 110.
17. *LMC*, p. 112.
18. *LMC*, p. 118.
19. *LMC*, p. 120.
20. *Op. cit.*, p. 129.
21. *Ibid.*
22. *Le Livre du philosophe, Études théorétiques*, Aubier-Flammarion, 1969.
23. K. XVIII, *Rhetorik*, p. 267.
24. M. Foucault, *op. cit.*, p. 173.
25. *LMC*, p. 294.
26. *LMC*, p. 302.
27. K. XVII, p. 342. De même, et avant Nietzsche, Comte désignait le « public » comme l'auteur du langage.
28. K. XVII, p. 348.
29. K. XVIII, *Histoire de la littérature grecque*, p. 3.
30. M. Foucault, *op. cit.*, p. 333. *Cf.* P. Burgelin, « L'Archéologie du savoir », in *Esprit*, mai 1967, p. 858 : « Que faut-il entendre par existence ou inexistence de l'homme ? »
31. *LMC*, p. 337.
32. *LMC*, p. 338.
33. *LMC*, p. 353.
34. Raymond Aron, *Introduction à la philosophie de l'histoire, Essai sur les limites de l'objectivité historique*, Gallimard, 1948.
35. Auguste Comte, *Sommaire Appréciation de l'ensemble du passé moderne*, coll. « La philosophie en poche », Aubier, 1971.
36. *L'Archéologie du savoir*, p. 21.
37. Georges Canguilhem, *Études d'histoire et de philosophie des sciences*, coll. « Problèmes et controverses », Vrin, 1968 ; voir *Introduction*, pp. 9-23.
38. *Op. cit.*, p. 13.

II

UNE THÉORIE HISTORIQUE DU DISCOURS

1. *Les « choses »*

Si, dans *Les Mots et les Choses*, les « choses » elles-mêmes n'apparaissent que peu et même pas du tout dans leur réalité concrète, il n'y a là rien d'étonnant, étant donné le projet épistémologique de Michel Foucault, étant donné surtout que les « choses », du fait de toute culture, se trouvent dérivées dans le discours (du moins n'a-t-on « conscience » que de celles qui sont dicibles dans le discours, et là « dicibles » doit se prendre non pas seulement dans le sens de « linguistiquement » dicibles, mais aussi dicibles « selon les conventions », « selon le conformisme », « selon ce qu'il faut dire et ne pas dire » — et dans ces restrictions de bienséance jouent des rapports de forces socio-économiques, car on « ne doit pas dire » ce que ceux qui dominent ne veulent pas entendre : Nietzsche et Marx se sont là-dessus longuement expliqués) et, parallèlement, dans l'action elle-même, c'est-à-dire dans le travail et dans la vie (mais on peut constater que si ce qui « se fait » doit être « dicible », toutefois ce qui « ne se fait pas » se fait aussi cependant et n'est pas dicible, et n'est pas dit). Aussi, même s'il peut être prématuré de juger d'un projet d'une telle ampleur, il ne peut être interdit de le critiquer, ne serait-ce que provisoirement, pour en souligner tout d'abord ce qu'il comporte de positif et de fécond. En effet — et je reprends les termes du texte critique d'une revue communiste en 1967 —, « il est fécond dans la mesure où il rappelle la relativité de toute connaissance et de toute problématique à la culture constituée, où il démasque l'*illusion de la contingence*, le *mythe d'une liberté de choix*[1] ». Sans doute, en même temps, à ce qu'il apporte, peut-on être sensible à ce qu'il « manque » dans la culture elle-même : l'*art*. La critique apparaît : « Il est illusoire dans la mesure où Foucault fait des structures culturelles une totalité isolée, laissant de côté des secteurs entiers dans l'art[2]. » Donc, ce projet épistémologique, comme tout autre et malgré ses défaillances — soulignons que la critique précédente concerne *Les Mots et les Choses* — n'a d'autre fin que celle même de toute pensée en général, y compris la pensée marxiste pure dans son projet épistémologique : l'appropriation du monde. Nietzsche a inlassablement dénoncé ou simplement affirmé cette opération d'appropriation ou d'assimilation *(Anneigung)* du monde à soi (ou au groupe représenté par celui qui pense ou qui devrait penser en principe, comme il le prétend généralement, en référence à toute l'humanité) : il s'agit d'un phénomène général et régulier qui a toujours curieusement échappé aux idéalistes (aussi ne faudrait-il pas qu'il échappe aux matérialistes). Marx ramène aussi l'activité de la pensée à un processus d'appropriation ; en effet, et comme le souligne justement Jacques Texier, la pensée pour Marx « est une forme spécifique de l'activité d'appropriation du monde par l'homme, dont les autres formes sont l'art, la religion, l'esprit pratique[3] ». C'est dans l'*Introduction à la critique de l'économie politique* que Marx a reconnu cette appropriation théorique comme une activité, et son produit comme une reproduction mentale du réel dans la pensée, mais cette appropriation « n'est pas transformation de son objet réel[4] ». En effet, pour Marx, « le tout, tel qu'il apparaît dans l'esprit comme une totalité pensée, est un produit du cerveau pensant, qui s'approprie le monde de la seule façon qui lui soit possible, d'une façon qui diffère de l'appropriation de ce monde par l'art, la religion, l'esprit pratique[5] ». Ce processus d'appropriation n'est pas sans nécessiter l'emploi de certaines « pratiques théoriques », voire une « pratique scientifique », reconnues ou non : Michel Foucault s'est donné pour tâche de mettre au jour justement les règles mêmes de ces pratiques théoriques. Il montre, de ce fait, qu'évidemment, dans le discours lui-même, on peut mesurer ce que les « choses » sont effectivement pour ceux qui tiennent le discours des choses. De toute façon, il restera toujours nécessaire qu'un discours nous révèle les « choses » : les « choses » nous apparaissent consciemment dans le discours. Même si elles sont éprouvées, sans pouvoir être dites, dans le travail et dans la vie, la « prise de conscience » passe nécessairement par leur désignation, donc leur identification, et leur énonciation dans le discours. Cette médiation nécessaire du discours rend possible ensuite l'action elle-même de « transformation » des choses ou du moins, au cas probable où la transformation active a précédé l'énonciation de la transformation, permet la reconnaissance de cette transformation des choses opérée inconsciemment par l'homme. Et cette réalité des choses ne signifie « quelque chose » pour nous que lorsque nous l'avons traduite, introduite dans le discours : si la pratique nous pose dans une situation de fait, encore devons-nous faire la théorie de cette pratique pour comprendre jusqu'où elle nous a menés et pour réellement ensuite « changer le monde ».

Que ce discours soit vu comme étant la « prose du monde » ou comme pure « interprétation », toute représentation, qu'on s'en rende compte ou non, passe à travers la parole, mais celle-ci, qui est proprement sa « conscience », n'appartient pas au « sujet parlant », qui n'a plus alors qu'une apparence de sujet quand on analyse sociologiquement ou historiquement son discours. Après tout, nous devons nous rendre à l'évidence de ce que, comme l'ont très bien exprimé Marx et Engels, « le langage *est* la conscience réelle, pratique, existant aussi pour d'autres hommes, existant donc alors seulement pour moi-même aussi et, tout comme la conscience, le langage n'apparaît qu'avec le besoin, la nécessité du commerce avec d'autres hommes » (*L'Idéologie allemande*, Éd. soc., 1965, p. 31). En effet, qu'est le discours ? Né *contre* le désir et *du* désir qui le précède, le discours est l'enfant dont l'institution attend la naissance. Outre le fait que le langage est la première institution — Rousseau *dixit* —, le discours né dans le langage a plusieurs précepteurs (grammaire, psychologie sociale, lois et institutions sociales, autorités nombreuses). Aussi, dans le dialogue entre le désir et l'institution, y a-t-il la différence de l'ouvert au clos : là où le désir (dont il faut au minimum admettre qu'un noyau appartient à l'individu vivant) souhaite un discours transparent, profond, ouvert, déjà l'institution a disposé l'ordre des lois, l'emplacement réservé, l'autorité relative qu'elle consent de lui conférer : le savoir d'un certain pouvoir, c'est-à-dire l'autorisation et la garantie du savoir conformément à un certain pouvoir. Il y a des discours sans crédit car l'institution ne les a pas autorisés par un titre officiel : un diplôme ou une marque distinctive. Et cette dualité du désir qui fuse, d'un côté, et de l'institution qui encadre, de l'autre, n'a d'autre sens que celle d'une inquiétude que Foucault définit bien : « inquiétude à l'égard de ce qu'est le discours dans sa réalité matérielle de chose prononcée ou écrite ; inquiétude à l'égard de cette existence transitoire vouée à s'effacer sans doute, mais selon une durée qui ne nous appartient pas ; inquiétude à sentir sous cette activité, pourtant quotidienne et grise, des pouvoirs et des dangers qu'on imagine mal ; inquiétude à soupçonner des luttes, des victoires, des blessures, des dominations, des servitudes, à travers tant de mots dont l'usage depuis si longtemps a réduit les aspérités[6] ». La positivité du discours s'encadrera tout entière dans les limites d'un certain nombre d'exclusions : « On sait bien qu'on n'a pas le droit de tout dire, qu'on ne peut parler de tout dans n'importe quelle circonstance, que n'importe qui, enfin, ne peut pas parler de n'importe quoi[7]. » De ses parents que sont le désir et l'institution, le discours retient du premier ce qui l'a motivé, ce qui fait qu'il est présent plutôt qu'absent, son existence plutôt que sa non-existence, tandis que du second il reçoit ce qui le constitue, l'établit, le définit, le délimite, le borne, et, en quelque sorte aussi l'institue, mais, en même temps, le rend efficace dans l'inscription au sein des réalités sociales, au sein des forces sociales *déjà là* : à l'institution que dénonce Foucault, placé lui-même au cœur de l'institution du Collège de France, nous ajouterons ce qui a fait et qui fait encore que l'institution elle-même est présente et dominante, tout un processus historique et matériel sous-jacent dans l'immanence du présent et antérieur dans la transcendance de l'histoire par l'histoire. Certes, le lieu du discours est ce lieu déporté où se retrouvent toutes les forces en affrontement, et Michel Foucault, se maintenant délibérément au niveau du discours, répertorie ce faisant des principes d'exclusion, repérables dans la confrontation des réseaux qui président à sa naissance, et qui ont leurs racines *au-dessous du discours*, et qui peuvent de temps à autre, et malgré l'institution, laisser passer de l'état d'indicible à l'état de dicible toute une réalité discursive ainsi refoulée : ces racines qui sont muettes peuvent soudain agrandir le discours, le faire basculer jusqu'à la prise de conscience linguistique (pléonasme volontaire) de ce qui relevait encore de la *pratique pratique* et non, pour ce niveau d'analyse, de la *pratique théorique*, indéniable mais dépendante de l'autre. Aussi devons-nous apprécier à leur juste valeur les analyses de Michel Foucault et applaudir à cette entreprise précisée, élaborée, et surtout commencée. Nous pensons que son projet pouvait être poursuivi au-delà, dans cette zone par lui éloignée : l'inconscient de l'institution.

Les choses, avant d'être dites et assumées dans l'ordre du discours, ont déjà un ordre propre : l'ordre des choses elles-mêmes (il faut savoir, pour notre compréhension, que le titre primitif du livre *Les Mots et les Choses*, était bel et bien *L'Ordre des choses*, mais ce titre existait déjà, aussi fut-il dûment refoulé du fait de la loi gardienne de l'institution). L'ordre des choses ne s'imprime pas directement ni spontanément dans l'ordre du discours. Cette nécessité d'inscrire les choses se fait même si profondément ressentir que l'histoire y trouve sa justification, mais aussi la philosophie qui est en somme, d'un certain point de vue, toujours « philosophie de l'histoire ». L'ordre du discours comporte des genres divers, toujours liés à des forces sociales, et par conséquent n'est nullement à séparer de l'ordre de l'action, ou de l'existence en général. C'est pourquoi il sera facile d'admettre cette très juste remarque concernant le XVIe siècle et nous concernant aussi sans doute : « Au XVIe siècle, le langage réel n'est pas un ensemble de signes indépendants, uniforme et lisse où les choses viendraient se refléter comme dans un miroir pour y énoncer une à une leur vérité singulière[8]. » Sans doute, cette affirmation convient-elle autant au XVIe qu'au XXe siècle. A cette époque cependant, plus particulièrement, le langage semble résider parmi les choses du monde, comme le signale Foucault, « parmi les plantes, les herbes, les pierres et les animaux[9] ». Suivons en effet l'analyse de Michel Foucault qui précise jusqu'à quel point le langage fait partie de la distribution concrète des similitudes, aussi bien, comme signe lui-même (ou comme signature), doit-il y être appréhendé en tant que nature, tout comme les animaux, les plantes ou les étoiles. Au milieu de ces éléments, comme eux, il participe à la grande loi de l'analogie, avec ce que l'analogie suppose d'affinité et de convenance. La justification qu'apporte M. Foucault est celle que présente la grammaire de Ramus, divisée en deux parties : l'une consacrée à l'étymologie, c'est-à-dire non pas au sens originaire des mots, comme on pourrait le croire, mais à leurs propriétés intrinsèques à partir des lettres et des syllabes qui les composent ; l'autre traitant de la syntaxe, c'est-à-dire se mettant à la recherche du « bâtiment des mots entre eux par leurs propriétés[10] », puisque la syntaxe consistait pour Ramus « presque seulement en convenance et mutuelle communion des propriétés, comme du nom avec le nom ou avec le verbe, de l'adverbe avec tous mots auxquels il est adjoint, de la conjonction en l'ordre des choses conjointes[11] ». C'est ce qui fait dire à Foucault que le langage ne tient pas encore sa raison d'être de la quantité du sens qu'il véhicule, mais des vertus déposées dans les syllabes et les lettres, vertus comparables à celles qui, dans le monde, contribuent à l'attraction et à la répulsion des choses entre elles. Le langage n'a pas encore de « sens », pas encore de contenu représentatif, c'est-à-dire manque de ce qui prédominera pour les grammairiens des XVIIe et XVIIIe siècles. Sans doute peut-on admettre ces affirmations globales, sous réserve d'analyses particulières. Pour s'en tenir à l'étude de la grammaire, avec Foucault, celle-ci semble reposer sur une disposition épistémologique qui la met au même rang que la science de la nature, cette dernière étant elle-même aussi apparentée aux disciplines ésotériques, à l'époque, florissantes : toutefois, avec la différence qu'il n'y a qu'une nature et cependant plusieurs langages ; en outre, l'ésotérisme se distingue par le recours à un « autre » discours, plus secret ; ce qui n'est pas le cas de la grammaire, en principe.

Ce n'est donc pas un simple système de signes qui transparaît alors dans le langage, comme on pourrait l'affirmer aujourd'hui, mais la totalité disloquée des symboles originaires d'une langue divine perdue dans son intégrité première et à laquelle toutefois restent accrochées les bribes des premières significations. Dans la masse fragmentée de ce langage originel, tous les éléments sont pris pour des indices révélant les propriétés d'un tout sous les espèces de celles des parties. C'est le règne de la synecdoque généralisée. Conception théologique, cette approche mystique du langage suppose à son fondement le don que fit Dieu lui-même aux hommes avec le langage : jusqu'à la lettre disjointe qui garde en dépôt la vertu même qui lie et délie, qui joint et disjoint. En somme, la formulation, l'incantation, la prière suffisent à donner accès à la connaissance des êtres, mieux encore à évoquer leur présence douée d'efficace. Ainsi la rencontre des lettres dans les mots est elle-même prédéterminée par le fond même des choses, puisque les mots mêmes sont des choses douées de secrètes propriétés. Les mots et les choses baignent donc dans un milieu cosmique au panthéisme fondamental où chacun des éléments permet l'accès au tout comme la communication à tout autre élément analogue ; on ne saurait mieux expliciter le phénomène de la participation. Et le discours plus fondamental permettant lui-même de discourir sur les multiples discours est ce réceptacle secret dans lequel viennent se fondre les significations de chaque jour telles que la grammaire les colporte fonctionnellement : le langage de tous les jours, éloigné de la transparence originaire, énonce par les éléments qui le composent ses propres significations, déchiffrables celles-là, clarté émergeant de l'obscur, publicité solidaire d'un secret où elles vont s'immerger. Le Grammairien n'est pas l'Ésotérique, mais il part alors des mêmes postulats : l'idée de la qualité intrinsèque des symboles. La métaphore, ou plutôt la synecdoque habite l'écriture des choses : celle du *premier ciel* dont le mouvement est figuré par l'écriture de droite à gauche des Hébreux, des Cananéens, des Chaldéens, des Syriens, des Égyptiens, et bien d'autres ; celle du *second ciel* dont le mouvement est figuré par l'écriture de gauche à droite des Grecs, des Maronites, des Latins, et bien d'autres ; celle de l'*ordre de la nature* selon lequel écrivent de haut en bas les Japonais, les Indiens, les Chinois, et bien d'autres ; celle des *lignes du soleil* dans son cours annuel dont le mouvement est figuré par l'écriture de bas en haut ou en lignes spirales des Mexicains. Le mouvement même de l'acte d'écrire figure la croisée du monde, la forme de la croix, « ensemble de la rotondité du ciel et de la terre[12] ». L'analogie est seule porteuse de signification car elle renvoie à une signification théologique présupposée : la symbologie du langage s'exprime « dans son rapport total à la totalité du monde[13] ». L'ordre du monde se reconstitue par l'ordre du discours et non pas l'inverse, car le monde est préétabli, « déjà là », théologiquement. Et Foucault évoque le projet encyclopédique du XVIe siècle tel qu'il apparut dans le *Syntaxeon artis mirabilis* (1610) de Grégoire, dans l'*Encyclopaedia* d'Alstedius ou dans le *Tableau de tous les arts libéraux* de Christophe de Savigny, œuvres auxquelles il resterait à nous référer.

Ce privilège absolu de l'écriture que présuppose l'entrelacement du langage et des choses, la primauté de l'écrit sur la langue parlée, enfin surtout cette référence à l'hébreu comme à la langue la plus marquée des dénominations premières ne portent-ils pas avec évidence le signe de l'analogie du type kabbalistique ? Non seulement la kabbale théorique, mais au moins aussi la kabbale pratique se présentent comme science du nom divin : toute chose concrète a pour elle un nom mystique à la prononciation duquel elle doit obéir, qu'elle soit inanimée, animée, qu'elle soit homme ou ange. Dieu lui-même répond à la prononciation des quatre lettres sacrées. Michel Foucault nous semble donc supposer cette référence implicite à une théologie dont il ne dit mot pourtant. Or, si l'on considère l'état de la théologie aux XIIe et XIIIe siècles, telle qu'elle apparaît très explicitement et de façon intelligible dans les travaux du père Chenu[14], avec les incidences qu'elle entraîne sur la formation de la pensée métaphysique moderne et sur les mécanismes du raisonnement, on est en droit de se demander quels changements se sont produits entre-temps dans la représentation commune pour avoir aussi insidieusement transformé et dominé au XVe siècle les modes et les mécanismes de la pensée ; certes, peut-être un coup d'œil sur l'histoire de cette culture permettrait-il de nous induire à soupçonner l'importance, l'efficience et la responsabilité de certains ouvrages et de certains événements du siècle, tels qu'ils se manifestent par exemple à travers Johann Reuchlin (1455-1522) et Jean-Frédéric Pic de la Mirandole (1463-1494), le maître en kabbale de ce dernier étant Johanan Aleman : Pic de la Mirandole, condamné pour ses *900 Conclusions* par le pape Innocent VIII, fut défendu par le moine Archangelus de Burgonove dans les *Conclusiones cabalisticae* publiées en 1600. Enfin, l'*Heptaplus* (1490) de Pic de la Mirandole, traduit en français en 1578, nous semble peut-être devoir expliquer ce phénomène décrit par ailleurs par Foucault et qui consiste dans un « langage réel », dans la « grande métaphore du livre qu'on ouvre, qu'on épelle et qu'on lit pour connaître la nature[15] ». En effet, le commentaire de la Genèse qu'apporte Pic de la Mirandole fait de toute parole le symbole de la doctrine philosophique la plus haute : preuve en est donnée par l'analyse, selon les méthodes kabbalistiques, des mots « *In principio* » qui, transposés en divers anagrammes, établissent (lumineusement, selon cet auteur) le rapport du langage aux choses et ici, en l'occurrence, à la création. En 1585, autre ouvrage usant des mêmes méthodes, maquillé sous le couvert d'une farce, celui de Giordano Bruno (1548-1600) et intitulé *La Cabale du cheval Pégase accompagné de l'âne d'Arcadie* : Bruno, faisant l'éloge de la bêtise et de l'ignorance, parodie ainsi les méthodes kabbalistiques ; cette satire, osée sous le mime de la méthode des docteurs hébreux, vise en fait ce que Bruno désigne comme l'ignorance religieuse, à côté de l'ignorance philosophique des péripatéticiens. Il reste que l'emploi satirique de la méthode prouve incontestablement que celle-ci est une référence obligée, donc dominante. D'ailleurs, la recherche d'une dialectique de l'unité et de la diversité, telle qu'elle apparaît chez Bruno, avec ce qu'elle implique, le principe constitutif de l'univers et de son contenu, c'est-à-dire l'âme du monde, n'est certes pas sans rapport avec le modèle kabbalistique ni avec ce que Foucault dégage dans son analyse de la fonction du langage à l'époque.

La transparence originaire du langage écrit, inscrit dans les choses, mots écrits par Dieu dans l'étoffe du monde, conduit à user de l'interprétation et du commentaire à seule fin de « savoir » : « Savoir consiste donc à rapporter du langage à du langage[16]. » Qu'on se rappelle à ce sujet la critique de Montaigne sur la glose : savoir consiste pour lui à s'entre-gloser, d'où sa défiance de la « science » et son parti pris pour l'*inscience*. Avec une parole jamais finie ni définitive, un commentaire de commentaire jamais achevé, « on parle sur le fond d'une écriture qui fait corps avec le monde ; on parle à l'infini sur elle, et chacun de ses signes devient à son tour écriture pour de nouveaux discours[17] ». Les signes du langage indiquent les signes des similitudes des choses dont le texte fondamental est ainsi toujours susceptible de révéler le secret de son écriture sous le labeur de l'interprétation. Cette unité du discours est compatible avec une trinité en laquelle elle se divise (d'abord écriture des choses du monde, ensuite texte du commentaire reprenant les signes des choses du monde, enfin texte supposé originaire et que le commentaire interprète) et déploie une dialectique croisée qui, elle aussi, semble comporter ce que Giordano Bruno et Nicolas de Cues dénommaient *coincidientia oppositorum*. Cette oscillation entre unité et trinité, caractéristique du XVIe siècle et continuant le système ternaire des Stoïciens, va disparaître et, avec elle, aussi l'être du langage qui restera en dernier ressort le seul apanage de la littérature : c'est ce que signale Foucault, indiquant aux esprits curieux des possibilités de recherches dans cette voie. Là encore, bien des questions se présentent à nous et auxquelles nous ne pourrions répondre que par de longues et patientes enquêtes qui ne sont donc qu'indiquées dans *Les Mots et les Choses*. Enquêtes qui, comme nous le supposons, perceraient (ou devraient percer) la pellicule du langage pour livrer à notre questionnement l'impact des réalités historico-sociales, des dominances, ou factuelles ou idéologiques.

A cette particularité du XVIe siècle va succéder, comme le montre Foucault, un système de langage, non plus ternaire, mais binaire, seulement représentatif, désancré du monde, réduit à une disposition de signes définie par la liaison d'un signifiant et d'un signifié. Aussi ne se demandera-t-on plus ce qu'on s'était jusque-là demandé : « En effet on s'était demandé comment reconnaître qu'un signe désignait bien ce qu'il signifiait[18]. » Le nouveau problème sera celui de savoir « comment un signe peut être lié à ce qu'il signifie[19] » : la réponse en sera l'analyse de la représentation comme la pratique Descartes, tandis que la pensée contemporaine s'attache au contraire à l'analyse du sens et de la signification comme la pratique Frege. Et, mettant certains points sur certains *i*, nous devons ainsi pouvoir apprécier ce que le schématisme cursif de certaines pages de Foucault dans *Les Mots et les Choses* recouvre d'analyse en même temps qu'il manifeste le produit d'une pensée synthétique apte à provoquer chez qui la saisit le désir de vérifier, de confirmer et même d'infirmer. En deux pages, en effet, se trouve préfiguré le destin du langage, y compris le traitement naïf tel que certains littérateurs le pratiquent de nos jours, imbus qu'ils sont de théorie, et précisément d'une théorie de la signification. Répétons-le après Foucault, interroger la littérature dans sa forme signifiante, c'est en rester au statut du langage classique : ce n'est pour Foucault ni du côté des idées ou du signifié, ni du côté du signifiant (en suivant le modèle de la linguistique et de la psychanalyse) qu'il faut chercher la littérature, si l'on veut sortir de la situation classique, c'est-à-dire « métaphysique ». Car la littérature n'est pas une confirmation, mais une compensation du « fonctionnement significatif du langage », c'est dire qu'elle est la compensation de *ce qui fonctionne avec signification dans le langage*, c'est-à-dire les instances dominantes et leurs institutions, elle est la « part du feu » laissée au désir. C'est d'ailleurs sans doute ce que *L'Archéologie du savoir* ne montre qu'en partie, mais commence admirablement à faire comprendre. Très justement, l'être du langage réapparaît selon Foucault au XIXe siècle pour croître « sans départ, sans terme et sans promesse[20] ». C'est pourquoi l'espace de la littérature est « vain », c'est-à-dire à ne pas prendre « en soi » comme lieu privilégié d'un signifié ou d'un signifiant ; c'est pourquoi aussi il est « fondamental », c'est-à-dire lié au fondement, le compensant, en même temps que ce fondement donne la vie à la littérature et devant lequel elle doit s'effacer puisqu'elle lui doit la vie, car lui seul véritablement est « fondamental », à mettre au jour par une littérature qui le cache : mais le cachant elle le révèle dans la mesure où elle refuse de se laisser prendre au pied de la lettre.

2. *Les « mots »*

On peut donc globalement approuver ce survol historique dont l'essor se devait d'être alerte, tout en notant, sans en faire grief à l'auteur, l'absence des faits matériels, économiques et sociaux, qui certainement sous-tendent ces processus « immatériels ». Mais le résultat s'impose : l'âge classique, qui dure encore aux yeux de certains, opère indéniablement la séparation du langage et du monde, comme il sépare l'esprit de la matière, l'âme du corps. Tout comme il procède à la séparation des « mots » et des « choses ». C'est que le primat de l'écriture est ajourné. La conséquence, Foucault la précise : « Disparaît alors cette couche uniforme où s'entrecroisaient indéfiniment le *vu* et le *lu*, le visible et l'énonçable. Les choses et les mots vont se séparer. L'œil sera destiné à voir, et à voir seulement ; l'oreille à seulement entendre. Le discours aura bien pour tâche de dire ce qui est, mais il ne sera rien de plus que ce qu'il dit[21]. » Nous appréhendons, dès lors, le « représenter » en acte. Loin de critiquer le projet de circonscrire le système général du savoir de l'âge classique, on ne peut qu'y souscrire, et même cette objection à laquelle songe Foucault doit être rejetée comme sans valeur : en effet, en rester à ce qu'une époque a pu penser d'elle-même, à ce que des hommes ont pu imaginer d'eux-mêmes, c'est se condamner à ignorer ce que seuls nous pouvons savoir de ces hommes et de cette époque, puisque « l'âge classique, pas plus qu'aucune autre culture, n'a pu circonscrire ou nommer le système général de son savoir[22] ». Même si la question vient de la pointe avancée de notre culture, elle n'en a pas moins une valeur objective et scientifique, elle en a même d'autant plus de valeur, en ce qui concerne cette époque reculée. On ne peut que saluer cette entreprise qui établit et impose le système du savoir d'un âge passé pour l'analyser dans sa Grammaire et sa Logique (celles de Port-Royal), dans ses théoriciens de la connaissance (Condillac, Destutt de Tracy et Gerando), dans ses économistes (Quesnay et les Physiocrates), dans ses philosophes comme Condillac et Destutt qui ont su reconnaître « dans la ligne de leur théorie de la connaissance et du langage celle du commerce et de l'économie[23] ». C'est pourquoi Foucault se livre à l'analyse de l'espace épistémologique classique à la fois dans le domaine du langage, dans celui de la classification et dans celui de la monnaie, poursuivant ainsi une triple enquête linguistique, biologique et économique. En obéissant au mot d'ordre classique d'entrer dans le discours avec Michel Foucault, puisqu'il faut cerner les problèmes dans leur individualité, nous oublierons la constellation déterminante des infrastructures — ce fut aussi l'un des reproches qui fut adressé sinon à *L'Archéologie du savoir* du moins au livre précédent, *Les Mots et les Choses* — pour évoquer celle des superstructures, négligeant ainsi le référent économico-social, et cultivant le signe (signifiant et signifié) coupé de sa signification. Ce mot d'ordre devrait être explicité et il ne l'est pas dans *Les Mots et les*

Choses : ignorer les « choses » parce que seuls les « mots » ont été reconnus épistémologiquement valables, pour épistémologique qu'elle soit, cette attitude ne saurait être que provisoire. Sonder le champ de la pensée explicite ne saurait davantage suffire ; encore que les « choses » sous forme de « mots » y aient cours. Il y a *ensembles* et *sous-ensembles* : à l'ensemble du système historico-social dans sa totalité coopèrent des sous-ensembles, dont le « système de pensée » fait partie. Le système du savoir reflète le système du pouvoir : cela, Foucault l'a montré dans les recherches ultérieures, et *L'Archéologie du savoir* l'impliquait, tout comme *Naissance de la clinique* l'avait préalablement prouvé. Le discours du savoir, né lui aussi du désir, est pris en charge par l'institution. Le pouvoir informe le savoir. Mais toute recherche doit se fixer ses limites : il en est de conventionnelles, il en est aussi de méthodologiques. Tout se retrouve dans le discours, à condition de chercher la « vérité » des « choses » dans ce qu'il n'énonce pas : mais la méthode foucaldienne, qui atteint cependant du « non-dit » dans un discours en le trouvant « dit » dans un autre discours, a éliminé toute analyse psychanalytique (l'écriture de l'inconscient subjectif) comme toute analyse marxiste (l'écriture de l'inconscient économique), refusant l'*interprétation* que laissent supposer ces deux types d'analyse. Ne pas interpréter mais laisser jouer entre eux des rouages qui s'enclenchent positivement aux yeux même de ceux qui se défient de toute interprétation, rapprocher deux discours au *point même* où ils prennent communément mais séparément leur envol, sans émettre d'hypothèses comme Newton, montrer sans discours propre comment plusieurs discours ensemble (discours dûment réglés et socialement insérés) peuvent s'anéantir les uns les autres ou s'inscrire en faux mutuellement l'un contre l'autre, alors même qu'ils *concourent* quand ils *discourent* : ce n'est pas véritablement « dire », mais c'est véritablement « montrer ». Le discours insolite de l'archéologie ne dit rien mais peut tout montrer. Le discours que les « classiques » ont tenu comme seule réalité n'était pas sans rapport avec une réalité inconnue du discours lui-même. Cela va de soi.

Il n'est pas étonnant que, dans l'âge classique, ce qui est à soi-même transparent, ce soit le discours, non plus le monde. Deux concepts clefs y prédominent, celui de « signe » et celui d'« ordre ». La science générale de l'ordre, idéal classique, quand elle traite des « natures simples » définies par Descartes, produit une *mathesis* et, quand elle traite des représentations complexes, produit une *taxinomia* : dans le premier cas, la méthode universelle est l'algèbre, dans le second, il s'agit d'instituer un système de signes. Entre les deux opérations on peut voir une interaction nécessaire : « Dans la mesure où les représentations empiriques doivent pouvoir s'analyser en natures simples, on voit que la *taxinomia* se rapporte tout entière à la *mathesis* ; en revanche, puisque la perception des évidences n'est qu'un cas particulier de la représentation en général, on peut dire aussi bien que la *mathesis* n'est qu'un cas particulier de la *taxinomia*[24]. » Ainsi les signes constituent une algèbre des natures complexes, et l'algèbre établit une méthode pour doter les natures simples de signes. Reproduisons le tableau significatif de Foucault :

Sciences générales de l'ordre		
Natures simples	⟷	Représentations complexes
↓		↓
mathesis		*taxinomia*
↑		↑
algèbre	⟷	signes

Ces résultats intéressants sont-ils suffisamment démontrés ? Nous nous proposons, quant à nous, de les justifier en recourant au discours cartésien ; en effet, l'entreprise des *Méditations métaphysiques* est exemplaire à ce sujet. La première *Méditation* opère la séparation des « choses que l'on peut révoquer en doute », au premier rang desquelles viennent les choses complexes dont les sciences comme la physique, l'astronomie, la médecine sont parmi les moins certaines ; au contraire, les « choses fort simples et fort générales » relèvent de l'arithmétique, de la géométrie et des « autres sciences de cette nature » qui

« contiennent quelque chose de certain et d'indubitable ». Toutefois, ces dernières choses aussi seront douteuses, du fait de l'hypothèse du Malin Génie qui réduira la représentation à son point minimal : le *doute*, à partir duquel l'être représentant du *cogito* se développera et se reconvertira en représentation en soi (natures simples ou natures complexes) comme base et support du *représenté séparé*, c'est-à-dire du discours scientifique en vue duquel le discours philosophique n'est qu'une charnière justificative (le titre du *Discours de la méthode* est clair et explicite : *Discours de la méthode pour bien conduire sa raison et chercher la vérité dans les sciences*).

L'« esprit humain » (selon le titre de la seconde *Méditation : De la nature de l'esprit humain et qu'il est plus aisé à connaître que le corps*) sera dès lors, comme sphère séparée du représenté, « plus aisé à connaître », c'est-à-dire sera cela même à partir de quoi le discours pourra s'instituer. A partir du *noyau indubitable du doute*, cette sphère va pouvoir s'affirmer comme réelle et vraie et se déployer comme vérité scientifique. Que la science soit un discours séparé des choses, voilà qui est alors *évident* (clair et distinct) pour Descartes. Et nous devons donc noter le résultat de l'opération de distinction cartésienne à partir des mots opérateurs de la réduction cartésienne : *je suis, j'existe*, puisque cette proposition minimale est « nécessairement vraie, toutes les fois que je la prononce, ou que je la conçois en mon esprit » : dire et concevoir *je suis, j'existe*, c'est donc la même chose et c'est aussi commencer, ce faisant, le discours scientifique séparé. Quelques paragraphes plus loin, Descartes le précise encore :

« Un autre est de penser ; et je trouve ici que la pensée est un attribut qui m'appartient. Elle seule ne peut être détachée de moi. *Je suis, j'existe*, cela est certain ; mais combien de temps ? à savoir autant de temps que je pense ; car peut-être se pourrait-il faire si je cessais de penser, que je cesserais en même temps d'être, ou d'exister : Je n'admets maintenant rien qui ne soit nécessairement vrai : Je ne suis donc précisément parlant qu'une chose qui pense, c'est-à-dire un Esprit, un Entendement, ou une raison, qui sont des termes dont la signification m'était auparavant inconnue. »

Notons le résultat acquis : la séparation de tout ce qui pouvait être séparé, hormis ce que l'action même de séparation, par l'effet du doute, ne pouvait exclure : le *doute même,* impliquant l'existence du sujet représentant. Celui-ci se pose et se reconnaît lui-même dans la proposition : *Je suis, j'existe.* Les « choses » disparaissent de l'horizon épistémologique pour laisser place aux « mots », mais ces mots nouveaux ont un statut de certitude transparente, condition de leur appartenance au « représenter » cartésien : un « représenter » rectifié, épuré, corrigé. Cette épuration et cette correction seront les conditions d'admissibilité de ce qui était jusque-là des « choses », mais rectifiées sous l'espèce des notions simples ou complexes, séparées, préparées, élaborées et converties au discours scientifique. L'épisode du morceau de cire illustrera ensuite le passage légitime de la *taxinomia* à la *mathesis* que signale justement Foucault. En effet, dans une première approximation de la vérité de la cire, Descartes a décrit un ensemble de propriétés observables dans une première phase, et il désigne ce premier moment ainsi, par une observation temporelle : « cependant que je parle ». Il s'agit donc d'un discours du changement, d'un discours des natures complexes qui ne pourront se faire connaître que dans leur relation aux natures simples ; le discours de ce qui demeure sera le fait de pensée qu'est l'inspection de l'esprit et non plus le fait de la vision des yeux : les hommes que Descartes voit de ses yeux du haut de sa fenêtre ne sont peut-être que des « hommes feints » mais ceux qu'il voit avec son esprit et qu'il désigne dans son discours vrai *sont* de « vrais hommes ». L'être du représenter est fondateur et légifère l'être du percevoir. Seule l'*extension* de la cire est à retenir comme épistémique et comme justificatrice des qualités d'abord observées dans la perception de *ce* morceau de cire : *flexible* et *muable,* ces dernières qualités ne deviennent scientifiques que dans leur relation au *concept d'extension,* concept géométrique de l'espace. Et pour Descartes, il ne fait aucun doute que l'accès à la scientificité ne soit une affaire de langage (aussi) :

« Un homme qui tâche d'élever sa connaissance au-delà du commun doit avoir honte de tirer des occasions de douter des formes et des termes de parler du vulgaire. »

Loin du langage impur d'*avant la séparation*, le nouveau langage transparent comporte sa propre assurance, ne tire sa certitude d'aucun autre niveau que le sien propre. La science cartésienne est donc bien assise sur une constitution du discours séparé des « choses » ou pour employer l'expression cartésienne, séparé des « formes extérieures » par rapport auxquelles elle a acquis son autonomie et son optimisme. Le discours qui commence, en fait, se cherche comme discours : « Mais enfin que dirai-je de cet esprit... que prononcerai-je, dis-je, de moi... » Le terme et le but de la séparation seront atteints avec la démarche de la troisième *Méditation : De Dieu, qu'il existe,* qui consomme la solitude du *représentant séparé* s'apprêtant à appréhender le *représenté* purement et parfaitement qu'est Dieu :

« Je fermerai maintenant les yeux, je boucherai mes oreilles, je détournerai tous mes sens, j'effacerai même de ma pensée toutes les images des choses corporelles, ou du moins, parce qu'à peine cela se peut-il faire, je les réputerai comme vaines et comme fausses, et ainsi m'entretenant seulement moi-même, et considérant mon intérieur, je tâcherai de me rendre peu à peu plus connu, et plus familier à moi-même. »

Pour Descartes, c'est alors que surgit le signifié dans sa nudité parfaite car toutes les choses que sont la Terre, le Ciel, les Astres, etc., et qu'enregistrent les sens, ne sont pour la représentation que des idées qui ne lui prouvent nullement que ces choses-là existent hors de lui-même. Donc l'essentiel de la démarche cartésienne sera bien celle de raccorder les « signes » (ici, les « idées ») aux choses qu'ils signifient, car ce n'est pas l'« algèbre » qui fait problème, mais bien les « signes » et la *taxinomia* à laquelle ils doivent conduire.

Mathesis et *taxinomia* vont se compléter par l'interrogation sur les origines : la *genèse*. D'une part, *mathesis*, ou science de l'ordre, d'autre part, *genèse*, ou analyse de la constitution de l'ordre, et, entre les deux, la région des *signes* : région de l'histoire naturelle, de la théorie de la monnaie, de la *Grammaire générale*. C'est ainsi que se définit l'*épistémé* classique : sur la base d'un « espace du savoir » disposé au XVIIe siècle pour ne se refermer que cent cinquante ans plus tard. Grammaire générale, histoire naturelle, économie politique se rapportent à une théorie générale des signes et de la représentation qui rend compte de l'« espace en tableau » ouvert par cette *épistémé*. La représentation a le pouvoir de fonder d'elle-même les liens de ses divers éléments : elle gardera ce pouvoir jusqu'à la fin du XVIIIe siècle, moment d'un décalage ou d'une rupture dans la pensée occidentale. Le tableau, qui spatialise l'ordre, détient jusque-là ce pouvoir de lier les représentations entre elles ; et c'est ce que montre éminemment le langage. Les mots représentent la pensée : ce qui est donné est nécessairement donné à la représentation ; celle-ci se dédouble elle-même grâce au langage qui réalise l'espacement : « Les mots ne forment donc pas la mince pellicule qui double la pensée du côté de la façade ; ils la rappellent, ils l'indiquent, mais d'abord vers l'intérieur, parmi toutes ces représentations qui en représentent d'autres[25]. » Au-delà du perpétuel commentaire, le langage classique efface le Texte premier et les mots inscrits dans les choses que ce Texte impliquait. Le discours va créer la discursivité de la représentation par le mécanisme de la critique : l'analyse du jeu de son fonctionnement sera à la fois l'enjeu du discours et la confirmation de son être. Ainsi, la critique « interroge le langage comme s'il était pure fonction, ensemble de mécanismes, grand jeu autonome des signes ; mais elle ne peut manquer en même temps de lui poser la question de sa vérité, ou de son mensonge, de sa transparence ou de son opacité, donc du mode de présence de ce qu'il dit dans les mots par lesquels il le représente. C'est à partir de cette double nécessité fondamentale que l'opposition du fond et de la forme s'est peu à peu fait jour et a occupé finalement la place que l'on sait[26] ». Toutefois, cette dernière association s'est accomplie tardivement : au XVIIe siècle, la critique s'exerce d'un bloc sur la fonction représentative du langage : critique des mots, analyse des figures, analyse des tropes, analyse du rapport que le langage entretient avec ce qu'il représente. A juste raison, Foucault note l'importance et la survie actuelle de l'opposition entre le commentaire et la critique (d'où la haine de ce que d'aucuns désignent comme « paraphrase » et qui apparaît nettement dans les textes officiels de l'enseignement ; tandis que ces mêmes textes innovent par ailleurs l'usage du genre « commentaire critique ») : « Ces deux façons pour le langage de fonder un rapport à lui-même va entrer désormais dans une rivalité dont nous ne sommes point sortis. Et qui peut-être se renforce de jour en jour. C'est que la littérature, objet privilégié de la critique, n'a cessé depuis Mallarmé de se rapprocher de ce qu'est le langage en son être même, et par là elle sollicite un langage second qui ne soit plus en forme de critique mais de commentaire[27]. »

Le discours est désormais la représentation représentée par des signes verbaux. Dès lors, les mots peuvent se définir comme des notes (selon Hobbes le langage est un « système de notes »), comme des marques arbitraires, soit instituées par une convention de la collectivité, soit imposées à celle-ci par une violence, et destinées à rappeler les représentations, à les lier ou à les dissocier et à permettre toutes les opérations attendues. Toutefois, les mots sont vus dans le rapport à l'individu qui en use pour sa représentation et surtout à fin d'analyse dans l'ordre de la succession : « Les sons, en effet, ne peuvent être articulés qu'un à un ; le langage ne peut pas représenter la pensée, d'emblée, en sa totalité ; il faut qu'il la dispose partie par partie selon un ordre linéaire[28]. » En tant qu'il représente la représentation, le langage se distingue par l'opération de transformation du contemporain (la pensée) en successif (la proposition). Pour Condillac, en effet, l'esprit prononcerait toutes ses idées à la fois s'il devait les émettre « comme il les aperçoit » : le langage, relativement à la pensée et aux signes, fait œuvre algébrique, en *analysant* la pensée, en y instaurant l'ordre de l'espace. Aussi bien, la Grammaire générale n'est-elle pas une simple application de la logique au langage. Comme l'écrit Foucault, « *la Grammaire générale, c'est l'étude de l'ordre verbal dans son rapport à la simultanéité qu'elle a pour charge de représenter*[29] ». Cette grammaire tient lieu, pour le philosophe, de forme spontanée de la science, « de philosophie inhérente à l'esprit[30] » : les conséquences ne manquent pas : ce sont, d'une part, le partage des sciences du langage en Rhétorique, mode de spatialisation du langage dans les signes verbaux, et Grammaire, mode d'articulation et d'analyse ; d'autre part, le fait que la Grammaire « manifeste le rapport que (le langage en général) entretient avec l'universalité[31] ». Cette dernière conséquence peut s'accomplir dans la conception soit d'une Langue universelle, soit d'un Discours universel : soit Caractéristique et Combinatoire, soit Idéologie (selon les *Éléments d'Idéologie* de Destutt de Tracy) :

« La Caractéristique universelle et l'Idéologie s'opposent comme l'universalité de la langue en général (elle déploie tous les ordres possibles dans la simultanéité d'un seul tableau fondamental) et l'universalité d'un discours exhaustif (il reconstitue la genèse unique et valable pour chacun de toutes les connaissances possibles en leur enchaînement). Mais leur projet commun et leur commune possibilité résident dans un pouvoir que l'âge classique prête au langage : celui de donner des signes adéquats à toutes les représentations quelles qu'elles soient, et d'établir entre elles tous les liens possibles[32]. »

Ainsi, le langage étant vu comme l'élément de l'universel, « connaissance et langage sont strictement entrecroisés[33] », et la totalité du monde doit pouvoir se représenter dans une Encyclopédie. Non seulement la connaissance, mais encore une histoire de la connaissance deviennent alors possibles : les sciences sont des langues bien faites (Condillac), c'est que les langues sont des

« sciences en friches » (Foucault). C'est pourquoi : « Il appartient à la nature même de la grammaire d'être prescriptive, non pas du tout parce qu'elle voudrait imposer les normes d'un beau langage, fidèle aux règles du goût, mais parce qu'elle réfère la possibilité radicale de parler à la mise en ordre de la représentation[34]. » Les prescriptions grammaticales ne sont donc pas esthétiques mais analytiques. Une étude de la langue d'un peuple permet de le connaître dans sa science et ses institutions. Désormais non seulement l'histoire de la connaissance mais aussi l'histoire de la liberté et de l'esclavage deviennent possible : ce que suppose d'ailleurs le projet de Rousseau dans l'*Essai sur l'origine des langues*. « Parler, éclairer et savoir sont, au sens strict du terme, du même ordre[35]. » Le rôle de la Grammaire générale sera donc de définir le système d'identités et de différences des caractères que chaque langue se donne pour articuler la pensée sur elle-même.

Dans l'introduction que Michel Foucault a donnée au texte lui-même de la *Grammaire générale et raisonnée* de Lancelot et Arnault (Republications Paulet, Paris, 1969), il est utile de suivre les rapprochements établis entre cette Grammaire générale et la linguistique moderne. Bien que la Grammaire générale ne soit nullement une grammaire comparée, puisque les langues ne sont pas rapprochées pour elles-mêmes mais par méthode, uniquement afin de faire apparaître la fonction représentative du discours, il reste que la Grammaire générale se réfère comme la linguistique « à une théorie des signes dont l'analyse de la langue ne serait qu'un cas particulier, et singulièrement complexe[36] ». Dans les deux entreprises on remarque de même la nécessité de définir les conditions de fonctionnement que présentent toutes les langues, tout comme la nécessité de privilégier l'organisation actuelle d'une langue, avec le refus de l'explication par le recours à l'histoire, enfin la nécessité de présenter la grammaire comme un système rationnel susceptible d'expliquer les faits les plus déviants. Bien qu'il s'agisse de deux configurations épistémologiques différentes (ni l'objet ni les concepts ne sont identiques), une similitude s'impose à l'examen, et qui soulève le problème de chercher l'espace rationnel commun qui les autorise. L'œuvre elle-même de Chomsky fait apparaître la possibilité d'une grammaire « où le langage serait analysé non plus comme un ensemble d'éléments discrets mais comme une activité créatrice ; où des structures profondes seraient dessinées au-dessous des figures superficielles et visibles de la langue ; où la pure et simple description des rapports serait reprise à l'intérieur d'une analyse explicative ; où le système de la langue ne serait pas séparable de l'élaboration rationnelle qui permet de l'acquérir[37] ». C'est là, nous semble-t-il, dans l'hypothèse d'un espace commun, que l'historien doit aussi chercher les structures qui conditionnent certaines formations culturelles, la théorie du langage comprise. Sans doute, cette remarque d'un présupposé commun, logique et historique, autoriserait-elle une avancée épistémologique dans certains domaines peu étudiés.

3. *L'être du discours*

Le discours pris comme le lieu de l'ontologie, tel est le discours « classique » défini par Michel Foucault comme destiné à « attribuer un nom aux choses, et en ce nom (à) nommer leur être[38] ». La théorie du signe, inhérente à la Grammaire générale, est au cœur d'une réflexion sur l'idée, c'est-à-dire « là où le rapport de la représentation à l'objet se trouve mis en question[39] ». Est ainsi abandonnée une épistémologie des catégories comme celle d'Aristote et, au contraire, privilégiée une épistémologie des formes et des niveaux de la représentation, susceptible d'analyse, de combinaison et de mise en ordre. La Logique de Port-Royal déploie ainsi un signe à quatre termes : de la représentation à la chose et de la chose à la représentation, et de celle-ci de nouveau à la chose. Il y a dédoublement du rapport de l'idée à son objet, comme l'affirme très justement Foucault, et c'est ce qu'indique le schéma qu'il donne :

idée →	(objet	=	idée →)	objet
(a1)	(a2)		(b1)	(b2)

« Le mot c'est l'objet (a2) qui fonctionne comme l'idée (b1) de l'objet (b2) et qui a l'idée (a1) pour forme représentative dans l'esprit[40]. » Ce schéma et son commentaire nous paraissent requérir la démonstration toute trouvée, impliquée dans les *Méditations* I, II, III. Les passages suivants notamment s'insèrent dans cette problématique ; il s'agit de la troisième *Méditation* cartésienne :

« Mais il se présente notamment encore une autre voie pour rechercher les choses dont j'ai en moi les idées, il y en a quelques-unes qui existent hors de moi. A savoir, si ces idées sont prises en tant seulement que ce sont de certaines façons de penser, je ne reconnais entre elles aucune différence ou inégalité, et toutes semblent procéder de moi d'une même sorte ; mais les considérant *comme des images*, dont les unes représentent une chose, et les autres une autre, il est évident qu'elles sont fort différentes les unes des autres ; car en effet celles qui me représentent des substances sont sans doute quelque chose de plus et contiennent en soi (pour ainsi parler) plus de réalité objective, *c'est-à-dire participent par représentation à plus de degrés d'être ou de perfection*, que celles qui me représentent seulement des modes ou des accidents ; de plus celle par laquelle je conçois un Dieu souverain, éternel, infini, *immuable*, tout connaissant, tout-puissant, et Créateur universel de toutes les choses qui sont hors de lui ; celle-là, dis-je, a certainement en soi plus de réalité objective, que celles par qui les substances finies me sont représentées. »

« *On doit savoir que toute idée étant un ouvrage de l'esprit*, sa nature est telle qu'elle ne demande de soi aucune autre réalité formelle, que celle qu'elle reçoit et emprunte de la pensée, *ou de l'esprit*, dont elle est seulement un mode, *c'est-à-dire une manière ou façon de penser*. Or afin qu'une idée contienne une telle réalité objective plutôt qu'une autre, elle doit sans doute avoir cela de quelque cause, dans laquelle il se rencontre pour le moins autant de réalité formelle, que cette idée contient de réalité objective ; car si nous supposons qu'il se trouve quelque chose dans l'idée, qui ne se rencontre pas dans sa cause, il faut donc qu'elle tienne cela du néant ; mais pour imparfaite que soit cette façon d'être, par laquelle une chose est objectivement *ou par représentation* dans l'entendement par son idée, certes on ne peut pas néanmoins dire que cette façon et manière-là ne soit rien, ni par conséquent que cette idée tire son origine du néant. Je ne dois pas aussi douter qu'il ne soit nécessaire que la réalité soit formellement dans les causes de mes idées, quoique la réalité que je considère dans ces idées soit seulement objective, ni penser qu'il suffit que cette réalité se rencontre objectivement dans leurs causes. Car ainsi que cette manière d'être objectivement appartient aux idées de leur propre nature, de même aussi la manière ou la façon d'être formellement, appartient aux causes de ces idées (à tout le moins aux premières et principales) de leur propre nature : Et encore qu'il puisse arriver qu'une idée donne naissance à une autre idée, cela ne peut toutefois être à l'infini, mais il faut à la fin parvenir à une première idée, dont la cause soit comme un patron ou un original, dans lequel toute la réalité *ou perfection* soit contenue formellement *et en effet,* qui se rencontre seulement objectivement *ou par représentation* dans ces idées. En sorte que la lumière naturelle m'a fait connaître évidemment, que les idées sont en moi comme *des tableaux* ou des images, qui peuvent à la vérité facilement déchoir de la perfection des choses dont elles ont été tirées, mais qui ne peuvent jamais rien contenir de plus grand ou de plus parfait. »

Il s'agit ici du débat d'un problème analogue à celui des grammairiens : débat du mode sur lequel les mots signifient les choses signifiées. Comme les auteurs de Port-Royal, Descartes invoque une différence possible dans la nature des idées ainsi que les différents rapports possibles entre les choses ; mais en fait, à la base, est présupposée l'affirmation que les divers *tableaux* de la pensée sont autant de manières de signifier. Le processus heuristique propre à Descartes dans l'acte de formation de ses concepts est étroitement solidaire du discours tel qu'il apparaît à la fois dans la Logique et dans la Grammaire classiques. Analyse du langage et analyse de la pensée se conditionnent étroitement : « La proposition est au langage ce que la représentation est à la pensée[41]. » Langage et pensée commencent non pas avec l'expression d'une réalité, mais avec le fait de parole, l'être du discours. Le seul verbe au fond de tous les verbes, c'est alors le verbe *être*, car tout verbe *affirme* et donc suppose le jugement d'un *cogito*. De nouveaux rapports s'établissent ou, s'ils étaient déjà annoncés, se renforcent entre le langage et l'être ; *être* est le mot simple d'une fonction verbale dans laquelle se recueille l'essence du langage : par cet être du discours les choses parlent et les hommes forgent la chaîne du langage. « Sans une manière de désigner l'être, point de langage ; mais sans langage, point de verbe être, qui n'en est qu'une partie[42]. » A la fois être représenté et être représentatif du langage, le verbe être est susceptible d'erreur ou de vérité et permet ainsi de relier le système des signes tout entier à l'être des choses signifiées. Le même mot fonde la grammaire et la philosophie, constitue le discours philosophique quand il nomme l'être de la représentation, s'identifie avec le mode d'existence du langage quand il n'est que fonction verbale ; enfin, jouant sur l'être de la représentation pris comme un champ de signes, il se fait nomenclature ou taxinomie quand il y dispose le réseau d'une « langue bien faite ».

Médiation transparente, invisible en tout cas, l'être articule le discours et dans le discours la proposition. Le discours énonce le contenu de la représentation en nommant ce qui est le représenté : le discours est fait de *noms propres* plutôt que de mots quelconques. A côté de la fonction verbale, il faut donc reconnaître la fonction de la désignation, sans laquelle la première serait inefficace au discours. L'articulation joue entre langage et représentation aussi bien qu'entre les noms eux-mêmes : « Les éléments de la proposition ont entre eux des rapports identiques à ceux de la représentation[43]. » La première articulation joue sur la proposition, puisque cette dernière est déjà représentation : une représentation dédoublée, une représentation articulant une autre représentation. Si la fonction verbale est la plus simple et la plus essentielle, la fonction nominale est générale, faute de quoi elle serait réduite à néant dans la phrase même, privée qu'elle serait d'attribuer un élément commun au moins à deux représentations. Une articulation dite horizontale groupera les individus possédant certaines identités, une articulation dite verticale groupera aussi bien les choses permanentes sous les caractères que ces caractères indissociables en eux-mêmes : « L'articulation première du langage (si on met à part le verbe être qui est condition autant que partie du discours) se fait donc selon deux axes orthogonaux : l'un qui va de l'individu singulier au général ; l'autre qui va de la substance à la qualité[44]. » Tant que la théorie du langage aura pour objet le discours, elle analysera ses valeurs représentatives et abandonnera une autre possibilité d'analyse sise dans et sous l'unité nominale et faisant apparaître les éléments insignifiants (possibilité cependant entrevue par Harris, ainsi que le montre Foucault). L'époque classique recherche les significations dans leurs derniers retranchements ; ces significations, dépendant de la fonction nominale, relevaient le sens des syllabes, des flexions, des lettres : toutes les particules de la phrase étaient prises comme des noms s'étant substitués aux gestes humains, comme des noms endormis par l'usage, comme des représentations aussi minimes fussent-elles. Cette théorie de la nomination généralisée, selon l'expression de Michel Foucault, présuppose elle-même la fonction de désignation considérée comme origine du langage. Au lieu de s'opposer, l'analyse du langage d'action (le geste qui désigne, le signe) et l'étude des racines (dépendant d'un choix originaire) se complètent nécessairement, « puisque la première rend compte de la substitution du signe au désigné et que la seconde justifie le pouvoir permanent de désignation de ce signe[45] ». L'interjection serait le noyau vécu du langage, la racine animale du discours. Une genèse naturelle relierait ainsi le langage à la nature : le langage d'action tel qu'il fut décrit par Condillac et Destutt de Tracy l'attesterait. Toutefois faut-il ajouter ce qui est ici passé sous silence, c'est la thèse que Rousseau oppose à Condillac dans l'*Essai sur l'origine des langues*, et qui pourtant s'inscrit aussi dans cette constellation classique ; en effet, l'analyse de la langue du geste qu'y développe Rousseau montre à quel point celle-ci est faite de figures concrètes préformant les futures figures imaginaires de la langue de la voix : ce langage d'action met le monde en ordre, est bref, efficace, direct, « inarticulé » ; cette langue articule cependant l'univers d'éléments juxtaposés et coordonnés par le sens. Ce que Rousseau a su voir ne peut en rien s'assimiler au sensualisme simple de Condillac ni même à celui de Destutt de Tracy qui ne représentent qu'une tendance, une caractéristique de la constellation classique prise au sens le plus large. La nature ne parle déjà plus dans la langue d'action, mais déjà parlent la convention humaine et les lois pressantes de la politique. Certes, si nature il y a dans le langage d'action, c'est une nature niée, reformée par l'homme ; et ce que Foucault tire des analyses sensualistes, c'est justement la distance par rapport à la nature, aussi écrit-il à juste raison : « Il n'y a pas langage lorsque la représentation s'extériorise mais lorsque, d'une façon concertée, elle détache de soi un signe et se fait représenter par lui[46]. » Car, à ne s'en tenir qu'à une référence au *Discours sur l'origine de l'inégalité*, on risquerait d'accroître la confusion. Or, le décalage, sinon dans la théorie du langage, du moins dans la position du problème, nous met sur une fausse voie ; malgré une allusion purement théorique destinée à éluder le véritable problème de l'origine, Rousseau énonce parfaitement, non pas les solutions, mais les difficultés soulevées par les thèses de Condillac[47].

La recherche des racines premières et de leurs lois de formation se fera dans cet horizon : les travaux de De Brosses, de Bergier et de Copineau en sont l'illustration, selon la théorie des racines ; celles-ci suivent plusieurs voies de formation dont l'une semble à tort évidente : l'onomatopée, non pas expression spontanée mais imitation volontaire d'un signe naturel ; c'est à partir de ce jeu de racines primitives, monosyllabiques, que les auteurs reconstituent la base des langues modernes. Une généalogie du langage est ainsi mise sur pied à condition d'admettre une succession de filiations continues à travers toutes les langues : à partir de racines peu nombreuses utilisées par les langues d'Europe et d'Orient, on dériverait les mots plus compliqués qui en découleraient : « On constituerait ainsi des séries parfaites et exhaustives, des chaînes absolument continues où les ruptures, si elles existaient, indiqueraient incidemment la place d'un mot, d'un dialecte ou d'une langue aujourd'hui disparus[48]. » Le résultat serait la filiation complète de toutes les racines connues, d'autre part les mots utilisés dans une langue donnée. D'après Foucault, il ne faudrait pas voir dans ces entreprises le retour à la théorie des langues mères, mais plutôt le parcours de la représentation et des mots : « Le langage à l'époque classique, ce n'est pas un fragment d'histoire qui autorise à tel ou tel moment un mode défini de pensée et de réflexion ; c'est un espace d'analyse sur lequel le temps et le savoir des hommes déroulent leur parcours[49]. » Les linguistes étaient d'ailleurs plus intéressés par la constance des significations que par l'étude des formes matérielles prises successivement par les mots.

Des recherches de cette inspiration se trouvent poursuivies encore au XXe siècle si l'on en juge par quantité de travaux étymologiques, entre autres ceux de Juret, qui compte à son actif nombre de dictionnaires étymologiques (latin, gréco-latin, sanskrit, hittite), mais encore un remarquable essai de philosophie linguistique, *Les Idées et les Mots* (Paris, Vrin, 1960) dans lequel « la formation des idées est observée dans la formation des mots », et qui montre qu'il est possible d'étudier la formation des idées d'après l'étude des racines et par celle des suffixes et des désinences. L'introduction de cet ouvrage est explicite sur le postulat dont son étude s'autorise : « Comme les idées s'expriment toutes au moyen de racines contenues dans les mots, l'étude des racines est fondamentale[50]. » La conclusion donne tort d'ailleurs à Descartes, Spinoza, Kant, Hegel, aux sociologues, aux philosophes, empiristes ou existentialistes : « Les faits témoignent au contraire en faveur des philosophes qui, tout en reconnaissant la singularité totale des réalités, constatent la valeur objective des types généraux réalisés chaque fois d'une manière imparfaite, individuelle ; [...] qui croient la pensée douée de la faculté de concevoir l'être et l'unité et d'adapter ces notions à notre expérience en construisant des idées et des théories valables de la réalité. Ces penseurs repoussent toute identification des idées avec la réalité, toute certitude définitive de leurs théories et n'attribuent à celles-ci qu'une valeur provisoire analogique[51]. » On ne sait s'il existe de tels philosophes ou penseurs. Toutefois, les analyses de Juret n'en donnent pas moins des notions qui n'ont rien d'imaginaire ni de fantaisiste — ce qui laisse croire que cet ordre de recherches n'a pas tout à fait fini d'être acceptable et qu'il peut encore emporter des suffrages à l'occasion d'autres discours, eux-mêmes doués du pouvoir sinon de provoquer du moins d'autoriser un tel savoir. Que dire surtout de l'exploitation minutieuse du vocabulaire à laquelle s'est adonné Émile Benveniste ? Ce monument inestimable qu'est *Le Vocabulaire des institutions indo-européennes* (Paris, Éditions de Minuit, 1969) que certaines revues à la page n'ont pas cru devoir mentionner parce que le « vent » des recherches n'était pas à la comparaison des langues, montre en tout cas comment s'entrecroisent les filiations étymologiques et les filiations institutionnelles, comment les « catégories de pensée » reflètent les « catégories de langue ». Tout confirme les observations positives de *L'Archéologie du savoir* : il « existe » un réseau de pouvoirs et de savoirs obéissant dans son développement à des lois de fonction plus que de structure. Cela nous conduit à nous interroger sur la portée d'une certaine « histoire » du discours. Ou bien faut-il reprendre impérativement tous les éléments et se mettre dans la voie de découvrir de quel vaste système historique dépendent, à un point défini d'une culture, les partis pris en opposition tout comme les partis pris dépréciés, en en justifiant *a posteriori* le « bien-fondé » infrastructurel ?

Un problème culturel n'est jamais strictement « culturel ». Ainsi celui de savoir comment le sens des mots peut dériver est un problème culturel, économique, social, politique, bien qu'il n'y paraisse pas de prime abord, en même temps certes qu'un problème linguistique. Si, pour les classiques, les changements de forme sont sans règle, les changements de sens obéissent à des principes d'ordre spatial : « Les uns concernent la ressemblance visible ou le voisinage des choses entre elles ; les autres concernent le lieu où se déposent le langage et la forme selon laquelle il se conserve. Les figures et l'écriture[52]. » Volney a saisi ce rapport de l'histoire d'un peuple à son écriture, en particulier dans le cas de l'écriture figurée. Le destin des peuples se forme ainsi dans la rencontre de la représentation, des mots et de l'espace : la disposition spatiale prescrivant la loi du temps, l'accès à l'histoire n'étant possible pour les peuples que par l'entremise du système de signes qu'est la langue nationale. Certes, il y a des coordonnées repérables, et l'écriture alphabétique change l'histoire des hommes, mais ne faut-il pas plutôt se demander ce qui dans l'histoire des hommes a entraîné l'apparition d'une nouvelle forme d'écriture et de pensée : problème ardu qui échoit aux historiens et aux chercheurs de l'anthropologie historique. Du symbolisme des similitudes de l'écriture figurée, on est passé à la combinaison des idées à partir de la combinaison des lettres (ou bien sans doute à partir de certaines pratiques matérielles — et lesquelles ? Mais ici la parole doit être donnée à Leroi-Gourhan), un système de signes plus abstraits nés d'une situation plus impérieuse s'est révélé plus approprié à la pensée conceptuelle qu'il a déterminée. Quoi qu'il en soit, et comme l'écrit Foucault : « Les mêmes signes graphiques pourront décomposer tous les mots nouveaux et transmettre, sans crainte d'oubli, chaque découverte, dès qu'elle aura été faite[53]. » On reprend ainsi la pensée du *Discours sur l'inégalité* dans lequel Rousseau disait en effet que l'absence de langage de l'homme de la nature le condamnait à oublier ses propres découvertes, le privait très certainement de les communiquer dans une tradition. La rupture du temps est rupture figurée dans celle de l'espace ; en somme, telle est la thèse fondamentale de Foucault, et elle mérite d'être approfondie et étayée dans ses derniers ressorts, ce qui implique des travaux encore virtuels. Mais le problème de base est celui de la dérivation elle-même : l'extension grandissante d'un terme, extension infinie car la rhétorique l'a encouragée et réglementée : synecdoque, métonymie, métaphore, mais extension nécessaire, mobilité même du langage. Comme l'affirment les « classiques », la capacité mobile du langage devait être plus grande à l'origine, comme l'affirment également Rousseau, Nietzsche et Foucault : « Mais au commencement de l'humanité, quand les mots étaient rares, que les représentations étaient encore confuses et mal analysées, que les passions les modifiaient ou les fondaient ensemble, les mots avaient un grand pouvoir de déplacement[54]. » Nietzsche a, de son côté, traité des figures de rhétorique dans les pages consacrées aux *Philologica* (Kröner, XVIII, pp. 250-268) ; d'une part, il ne peut y avoir langage sans ce procès de nomination qui use du transfert de sens ; d'autre part, les tropes elles-mêmes cachent des raisonnements inconscients (*cf. Le Livre du philosophe*, § 144). Ainsi découvre-t-on au fond du langage, l'espace rhétorique des mots et l'espace tropologique des langues. On revient au point de départ : la successivité qui caractérise le langage ne vient pas d'une quelconque chronologie, mais du *pouvoir* de transformation du simultané de la représentation en sonorités successives. La langue traduit en linéarités les représentations simultanées ; c'est dans l'espace tropologique que s'est déroulé le langage en tant que commentaire analytique du représenté.

Tandis qu'au XVIe siècle *le langage parlait*, à partir du XVIIe siècle et jusqu'à la fin du XVIIIe, *le langage analyse* : ce qu'explique Foucault par la découverte et la mise en place de la représentation, possible grâce à une nouvelle compréhension du langage comme *représentation de la représentation*. Le langage n'est plus inhérent aux choses (y compris les mots qui sont comme des choses), il se dissocie des choses et des mots eux-mêmes pour se constituer en langage du langage, en réflexion-sur-soi du langage (ou de la pensée) : il se dédouble en son propre législateur et ainsi se fait science quand il est « bien fait », quand il suit les voies légitimes, logiques et grammaticales, dont il a le secret. Le langage est devenu la garantie du discours et donne à la pensée un être réel, autonomie et assurance de produire des « discours vrais ». La bonne méthode, le bon usage comportent la garantie de la légitimité du discours, la certitude, la vérité.

Parler selon les règles et ressorts autonomes du langage c'est analyser bien, c'est se mettre en possession et en puissance de bien juger (de là l'aptitude du bon langage à ouvrir la porte à la maîtrise de la nature). Il y a certes chez Descartes un « inconscient », c'est-à-dire un ordre de réalités qu'il appréhende au-delà de la représentation et sans que sa théorie lui soit d'une apparente nécessité ; il faut toutefois admettre, en suivant le début des *Principes de la philosophie*, en suivant également le *Discours de la méthode* et surtout les *Méditations*, que la base de tout l'édifice scientifique est bel et bien la « métaphysique » (c'est-à-dire l'ontologie), c'est-à-dire une théorie *a priori* de l'être *a priori*, racine de tout ce qui sera ensuite épistémologiquement possible, c'est-à-dire une théorie déductive de la connaissance (qu'on se rappelle la critique de Nietzsche sur ce rapport de la connaissance à l'être, alors que l'être est ainsi fondé) : même si alors le souci de la « représentation en elle-même » semble faire défaut, l'assise elle-même de cette représentation tient lieu de base et de fondement de tout ce qui sera rationnellement déduit d'elle et posé sur elle. Après le cheminement qui a mis à découvert l'assise représentative, à la VIe *Méditation* Descartes revient en effet sur le « fait » qu'il a une tête, des mains, un corps, etc., des sensations de plaisir et de douleur ; il admet une différence entre les idées, les idées des choses sont plus vives que les idées fictives et elles jouent le rôle médiateur entre ma pensée et l'étendue, les choses elles-mêmes ; et même certaines de mes idées proviennent des sens. A côté de la possibilité de l'erreur, j'ai la possibilité de corriger cette erreur : Dieu, l'être parfaitement réel de la représentation, m'envoie « éminemment » les idées des choses corporelles, donc ces choses existent selon un ordre et une disposition établis par Dieu, ce qui est chez Descartes « nature en général ». Toute composée qu'elle est d'esprit et de matière, la nature de l'homme ne peut être mal conçue quand elle l'a été par la bonté de Dieu, et si néanmoins les erreurs du jugement humain restent possibles car les choses corporelles ne sont pas comme les sens nous les font voir, réciproquement la vérité même est possible à l'homme : ainsi est de nouveau la nécessité de bien posséder le « bon usage » du langage en tant qu'il est représentation de la représentation. Considéré le mouvement qui mène Descartes à la racine représentative par le doute, considéré cet autre mouvement qui le mène de cette base représentative à l'être représentant et représenté qu'est le *cogito*, et de là de nouveau à l'image de l'Être représentant par excellence (et représenté dans le *cogito*) qu'est Dieu : on reconnaît alors que, selon les termes de Michel Foucault, « parler et écrire, ce n'est pas dire les choses ou s'exprimer, ce n'est pas jouer avec le langage, c'est s'acheminer vers l'acte souverain de nomination, aller à travers le langage, jusque vers le lieu où les choses et les mots se nouent en leur essence commune, et qui permet de leur donner un nom[55]. »

Le discours classique ne peut être sans une contradiction qui l'autorise : d'une part, il est une mise en route vers le Nom, d'autre part, il est une mise en garde contre le Nom, dans lequel il se résorberait : « Il chemine dans le suspens sans cesse maintenu du Nom[56]. » Terme du discours, le Nom s'entoure des figures qui le retarderont : « C'est ce mouvement qui a emporté l'expérience du langage depuis l'aveu si retenu de la *Princesse de Clèves* jusqu'à l'immédiate violence de *Juliette*[57]. » C'est alors que la dénomination dénudée avoue le désir sous les figures de la rhétorique. De la préciosité qui nomme encore la chose par de nouvelles figures jusqu'au romantisme qui nomme les choses par leur nom : un même accomplissement se manifeste et « Hugo accomplit la promesse de Voiture[58] ». Ce ne sera qu'avec Sade que le mot traversé de désir fera émerger le langage avec la brutalité des choses. L'être brut du langage, le verbe, animera le discours non discursif, libéré de la représentation. Au contraire, l'expérience du langage dont la théorie est tributaire des statuts de la proposition, de l'articulation, de la désignation et de la dérivation, permet de définir les limites entre lesquelles se déployait le domaine épistémologique : le projet de Foucault nous satisfait dans son ambition, il nous laisse d'ailleurs sur notre appétit de savoir (et c'est son grand mérite sans doute), car nous y voyons une invitation à revenir sur les mêmes chemins, à refaire par d'autres voies, dont les siennes seraient les références, un travail de mise au jour en vue de saisir cette « ressemblance » d'où est parti le savoir classique en s'y appuyant puisqu'elle « constitue toujours le bord extérieur du langage[59] ». Le langage a fait entrer la ressemblance dans ce que Foucault nomme le « rapport propositionnel » jusqu'à ce qu'une rupture nouvelle détache la pensée de ses plages pour l'installer sur la plage de l'histoire comprise comme le « mode d'être fondamental des empiricités[60] ». Après l'Ordre, l'Histoire. Par l'histoire est nommé « l'incontournable » de notre pensée : désormais, place est faite aux philosophies dégagées d'une métaphysique et vouées au flux, au mode d'être temporel de l'histoire. Le « discours », lié aux tableaux de la classification de l'histoire naturelle et aux « échanges » de l'économie classique, subit une mutation qui se traduira en « savoirs » et « discours » de la philologie, de la biologie, de l'économie politique. Les sciences positives se constituent à la faveur du repli de la philosophie et de l'émergence de l'histoire. De « représentations redoublées », les richesses, les espèces naturelles, les mots passent à un mode d'être tout autre : l'*événement* (l'allemand rend bien ce qu'implique l'histoire comme discipline de l'*événement* : *die Geschichte* fait le récit de ce qui arrive - *was geschieht*) a déterminé une transformation dans la Grammaire générale, dans l'histoire naturelle, dans l'analyse des richesses. Le discours n'est plus un simple exposé de la représentation, il devient celui de l'événement. « A partir de cet événement, ce qui valorise les objets du désir, ce ne sont plus seulement les autres objets que le désir peut se représenter, mais un élément irréductible à cette représentation : le *travail*[61]. »

Travail, organisation et système flexionnel caractérisent respectivement les domaines de l'économie, de la biologie et de la philologie. Des conditions extérieures à la représentation influent sur le rapport de la représentation à elle-même. Du point de vue du discours, qu'il soit discours sur la langue, sur la vie ou sur la richesse, on peut donc affirmer que ce qui lie la représentation d'un sens avec celle d'un mot, ce n'est plus le pouvoir de représenter la représentation, mais le système rigoureux des transformations phonétiques et des lois grammaticales, tout comme ce qui lie une structure partielle et la morphologie globale d'un être vivant, ce ne sont plus les marques signalétiques, mais les lois purement biologiques des rapports entre fonctions et organes ; tout comme enfin ce qui hiérarchise les choses de l'échange, ce ne sont plus les autres choses ni les besoins qui les provoquent, c'est la forme et la quantité de travail, l'activité productive qui se trouvent au fond des choses. Michel Foucault signale donc ce « décalage infime » qui a fait basculer à la fin du XVIIIe siècle toute la pensée occidentale. Le résultat commun est que « la représentation a perdu le pouvoir de fonder, à partir d'elle-même, dans son déploiement propre et par le jeu qui la redouble sur soi, les liens qui peuvent unir ses divers éléments[62] ». L'espace d'ordre propre à la représentation laisse place aux choses ; dès lors, « la représentation est en voie de ne plus pouvoir définir le mode d'être commun aux choses et à la connaissance[63] ». C'est pourtant dans l'intention d'une recherche « classique », celle de parvenir à une forme de liaison analysable, à l'ordre général des identités et des différences, que s'est produit le « détour » déterminant la mutation épistémologique. Preuve en est une œuvre, *Idéologie* de Destutt de Tracy, que Michel Foucault considère comme relevant de la constellation classique et qu'il retrouve néanmoins aussi au-delà de la rupture. Il est vrai que l'entreprise d'analyse des idées qu'elle assume est tout entière située dans l'espace de la représentation, puisqu'elle le parcourt, mais c'est à seule fin d'en découvrir les lois d'organisation, tout comme on pratique les sciences naturelles. Foucault cite d'ailleurs ce texte naturaliste de l'*Idéologie* : « L'idéologie est une partie de la zoologie, et c'est surtout dans l'homme que cette partie est importante et qu'elle mérite d'être approfondie[64]. » Cette analyse de la représentation touche bien, comme le remarque Foucault, un domaine comparable à celui d'une science naturelle. Mais sans doute Kant est-il plus décisif pour notre modernité en interrogeant du point de vue critique la représentation. L'intention de retrait qui est celle de ce mouvement peut être manifeste : la critique kantienne sanctionne le retrait du savoir hors de la représentation. Peut-on réellement affirmer que ce retrait soit radical ? Il ne l'est pas plus que la critique de Kant, comme Nietzsche le montre parfaitement. Désormais, une distanciation va permettre la connaissance objective des êtres vivants, des lois de production, des formes linguistiques et cette distanciation a son parallèle dans la découverte kantienne d'un champ transcendantal[65].

Au milieu des éléments nouveaux de rupture, bien des continuités anciennes se feront sentir tant que l'on n'aura pas analysé les données en référence à une objectivité définie déterminant le lieu de l'analyse. Les couches de l'histoire n'ont pas toutes la même épaisseur ni la même vitesse. Aussi, avant de songer à en différencier les contours, encore nous faudrait-il entreprendre de définir le plus approximativement possible les couches elles-mêmes : autre grand travail d'anthropologie s'imposant dans l'avenir de la recherche.

NOTES

1. *La Nouvelle Critique*, mai 1967, Jeannette Colombel, « Les mots de Foucault et les choses », pp. 8-13, voir p. 9.

2. *Ibid.*

3. Jacques Texier, « Structure et histoire dans la production des connaissances », in *Les Cahiers du Centre d'études et de recherches marxistes*, n° 57, 1968, voir p. 20.

4. *Ibid.*

5. *Ibid.*

6. Michel Foucault, *L'Ordre du discours*, Gallimard, 1971, p. 10.

7. *Op. cit.*, p. 11.

8. *Les Mots et les Choses*, p. 49. *Cf.* Carolus Bovillus montrant que l'homme est rattaché au monde.

9. *LMC*, p. 50. *Cf.* Cassirer, *Individuum und Kosmos in der Philosophie der Renaissance*, 1906.

10. *LMC*, pp. 50-51.

11. *Ibid.*

12. *LMC*, p. 52.

13. *Ibid.*

14. M.-D. Chenu, *La Théologie au XIIe siècle*, Vrin, 1966, p. 413.

15. *LMC*, p. 50, *Cf. Heptaplus :* « Optima omnium mortalium conditione homo, qui sicut natura : ita naturali felicitate aliis praestat, praeditus intelligentia et libertate arbitrii praecipuis dotibus et ad felicitatem

maxime conducentibus. » (*Opera*, p. 46, cité par Groethuysen, *Anthropologie philosophique*, 1953.)

16. *LMC*, p. 55.
17. *LMC*, p. 56.
18. *LMC*, p. 58.
19. *Ibid.*
20. *LMC*, p. 59.
21. *LMC*, p. 58.
22. *LMC*, p. 90.
23. *Ibid.*
24. *LMC*, p. 86.
25. *LMC*, p. 92.
26. *LMC*, p. 94.
27. *LMC*, p. 96.
28. *Ibid.*
29. *LMC*, p. 97.
30. *LMC*, p. 98.
31. *Ibid.*
32. *LMC*, pp. 99-100.
33. *LMC*, p. 101.
34. *Ibid.*
35. *LMC*, p. 103.
36. Arnault et Lancelot, *Grammaire générale et raisonnée,* avec les *Remarques* de Ch. Duclos, Introduction de Michel Foucault, pp. III-XXVII, voir p. 111. Republications Paulet, Paris, 1969.
37. *Op. cit.*, p. V.
38. *LMC*, p. 136.
39. *Grammaire générale*, p. XVIII.
40. *Op. cit.*, p. XXI.
41. *LMC*, p. 107.
42. *LMC*, p. 109.
43. *LMC*, p. 114.
44. *LMC*, p. 113.
45. *LMC*, p. 120.
46. *LMC*, p. 121.
47. A ce sujet, nous renvoyons à nos introductions du *Discours sur l'inégalité* (Bibliothèque sociale, Aubier, 1973) et de l'*Essai sur l'origine des langues* (coll. « La philosophie en poche », Aubier, 1973).
48. *LMC*, p. 124.
49. *LMC*, pp. 124-125.
50. Juret, *Les Idées et les Mots*, Vrin, 1960, p. 26.
51. *Op. cit.*, pp. 150-151.
52. *LMC*, p. 127.
53. *LMC*, p. 128.
54. *LMC*, p. 130.
55. *LMC*, p. 133.
56. *Ibid.*
57. *LMC*, p. 134.
58. *Ibid.*
59. *LMC*, p. 135.

60. *LMC*, p. 231.
61. *LMC*, p. 250.
62. *LMC*, p. 251.
63. *LMC*, pp. 252-253. *Cf.* Mouloud, *op. cit.*, p. 162 : « Le langage dominant cesse de formuler l'ordre ontologique, ou les typologies quantitatives fondées sur la ressemblance des choses ; il se tourne vers la description ou l'analyse des structures concrètes de l'objet. »
64. *LMC*, p. 254. Voir *Idéologie*, I, pp. 33-35.
65. *LMC*, p. 257.

III

LES PRATIQUES DISCURSIVES ET LEURS OBJETS

1. *L'absence des unités de discours*

Le thème de la continuité conditionne l'idée d'unité de discours, et déjà, dans *Les Mots et les Choses*, Michel Foucault combat l'intention de s'appuyer sur une telle unité pour en faire l'histoire : le préjugé continuiste de l'histoire y est présenté comme dérisoire dans son acharnement à noter, en ce qui concerne par exemple l'histoire des sciences naturelles, comment le XVIIe siècle se serait intéressé aux problèmes de la vie, comment il y aurait été amené par un certain nombre de causes les plus diverses possibles (entre autres, la découverte de l'observation grâce à Bacon, le modèle de rationalité offert par les sciences physiques, le transfert du mécanisme cartésien donnant indirectement accès à la rationalité biologique, l'agronomie naissante), comment encore cet intérêt se serait manifesté sous diverses formes (y compris un évolutionnisme d'avant Darwin). En effet, le présupposé d'une telle méthode est plus que discutable, et les conséquences de tels processus de pensée font perdre la possibilité de jamais relier les unes aux autres des recherches aussi diverses que la taxinomie et l'observation microscopique. Mais l'essentiel reste que l'histoire de la biologie au XVIIIe siècle est impossible, puisque la biologie n'existait pas encore : plus grave encore, la « vie » elle-même n'existait pas : « Il existait seulement des êtres vivants, et qui apparaissaient à travers une grille du savoir constituée par l'*histoire naturelle*[1] ». Du XVIe au XVIIe siècle existaient des histoires et « l'histoire d'un être vivant, c'était cet être même, à l'intérieur de tout le réseau sémantique qui le reliait au monde[2] ». La science naturelle de l'âge classique n'est pas née d'un transfert de rationalité, mais, formation distincte, elle a sa propre archéologie, bien qu'elle soit reliée à la *mathesis* comme à la théorie des signes. A partir des documents naturalistes que sont les herbiers, les collections et les jardins, une histoire se bâtit au moyen de mots appliqués immédiatement aux choses : le but est l'étalement des choses en tableau. Là encore, les choses et le langage appartiennent ensemble au domaine de la représentation. Ce n'est pas l'observation qui promeut cette curiosité, car tout ce qui relève des sens est limité : seule la vue est privilégiée. Voir ce qui se livre à l'analyse uniquement et peut recevoir un nom, telle est l'observation pratiquée en vue du procès de nomination, elle s'applique à un *visible-dicible*. Tout le champ du visible est ainsi converti en un système de variables : l'objet de l'histoire naturelle est fait de lignes et de surfaces, il n'a ni fonctionnement, ni structure invisible. La botanique peut dominer, car les mots et les choses s'y confondent dans la même grille, au contraire, l'anatomie est en régression par rapport à la Renaissance ; ce qui commande ces privilèges de développement, ce n'est rien d'autre qu'une visibilité plus grande et son utilisation plus directe dans la taxinomie. Le visible structuré a libre accès au langage : tous les groupes du système végétal et animal reçoivent leur nom légitime. Sur le tableau épistémologique « continu, ordonné et universel de toutes les différences possibles[3] », on distingue d'une part la *méthode* (allant des différences les plus générales aux moins générales) et, d'autre part, le *système* (reconnaissant les rapports de coordination entre les structures animales et végétales) : les principes sont vus comme variables dans la méthode et comme absolu dans le système. De toute manière, la continuité est présupposée pour garantir la validité de l'histoire naturelle et pour faire que la structure particulière devienne caractère général. Ainsi, « fixisme » et « évolutionnisme », loin d'être des points de vue hétérogènes, se rejoignent sur le même socle épistémologique de l'âge classique : ce sont deux exigences, opposées, certes, mais complémentaires. En fait, le véritable évolutionnisme n'est nullement possible dans la pensée classique, « car le temps n'est jamais conçu comme principe de développement pour les êtres vivants dans leur organisation interne ; il n'est perçu qu'à titre de révolution possible dans l'espace extérieur où ils vivent[4] ».

Le discours de la nature, indissociable du champ de la représentation, n'en est pas tributaire par la méthode ni par les concepts ; il constitue une « disposition fondamentale du savoir qui ordonne la connaissance des êtres à la possibilité de les représenter dans un système de noms[5] ». Cet *a priori* qui autorisait aussi bien la classification, l'analyse des identités et des différences que d'autres recherches, ce n'est autre au XVIIIe siècle que l'existence d'une histoire naturelle comme « organisation d'un certain visible comme domaine du savoir, définition des quatre variables de la description, constitution d'un espace de voisinages où tout individu quel qu'il soit peut venir se placer[6] ». Tout ce qui apparente le discours de la nature à la théorie du langage l'éloigne davantage de ce que sera au XIXe siècle la biologie. Le même espace de la représentation est l'origine du « parler » et du « classer » ; mais l'histoire naturelle n'acquiert son indépendance comme « langue bien faite » par rapport au langage que dans la mesure où elle ferme le jeu des quatre éléments, c'est-à-dire supprime ce qui entre dans le langage courant entre la proposition, l'articulation, la désignation et la dérivation : expériences personnelles, besoins, passions, habitudes, préjugés, concentration plus ou moins forte de l'attention. De même, l'histoire naturelle ne conquiert son indépendance que dans la mesure où elle regroupe et articule l'unité de la *structure* des variables attribuables à un être ; elle marque l'individu par le *caractère*, qui le situe dans un espace de généralités emboîtées les unes aux autres. Elle devient ainsi le règne des noms exacts des choses, possible *seulement si* la nature est *continue* : « Or, ce continuum, qui apparaît ainsi au fond de la nomination, dans l'ouverture laissée entre la description et la disposition, il est supposé bien avant le langage, et comme sa condition. Et non pas seulement parce qu'il peut fonder un langage bien fait, mais parce qu'il rend compte de tout langage en général[7]. » La continuité de la nature permet la contiguïté des phénomènes de la mémoire ; de même l'imagination n'atteint la similitude aveugle que parce que la trame continue des identités et des différences laisse en elle ses traces. A la continuité persistante de la nature fait place, dans la représentation, la continuité attentive de la conscience. Parler suppose donc, dans cette optique, une continuité fondamentale et objective : « Pour établir le grand tableau sans faille des espèces, des genres, et des classes, il a fallu que l'histoire naturelle utilise, classe et finalement reconstitue à nouveaux frais un langage, dont la condition de possibilité résidait justement dans ce continu[8]. » Si bien que la vie ne requiert pas encore des formes nouvelles de savoir. Simple catégorie de classement, la vie dépend des critères communs aux autres phénomènes naturels. L'histoire naturelle n'est que la science du visible structuré et de la dénomination caractéristique, elle ignore encore le vivant intrinsèque. Le discours sur la nature est un discours *vrai* dépendant des ressorts du langage, il est lié directement à ses conditions de validité. La vie comme objet de connaissance n'a donc sa condition de possibilité qu'éloignée du discours de la nature et dès lors qu'elle relève enfin d'une critique générale, permise d'ailleurs par la question critique de Kant qui généralise la critique de toute la connaissance et concentre l'interrogation sur le verbe être lui-même établissant la proposition, non plus sur l'articulation nominale mais sur le fondement de l'attribution, non plus sur le droit de nommer mais sur la possibilité de lier entre elles les représentations, non plus sur l'analyse des représentations. Toutefois, échappant aussi à la juridiction critique, la vie sera la sanction de toute la connaissance : « Si bien que tout au long du XIXe siècle, de Kant à Dilthey et à Bergson, les pensées critiques et les philosophies de la vie se trouveront dans une position de reprise et de contestation réciproques[9]. »

De la taxinomie, le discours de la nature passe maintenant à l'organisation des êtres vivants, avec Cuvier et au-delà de l'âge classique. La définition classique de l'organe par la structure et la fonction visait l'identification et l'utilisation ; avec Cuvier, la visibilité de l'organe s'efface devant la fonction dont les modes sont peu nombreux : respiration, digestion, circulation, locomotion ; aussi bien, la ressemblance apparaît-elle au-delà de l'identique : « Les branchies sont à la respiration dans l'eau ce que les poumons sont à la respiration dans l'air[10]. » Des rapports nouveaux se révèlent : coexistence, hiérarchie interne, dépendance du plan de l'organisation. Le langage et le regard ne suffisent plus à parcourir les variables de la description. Le fonctionnel non perceptible fonde le classement. La continuité taxinomique s'effondre, c'est-à-dire la possibilité de l'ordre comme fondement d'une science générale de la nature. Le plan des différences et des identités n'est plus homogène ni mécanique : ce qui naît alors, ce n'est ni plus ni moins que la biologie. « La formation des vastes unités taxinomiques (classes et ordres) était, au XVIIe et au XVIIIe siècle, un problème de *découpage linguistique* : il fallait trouver un nom qui fût général et fondé ; elle relève maintenant d'une *désarticulation anatomique* ; il faut isoler le système fonctionnel majeur ; ce sont les partages réels de l'anatomie qui vont permettre de nouer les grandes familles du vivant[11]. » Du jeu de deux sortes de continuité intervient la discontinuité. En effet, la continuité des fonctions dans les espèces, la continuité dans la plus ou moins grande perfection des organes ouvrent l'espace à de grandes discontinuités : « Vertébrés et invertébrés forment des plages parfaitement isolées, entre lesquelles on ne peut pas trouver de formes intermédiaires assurant le passage dans un sens ou dans l'autre[12]. » Ces discontinuités elles-mêmes mettent en évidence, du fait des conditions de vie, la continuité entre l'organisme et le milieu qui lui permet de vivre : « Rompant l'ancienne continuité classique de l'être et de la nature, la force divisée de la vie va faire apparaître des formes dispersées, mais toutes liées à des conditions d'existence[13]. » Et ce que Michel Foucault établit, à travers cette analyse des conditions internes de possibilité de la pensée biologique, c'est que dès l'œuvre de Cuvier intervient une discontinuité radicale dans l'échelle classique des êtres vivants et le révolutionnaire en la matière n'est pas Lamarck, mais bien Cuvier : dès lors, à l'histoire universelle se substitue une « histoire » de la nature. Même si n'existe pas encore l'histoire du vivant, celle-ci est toutefois rendue possible, car sont découvertes enfin les conditions d'existence nécessaires à cette histoire. Cuvier et Ricardo dans l'économie définissent la condition de stabilité d'êtres dont l'histoire est enfin pensable : « Pour la pensée du XVIIIe siècle, les suites chronologiques ne sont qu'une propriété et une manifestation plus ou moins brouillée de l'ordre des êtres : à partir du XIXe siècle, elles expriment, d'une façon plus ou moins directe, et jusque dans leur interruption, le mode d'être profondément historique des choses et des hommes[14]. »

L'historicité vivante, contemporaine du même champ épistémologique que l'historicité économique, démontre l'animalité de la vie (et non plus sa végétalité) : « Si le vivant est une classe d'êtres, l'herbe mieux que tout énonce sa limpide essence ; mais si le vivant est une manifestation de la vie, l'animal laisse mieux percevoir ce qu'est son énigme[15]. » D'ordonnée, la vie devenue sauvage ne peut plus permettre une conception de la nature comme « bonne ». Mais l'historicité de la vie est pensée en opposition à l'historicité de l'économie ; tandis que cette dernière s'appuie sur l'irréductibilité des besoins, sur l'objectivité du travail et la fin de l'histoire, l'historicité vivante dépend de la conception d'une individualité promise au néant, obstacle à l'infini de la vie. Ainsi la biologie sans évolution de Cuvier est-elle cependant la condition même de la possibilité de l'évolutionnisme, qui est extérieur à l'historicité du vivant, tandis que l'historicité du langage sera découverte d'emblée et comme une histoire intérieure, doublant l'histoire externe et lui restituant les événements oubliés. Ainsi le discours classique, lieu commun de l'être et de la représentation, s'efface dès lors que la biologie, l'économie, la philologie remplacent l'histoire naturelle, l'analyse des richesses, la réflexion sur le langage. Pour Michel Foucault, c'est le temps où apparaît l'homme comme objet du savoir : « En un sens, l'homme est dominé par le travail, la vie et le langage : son existence concrète trouve en eux ses déterminations ; on ne peut avoir accès à lui qu'au travers de ses mots, de son organisme, des objets qu'il fabrique[16]. » Mais en même temps qu'il devient objet de savoir, l'homme en tant qu'unité semble aussi lui-même disparaître : « La finitude de l'homme s'annonce — et d'une manière impérieuse — dans la positivité du savoir[17] » ; cette finitude humaine s'appelle désormais spatialité du corps, béance du désir, temps du langage. Or, ce qui de cette finitude fait aussi la *fin de l'homme*, c'est que cette finitude fondamentale « ne repose que sur son propre fait et s'ouvre sur la positivité de toute limite concrète[18]. » La découverte de l'être brut du langage, comme celle de la fin de l'histoire se détachent maintenant sur le fond d'infini de la vie. Au XVIIe et au XVIIIe siècle, le mode d'être représentatif était à la fois celui des individus de la nature, des objets du besoin et du désir et celui du langage : alors « la représentation commande le mode d'être du langage, des individus, de la nature et du besoin lui-même[19]. » Représentation des mots, représentation des êtres, représentation du besoin et ces diverses représentations elles-mêmes représentées dans le langage constituent un ordre de discours.

Tandis que la monnaie elle-même *désignait* tout comme les mots désignaient, « les variations de prix [étaient] à l'instauration première du rapport entre métal et richesses ce [qu'étaient] les déplacements rhétoriques à la valeur primitive des signes verbaux[20]. » La théorie de la monnaie a la même position qu'en histoire naturelle la théorie du caractère : monnaie et caractère imposent une marque singulière de pensée et donnent la possibilité de faire que les hommes aient un signe, de faire qu'une chose en représente une autre et qu'un signe glisse par rapport à ce qu'il désigne. A cette époque,

Adam Smith analyse le travail comme devant son privilège au pouvoir d'établir une mesure constante entre les valeurs des choses ; aussi bien devait-il supposer « que la quantité de travail indispensable pour produire une chose fût égale à la quantité de travail que cette chose, en retour, pouvait acheter dans le processus d'échange[21] ». Pour Ricardo aussi le travail est capable de mesurer l'équivalence des marchandises, mais la différence réside en ce que Smith prend le travail (compté en journées de subsistance) pour unité commune à toutes les marchandises, tandis que Ricardo fixe la valeur d'une chose avec la *quantité de travail* parce que, avant tout, le travail est l'activité productrice de valeur. Un système des équivalences ne peut définir la valeur, celle-ci n'étant plus un simple signe mais désormais un produit. « Et la meilleure preuve en est que la valeur des choses augmente avec la quantité de travail qu'il faut leur consacrer si on veut les produire ; mais elle ne change pas avec l'augmentation ou la baisse des salaires contre lesquels le travail s'échange comme toute autre marchandise[22]. » Ricardo fonde la possibilité de l'échange sur le travail : aussi la théorie de la circulation des richesses est-elle en récession par rapport à la théorie de la production : « Alors que dans la pensée classique le commerce et l'échange servent de fond indépassable à l'analyse des richesses (et ceci même encore chez Adam Smith où la division du travail est commandée par les critères du troc), depuis Ricardo, la possibilité de l'échange est fondée sur le travail ; et la théorie de la production désormais devra toujours précéder celle de la circulation[23]. » La pensée causale se trouve modifiée : au lieu d'une causalité circulaire et de surface dépendant des pouvoirs réciproques de l'analysant et de l'analysé, désormais le travail nécessite une causalité des productions successives dépendant du travail nécessaire pour la production d'une chose. Ce qu'il faut enfin voir, en outre, à la base du travail, ce n'est ni le besoin ni la représentation du besoin dans l'esprit, mais bel et bien une carence originaire, puisque l'activité économique n'est apparue dans l'histoire des hommes que du fait de l'absence de subsistance. C'est la menace réitérée de la mort qui pousse les hommes vers le travail : c'est aussi ce « surplomb de la mort » qui fait croître le travail en intensité. L'analyse des représentations perd donc anthropologiquement de son importance obligée devant l'avancée de cette menace avec ce qu'elle implique : la finitude de l'homme. Or, cette finitude se découvre en même temps que l'historicité : « C'est le temps cumulatif de la population et de la production, c'est l'histoire ininterrompue de la rareté, qui à partir du XIXe siècle permet de penser l'appauvrissement de l'Histoire, son inertie progressive, sa pétrification, et bientôt son immobilité rocheuse[24]. » L'issue possible reste double : toujours l'immobilisation de l'histoire, mais soit de la manière que Ricardo la pense par la limitation démographique et par la répartition des richesses, soit encore à la manière de Marx : par le renversement de l'histoire écoulée jusque-là, une histoire qui augmente le nombre de ceux qu'elle maintient à des limites de plus en plus précaires d'existence et qu'elle condamne à périr : la promesse du retournement de l'histoire est la promesse de survie de l'humanité en connaissance de cause. La possibilité même du marxisme prend donc naissance dans la nouvelle disposition du savoir (qui selon le marxisme a elle-même ses racines dans les nouveaux modes de production), et Michel Foucault écrit justement : « L'essentiel, c'est qu'au début du XIXe siècle se soit constituée une disposition du savoir où figurent à la fois l'historicité de l'économie (en rapport avec les formes de production), la finitude de l'existence humaine (en rapport avec la rareté et le travail) et l'échéance d'une fin de l'Histoire — qu'elle soit ralentissement indéfini ou renversement radical[25]. »

Ainsi le discours de la nature est-il devenu le discours de la vie en général, le discours de la circulation celui de la production en général, le discours de l'analyse par excellence qu'est la théorie classique du langage de même celui de la philologie positive. Au lieu de considérer les langues selon le mode d'analyse de la représentation, qu'elles permettaient (langues du Nord et du Midi, du sentiment et du besoin, de l'esclavage et de la liberté, selon les distinctions que fait Rousseau dans l'*Essai sur l'origine des langues*), on les définit désormais au

XIXe siècle « par la manière dont elles lient les uns aux autres les éléments proprement verbaux qui [les] composent[26]. » Les noms, les verbes, les mots, les syllabes, les sons, tels sont les matériaux avec lesquels les langues forment des propositions et des phrases ; parmi ces éléments, certains sont représentatifs mais d'autres n'ont aucun sens. On étudiera donc les types d'organisation linguistique, mais aussi les variations internes : « Pour la première fois, avec Rask, Grimm et Bopp, le langage (bien qu'on ne cherche plus à le ramener à des cris originaires) est traité comme un ensemble d'éléments phoniques[27]. » Ce ne sont plus les lettres proprement dites qui sont considérées, mais les sons distinctifs. Quelles que soient les lettres par lesquelles ils sont transcrits, les sons apparaissent comme les éléments de la nouvelle analyse du langage. Tandis qu'un double système de constantes (les constantes alphabétiques et les constantes significatives) permettaient de repérer les racines, désormais au XIXe siècle des moyens purement linguistiques permettent d'établir les éléments intérieurs à une langue, sans qu'il soit nécessaire d'avoir recours à une racine qui soit le point de contact de la représentation et du son : l'étymologie devient une méthode susceptible d'analyser le mot jusqu'à son radical. Le langage n'est plus un système de représentations : « Il désigne en ses racines les plus constantes des actions, des états, des volontés ; plutôt que ce qu'on voit, il veut dire originairement ce qu'on fait ou ce qu'on subit[28]. » Les choses sont le résultat ou l'instrument de l'action. Le langage apparaît comme relevant non plus d'un sujet analysant, mais d'un sujet agissant ; son expressivité devient manifeste dans l'actuel, alors qu'elle ne concernait que l'origine à l'âge classique ; le peuple produit son langage et celui-ci se charge d'histoire. Ce n'est pas la connaissance des choses qui détermine le langage, mais la liberté des peuples. Qui plus est, la comparaison devient possible dans la voie directe (par les modifications du radical, le système des flexions, la série des désinences) et dans la voie latérale (par la proximité formelle des langues, non plus par référence au fond représentatif ni au fond originaire commun de ses éléments). Les systèmes de parenté entre les langues supposent donc la conception d'ensembles discontinus, sans type intermédiaire ni formes de transition. Aussi l'historicité s'introduit-elle dans le domaine linguistique par l'adhésion à la discontinuité : « Il a fallu traiter le sanskrit, le grec, le latin, l'allemand, dans une simultanéité systématique ; on a dû, en rupture de toute chronologie, les installer dans un temps fraternel, pour que les structures deviennent transparentes et qu'une histoire des langues s'y laisse lire[29]. » Toutefois, ce qui fait l'histoire possible des êtres vivants, c'est le rapport entre leurs fonctions et leurs conditions d'existence, tandis que « la nouvelle grammaire est immédiatement diachronique[30] ». Ainsi, le discours des êtres vivants n'est-il pas possible sans que soit également pensée, avec l'anatomie comparée de Cuvier, l'analyse du milieu et des conditions de vie. Au contraire, l'appréhension de la positivité propre du langage le restituait directement à l'histoire et à l'anatomie des changements par l'étude de la forme des mots et Saussure restaurera le facteur représentatif afin d'échapper à cette histoire interne des langues qui permet la résurgence des techniques exégétiques dont la Renaissance avait eu le secret. Des différences se révèlent cependant : « L'interprétation, au XVIe siècle allait du monde (choses et textes à la fois) à la Parole divine qui se déchiffrait en lui ; la nôtre, celle en tout cas qui s'est formée au XIXe siècle, va des hommes, de Dieu, des connaissances ou des chimères aux mots qui les rendent possibles ; et ce qu'elle découvre, ce n'est pas la souveraineté d'un discours premier, c'est le fait que nous sommes, avant la moindre de nos paroles, déjà dominés et transis par le langage[31]. »

C'est dans cette conjoncture que ledit « structuralisme » et la « phénoménologie » trouvent leur unité de discours dans un lieu commun privilégiant à la fois les méthodes d'interprétation et les techniques de formalisation : « Il s'agit en fait de deux techniques corrélatives dont le sol commun de possibilité est formé par l'être du langage, tel qu'il s'est constitué au seuil de l'âge moderne[32]. » En effet, avec les méthodes d'interprétation, on cherche à « faire parler » le langage : en lui et sans lui ; avec les techniques de formalisation, on prétend contrôler tout langage en le surplombant : « par la loi de ce qu'il est possible de dire[33] ». Freud et Russell sont les deux pôles extrêmes de cette alternative nécessaire. Cette mise au jour du langage en son être brut qu'accomplit la philologie trouve son expression (curieusement sous forme de contestation de la philologie) dans la littérature. Refusant le discours d'idées, la littérature ouvre l'espace des « valeurs » qui nient les valeurs classiques en mettant au jour « l'être sauvage et impérieux des mots[34] ». Cette « littérature » est en fait la nôtre, celle que définit directement Michel Foucault dans un article de *Critique* intitulé « La Pensée du dehors[35] » : « La percée vers un langage d'où le sujet est exclu, la mise au jour d'une incompatibilité peut-être sans recours entre l'apparition du langage en son être et la conscience de soi en son identité, c'est aujourd'hui une expérience qui s'annonce en des points bien différents de la culture : dans le seul geste d'écrire comme dans les tentatives pour formaliser le langage, dans l'étude des mythes et dans la psychanalyse, dans la recherche aussi de ce Logos qui forme comme le lieu de naissance de toute la raison occidentale[36]. » Cette « pensée du dehors » toute marginale jouerait finalement le rôle de fonder en une négative unité de discours toutes les unités de discours possibles, qu'elles soient d'interprétation ou de formalisation, qu'elles soient vouées à l'entreprise rationnelle ou à son envers. Il s'agit d'une expérience que Nietzsche fait sienne le premier « quand il découvre que toute la métaphysique de l'Occident est liée non seulement à sa grammaire (ce qu'on devinait en gros depuis Schlegel), mais à ceux qui, tenant le discours, détiennent le droit à la parole[37] ». C'est l'expérience de Mallarmé. C'est aussi celle d'Artaud et de Bataille : le premier « lorsque tout langage discursif est appelé à se dénouer dans la violence du corps et du cri, et que la pensée quittant l'intériorité bavarde de la conscience, devient énergie matérielle, souffrance de la chair, persécution et déchirement du sujet lui-même[38] » ; le second, à son tour, « lorsque la pensée au lieu d'être discours de la contradiction ou de l'inconscient, devient celui de la limite, de la subjectivité rompue, de la transgression[39] ». L'expérience de la transgression est en même temps l'apprentissage négatif de la limite et de la finitude ; aussi l'émergence de la sexualité a-t-elle sa signification décisive, non seulement en rapport à la mort de Dieu et au vide ontologique qu'il laisse, mais, comme l'écrit ailleurs Michel Foucault, parce qu'elle est liée à l'apparition d'une forme de pensée où l'interrogation sur la limite remplace la recherche de la totalité et « où le geste de la transgression remplace le mouvement des contradictions[40] ». Nous assistons au retournement pratique du mouvement d'inspiration socratique (contredit d'ailleurs magnifiquement par Nietzsche), à l'émergence du langage pratique de la *limite* (apparue, quant à nous, chez Montaigne) : mais ce langage est-il non dialectique, comme le pense Foucault ? Est-il sans référence à une matérialité ?

2. *L'absence d'œuvre*

L'absence d'œuvre, c'est la parole interdite, réserve de sens, c'est-à-dire un vide propre à loger le sens, « creux où langue et parole s'impliquent, se forment l'une à partir de l'autre et ne disent rien d'autre que leur rapport encore muet[41] ». C'est la folie, « non-langage », c'est-à-dire langage double, « parole au cœur d'elle-même », dans son jeu transgressif de parole indicible. Alors que le langage de la folie a été tari grâce à Freud qui « en a fait remonter les mots jusqu'à leur source — jusqu'à cette région blanche de l'auto-implication où rien n'est dit[42] », la littérature entre en communication avec la folie, devenant à son tour « un langage dont la parole énonce, en même temps que ce qu'elle dit et dans le même mouvement, la langue qui la rend déchiffrable comme parole[43] ». La rupture se situe au repère du nom de Mallarmé avant qui généralement « écrire consistait à établir sa parole à l'intérieur d'une langue donnée, de sorte que l'œuvre de langage était de même nature que tout autre langage[44] ». Au contraire, au-delà de la rupture, le texte porte en lui son code. Nous dirions de même que la philosophie est devenue avec Nietzsche ce double langage qui porte en lui-même une parole et son principe de déchiffrement ; ainsi, Nietzsche dans sa jeunesse, à ce qu'il dit, « calligraphiait » la philosophie jusqu'au jour où il ne s'est plus demandé s'il fallait attribuer à Dieu l'origine du mal — le terme allemand étant *Ursprung* (origine) et non ce que commande la généalogie : *Herkunft* (signifiant *provenance* et utilisé, comme le montre Michel Foucault, en alternance avec *Entstehung, Abkunft* et *Geburt*). Le lieu où se dit cette nouvelle parole philosophique, ce n'est plus l'origine de type classique, mais l'origine comme naissance et source, comme foyer obscur d'un jeu transgressif. Or, *La Généalogie de la morale* commet cette transgression de *dire* ce qu'il y a derrière les prétendues valeurs de justice, de faute, de devoir, de conscience morale. Mais cette « folie » d'un philosophe se veut néanmoins docile à l'histoire effective, *contre* la métaphysique. La « folie philosophique », c'est donc l'abandon de la métaphysique, la découverte de la véritable histoire, qui dit aussi que l'histoire est l'histoire des luttes de classe : et Marx, comme Nietzsche, comme Foucault, participe de cette transgression du langage. La seule voie possible reste celle de l'histoire, seule voie qui nous soit praticable, car l'histoire permet cette folie de dire le « tout autre chose » caché derrière les mots et les choses. Michel Foucault distingue, pour éviter tout malentendu, l'origine qui « est toujours avant la chute, avant le corps et le temps[45] » et, d'autre part, le commencement historique qui, lui, *« est bas »* : « dérisoire, ironique, propre à défaire toutes les infatuations[46] ». La généalogie nietzschéenne repère la provenance, c'est-à-dire la dispersion, les accidents, les déviations, les « hasards ». Et cette provenance se maintient en nous comme un héritage de failles et de fêlures, comme une hérédité *(Erbschaft)* inquiétante et dissolvante. Au sein de cet héritage de la provenance surgit la loi nouvelle qui est, elle, *Enstehung, émergence*[47] : point de surgissement au prix d'un combat entre forces adverses, irruption de forces vigoureuses.

Quelle *histoire* le généalogiste recherche-t-il ? C'est en tout cas une histoire qui dit ce à quoi on ne s'attend pas — une histoire réelle et effective, non pas une histoire continue et essentielle qui serait notre miroir de complaisance. L'histoire généalogique met en pièces les belles images de notre stabilité et de notre dignité pour nous présenter la dispersion des moments de force et de faiblesse, l'alternance des règnes, les régimes culturels, sociaux, alimentaires, idéologiques, qui façonnent notre corps. L'événement surgit, c'est-à-dire un rapport de forces au jeu imprévu, une inversion, un retournement, le hasard du combat. L'histoire généalogique n'obéit plus à la métaphysique, elle se révèle critique, contradictoire, « perverse », contrariante certainement. La folie en philosophie, ce sera d'être généalogiste, de plonger, comme Nietzsche, de haut en bas un regard d'Ésotérique, de « parler » histoire et physiologie, au lieu d'ignorer la « basse » provenance et de s'obnubiler sur l'âge d'or originel. Mais toute l'histoire n'est pas bonne : l'histoire de l'historien est généralement démagogique et ascétique ; toutefois, elle peut changer de rôle à condition de refuser la parodie de l'identité et, tout au contraire, de restaurer la pluralité des âmes : « Et en chacune de ces âmes, l'histoire ne découvrira pas une identité oubliée, toujours prompte à renaître, mais un système complexe d'éléments à leur tour multiples, distincts, et que ne domine aucun pouvoir de synthèse[48]. » Au lieu de l'identité permanente, ce qui se découvre au regard du généalogiste, ce sont « toutes les discontinuités qui nous traversent[49] », ce sont « les systèmes hétérogènes[50] », c'est la « dissociation systématique[51] », c'est enfin la « destruction du sujet de connaissance par l'injustice propre à la volonté de savoir[52] ». La fin de la métaphysique, dont le symptôme est la mort de Dieu, risque d'entraîner la fin de l'homme compris dans le rapport à Dieu, c'est-à-dire pour Foucault l'*homo dialecticus*[53], « l'être du départ, du retour et du temps, l'animal qui perd sa vérité et la retrouve illuminée, l'étranger à soi qui redevient familier[54] ». L'Occidental (cinq siècles d'âge) a créé la limite pour exclure comme « folie », « cela même qui tenait à lui et en quoi il était tenu[55] », tout comme le Grec condamnait l'*ubris* (la démesure) qui tenait à lui et en quoi il était tenu. D'une part, on note la codification de l'internement, la technique médicale, et d'autre part on observe « l'inclusion soudaine, irruptive, dans notre langue de la parole des exclus[56] ». La défection de la folie s'accompagne cependant d'une forme générale de transgression, l'*interdit de langage*, transformé en langage ésotérique : « L'expérience européenne de la folie [se situant] dans cette région périlleuse, transgressive, toujours (donc interdite encore, mais sur un mode particulier) qui est celle des langages s'impliquant eux-mêmes, c'est-à-dire énonçant dans leur énoncé la langue dans laquelle ils l'énoncent[57]. » Telle est, nous semble-t-il, la raison explicative qui a donné à Nietzsche, l'exclus, une telle force d'impact à sa parole réintroduite, retraduite mille fois, réinterprétée inlassablement jusqu'à nous. Mais si la folie était appelée à disparaître un jour, comme le suggère Foucault, si nous perdions le double rituel de l'exclusion et de la complaisance, sans doute le nouvel homme né de cette révolution apporterait-il à son tour un nouveau principe d'exclusion : « Il n'y a pas une seule culture au monde où il soit permis de tout faire[58]. » En outre, la sphère du geste et la sphère du langage n'ont pas les mêmes interdits : il est tantôt possible de faire ce qu'on ne peut dire, et tantôt possible de dire ce qu'on ne peut faire.

Si le point de vue généalogique nie une certaine conception continuiste de l'histoire et de la vie, il n'en est que plus soucieux d'histoire et de vie réelles et effectives. De même, le point de vue archéologique, niant le continuisme, refuse la philosophie de l'histoire tout en poursuivant les événements dans le contact desquels le mouvement historique se propage : on ne saurait ainsi être juste en condamnant ce traitement de l'histoire sous le prétexte qu'il anéantit le processus évolutif de l'histoire. Tout au plus aurait-on le droit de déclarer insuffisante l'analyse, et de réclamer un autre concours de forces effectives inaperçues, le rappel de toutes les réalités connues dans leur efficience hiérarchisable. Ici, du moins, l'étude des genèses est-elle possible et la considération des faits, même s'ils sont fragmentaires, avec le postulat selon lequel il n'existe pas « une » histoire, mais « des » histoires dont on ne peut d'avance deviner l'évolution sans l'examen des faits à la lumière du « système » qu'ils constituent. L'unification à tout prix ne s'impose pas, il suffit que certaines unités apparaissent dans leur cohérence, comme c'est le cas d'ailleurs des analyses de *La Généalogie de la morale*. L'archéologie du savoir est, à ce propos, plus ambitieuse dans le projet, puisque, au-delà des ruptures, elle indique les dérivations et les filiations, même si ces dernières sont le fait du croisement. En somme, cette recherche, non pas de la folie, mais de l'absence d'œuvre en histoire, conduit à considérer, sinon des structures, du moins des systèmes, comme déjà Dilthey (ainsi que nous l'avons montré ailleurs) l'avait tenté dans ses études des diverses anthropologies et des grands systèmes de la civilisation occidentale[59]. De toute manière, tout dépend de la définition de la structure qu'on veut bien se donner, et si Michel Foucault critique la notion de structure c'est en lui reprochant son caractère axiomatique[60] ; mais, au minimum, comparée à l'organisation, on peut dire que la structure est un ensemble organisé et systématisé, un tout régulier formé de phénomènes solidaires dépendant les uns des autres : dans sa singularité et sa comparabilité, elle se définit par une configuration d'éléments[61]. Une suite d'éléments sont groupés et identifient l'ensemble ; toutefois, pour Michel Foucault, il s'agirait plutôt de « système », car toute série de formation fait connaître un processus dont l'instabilité, la mobilité tiennent constamment l'ensemble en vie ; aussi cet ensemble n'a-t-il rien d'une figure figée dans le temps, il est un devenir constant. La polémique sur le terme même de « structuralisme » n'offre qu'un relatif intérêt, si l'on retient surtout ce qui était affirmé dans *Les Mots et les Choses* : « Le structuralisme n'est pas une méthode nouvelle ; il est la conscience éveillée et inquiète du savoir moderne[62]. » Gilles Deleuze, en effet, rappelle, en ce qui concerne la structure, le reproche que lui fait Michel Foucault : « Il reproche à la structure son caractère axiomatique assignable à un niveau bien déterminé, tandis que l'énoncé est une multiplicité qui traverse les niveaux[63]. » Ce qui n'exclut pas que Michel Foucault puisse, par ailleurs, « rejoindre les structuralismes, sur un point où il est vrai que ceux-ci lui doivent beaucoup : cette destruction de la pseudo-conscience historique et historisante, cette mort de "l'homme" qui a tant fait parler[64] ». Nous avons vu que la généalogie nietzschéenne a été elle-même à ce sujet — et Michel Foucault en a eu conscience — une introductrice de valeur.

Si l'on s'en tient aux énoncés, l'absence d'œuvre s'impose et, ce que Michel Foucault écrivait à propos de la philosophie telle que Jean Hyppolite la concevait pourrait aussi convenir au propos de l'archéologie du savoir : elle « n'est jamais actualisée ni présente dans aucun discours ni aucun texte... [elle] n'existe pas... elle creuse plutôt de sa perpétuelle absence toutes les philosophies... elle inscrit en elles le manque où sans cesse elles se poursuivent, se continuent, disparaissent, se succèdent, et demeurent pour l'historien dans un suspens où il lui faut les reprendre[65] ». Cette « absence » de la philosophie serait donc occupée par une « absence d'œuvre », l'archéologie du savoir, qui, recherchant l'histoire effective, tout comme la généalogie, travaillerait à refaire le tissu de l'histoire des énoncés en précisant le mode d'imbrication des énoncés, leur trame réelle. Évitant à la fois la formalisation (le dépassement de ce qui est inscrit vers une *forme*) et l'interprétation (le dédoublement de ce qui est inscrit par une autre *inscription*[66]), l'archéologie échappe au non-dit et au sur-dit pour atteindre la positivité de l'énoncé, non visible et non caché. La méthode archéologique n'aborde pas un univers clos, car son présupposé est l'ouverture des œuvres, leur destruction en tant qu'œuvres, leur examen sous forme d'énoncés, sans transcendance aucune sinon le champ dans lequel ils prennent sens, sans pouvoir cependant entraîner la configuration des énoncés vers une interprétation. La condition épistémologique de l'archéologie du savoir, c'est donc, de par la méthode qu'elle représente et l'examen auquel elle se destine, de constituer des énoncés indifféremment, qu'ils soient « une forme littéraire, une proposition scientifique, une phrase quotidienne, un non-sens schizophrénique[67] » ; alors le problème méthodologique est celui de la *coupure*, comme le montre Gilles Deleuze[68] qui pense qu'une méthode sérielle convient plus qu'une méthode structurale, et qui propose que soient comparées un jour « la conception structurale d'Althusser et la conception sérielle de Foucault[69] ».

« Seule une méthode sérielle, comme en utilisent aujourd'hui les historiens, permet de construire une série au voisinage d'un point singulier, et de chercher d'autres séries qui la prolongent dans d'autres directions au niveau d'autres points, pour voir enfin à quels endroits et à quels moments les séries obtenues se mettent à diverger, se distribuent dans de nouveaux espaces et marquent de nouvelles formations[70]. » En effet, on peut rapprocher la méthode historique de Foucault des procédures qu'utilisent les historiens tels que Fernand Braudel qui, de son côté, écrit : « La vie, l'histoire du monde, toutes les histoires particulières se présentent à nous sous forme d'une série d'événements : entendez d'actes toujours dramatiques et brefs[71]. » Le temps historique lui-même présente des séries de durées brèves et de durées longues, des cycles et intercycles ; enfin, la notion de structure a droit de cité en histoire, où elle ne signifie pas, comme dans les sciences sociales, organisation, cohérence, rapports fixes, entre réalités sociales, mais, selon l'historien : « Une structure est sans doute un assemblage, une architecture, mais plus encore une réalité que le temps use mal et véhicule très longuement[72]. » Ces structures historiques se présentent comme des obstacles (des limites) et des soutiens (éléments stables).

La formation et la déformation des structures, c'est ce que l'archéologue du savoir met en évidence, sans jamais arrêter ces structures ou ces systèmes dans leur mouvement : aussi la genèse, en tant qu'elle dit la provenance *(Herkunft)* et la naissance *(Geburt)*, est-elle prise en considération et respectée avant même toute structure. Pour Michel Foucault, il est clair que : « L'opposition structure-devenir n'est pertinente ni pour la définition du champ historique, ni, sans doute, pour la définition d'une méthode structurale[73]. » C'est à Marx qu'est due la possibilité de la nouvelle histoire tout comme la possibilité de l'archéologie du savoir ; et, si l'on retient les amères constatations émises par Henri Lefebvre sur l'interprétation française du marxisme, il en ressort — et cela malgré la conclusion de leur auteur — que Michel Foucault est parmi ceux dont la méthode s'est le plus rapprochée de la méthode préconisée par Marx. Ce ne serait peut-être pas la conclusion de Lefebvre qui écrit en 1968 l'article *Forme, fonction, structure dans « Le Capital »*[74] pour prouver que la leçon de Marx n'a pas été comprise desdits « structuralistes », tels Althusser et Lévi-Strauss. Mais l'archéologie du savoir ne fait-elle pas, ou ne tente-t-elle pas de faire ce que Henri Lefebvre affirme se trouver déjà chez Marx ? Nous lisons en effet : « Si la connaissance rencontre une structure et l'analyse, elle a pour but de montrer comment s'est formée cette structure : comment le devenir de l'histoire s'est créé[75]. » Or, ce principe est celui-là même de l'archéologie qui, cependant, s'en tient aux énoncés : sans doute faudrait-il encore creuser sous les énoncés vers le non-dit et au-dessus d'eux vers le sur-dit, mais on ne voit pas en quoi une analyse de formation des énoncés serait ou blâmable ou interdite. Nous poursuivons la lecture du même passage de l'article de Lefebvre : « Mettre l'accent sur la stabilité, sur la permanence, c'est le contraire de la méthode marxiste. Dans le devenir, il y a des structures qui se constituent ; puis le devenir dissout graduellement ou brise brusquement les structures qu'il a créées[76]. » Nous ne pouvons qu'être en accord avec cette présentation de la méthode marxiste quand, notamment, Lefebvre souligne en outre que la destructuration se produit au sein même des équilibres, au cœur des structures : « Ainsi la destructuration opère au sein des structures, dès leur naissance, avant même leur pleine et entière maturation[77]. » Disons (ce qui est peu connu) que cette méthode historique apparaît chez Auguste Comte, et avec la plus grande netteté, dans le petit texte de 1820, *Sommaire Appréciation de l'ensemble du passé moderne*, qui met en évidence à la fois l'existence de *systèmes* et celle de *séries*, structurant et destructurant la réalité historique : des séries en croissance et des séries en décroissance s'entrecroisent pour, au même moment, structurer et destructurer la même réalité sociale dans des éléments différents, pour consolider l'actuel et le détruire par certains aspects en préparant ce qui le remplacera[78]. Certes, comprendre, découvrir cette histoire réelle et effective, même si le principe se reconnaît identique, cela n'entraîne pas une identique application, ni même une identique réalisation dans la poursuite du projet : d'ailleurs, ce point de rencontre entre Comte et Marx le prouve assez, puisque, dans la mise en application des mêmes principes, dans l'utilisation de ces lois à fin de réalisation, malgré une histoire profonde pressentie sur le mode de la contradiction, leurs points de vue s'éloigneront quelque peu. L'entreprise archéologique, consciente des apports de la généalogie nietzschéenne, comme sans doute de ceux du positivisme et du marxisme, opère selon sa légitime et originale décision, uniquement sur les *énoncés*, sur les formations discursives, et Michel Foucault précise justement que cette analyse « doit les comparer, les opposer les unes aux autres dans la simultanéité où elles se présentent, les distinguer de celles qui n'ont pas le même calendrier, les mettre en rapport, dans ce qu'elles peuvent avoir de spécifique, avec les pratiques non discursives qui les entourent et leur servent d'élément général[79] ». Pour nous, c'est à ce point que nous voyons surgir la différenciation de l'analyse archéologique, qui met les pratiques discursives dans l'élément général des pratiques non discursives : ces dernières les contiennent, les reçoivent comme un réceptacle, mais sont apparemment amorphes et atones. Telle est la différence de méthode qu'offre l'archéologie par rapport à la théorie marxiste et à la théorie positiviste. On ne voit pas, on n'annonce pas *où* est le germe, ni *quoi* détient la virtualité, on constate au sein de données empiriques constatables et régulièrement repérées que certaines données aussi constatables et aussi repérables se rencontrent et se meuvent, mais sans doute ignore-t-on encore leur véritable provenance *(Herkunft)*, et c'est ce que Nietzsche dénonce dans la généalogie qu'il a mise sur pied, sans qu'il y paraisse. Si bien que cette « pensée folle » qui se veut l'envers des structures, dans leur point de défaite sous l'opération analytique, est réellement « absence d'œuvre », refus de complaisance, mais surtout refus de toute relation effective et réelle, de toute prise matérielle dans le tragique d'une option.

3. *L'absence d'auteur*

Dans le retour à l'être du langage qu'accomplit la littérature, dans l'accès aux énoncés qu'effectue l'archéologie du savoir, le « sujet », pensant, parlant et écrivant, ce n'est d'ailleurs même pas plutôt le langage, comme on pourrait le croire, « que le vide où il trouve son espace quand il s'énonce dans la nudité du *Je parle*[80] ». Il s'agit bien plutôt de destructuration de type archéologique et, disons-le, osons-le, plus de « destructuralisme » que de « structuralisme ». Démontrons-le.

En effet, considérons les trois notions que nous jugeons fondamentales dans la philosophie contemporaine dominante en Occident, c'est-à-dire la notion de vie, la notion d'existence, la notion de structure, notions qui entretiennent entre elles un rapport dialectique : de ces trois notions, la première privilégie la *réalité vivante en général*, la seconde s'attache à la *réalité vécue en particulier*, quant à la troisième, elle établit une liaison explicative entre le *contenu* et la *forme*, entre les éléments et leur ensemble, et impose la *réalité de la limite* (d'un point de vue extérieur et objectif). Les « philosophes de la vie » s'opposaient à l'abstraction conceptuelle et se voulaient, non pas irrationnels comme la « réaction » les cataloguait pour mieux les minimiser, mais, plutôt, ce qu'ils étaient d'ailleurs, *transrationnels* : ils réagissaient quant à eux essentiellement contre l'intellectualisme et ses formalismes abstraits qu'ils jugeaient stériles. Les philosophies de la vie se sont d'ailleurs diversement développées les unes par rapport aux autres : elles ont pu s'orienter soit vers la vie végétative, ou animale, ou instinctive, ou inconsciente, soit vers la vie spirituelle et surnaturelle. Ainsi, soit naturalisme, soit mysticisme, toute philosophie de la vie s'écarte de l'intelligence pure pour tenter de saisir globalement l'organisation impliquant une intériorité psychique, et cette combinaison d'éléments, que constitue l'organisation, est inintelligible par elle-même. Les « philosophes de l'existence » s'opposaient aussi à l'abstraction en donnant l'accent sur la force d'impact positif de l'existence. « Penser l'existence abstraitement et *sub specie aeterni* signifie la supprimer essentiellement », ainsi s'exprimait Kierkegaard[81]. Braquant le concret, le temporel, le devenir, par opposition au désintéressement de la pensée abstraite, la philosophie de l'existence soulève la question de l'existence individuelle et concrète contre la pensée abstraite et générale. L'homme individuel est observé et analysé dans ce qu'il a de concret : l'existence, en tant que réalité vécue, est le point de départ de la pensée et non son point d'arrivée. La « philosophie de la structure » serait plutôt la subversion du vivant et de l'existant qui se prolongeaient l'un l'autre, elle enseignerait au contraire l'impersonnalité, l'irresponsabilité, l'absence de liberté, l'absence en général, le rien, pour ce qui est de l'homme et, en face de lui, lui faisant vis-à-vis, la pleine positivité de la « structure » obnubilante. S'il est vrai que les années 1965-1970 étaient du côté de l'effacement du sujet, de l'anéantissement de l'auteur, de l'évanouissement de la personne, il n'en reste pas moins que la « philosophie de la structure » serait anti-thétique de la position des philosophies de la vie et de l'existence prises ensemble, et il faut reconnaître que son accomplissement (négateur de soi-même), plutôt son dépassement était curieusement du côté du marxisme (plutôt que son parrainage), dans lequel toutes les notions semblaient pouvoir revenir prendre corps, du moins trouver leur emplacement épistémologique correct : la *vie*, l'*existence*, la *structure*, la *fonction*, la *forme* : la notion de praxis, qui n'était pas une notion de la philosophie dominante, se présentait alors tout à coup comme devant assumer, dans l'assimilation du monde qu'est la pensée, le rôle de synthèse valable pour tous.

Les éléments réassimilés sont à la fois différents et les mêmes : le changement de l'ensemble détermine celui des éléments, mais ceux-ci, comme représentants d'une réalité assimilée, gardent encore quelque chose de cette réalité : une certaine instrumentalité par rapport à elle. Et, comme l'écrivait très justement Jacques Texier : « On commence à entrevoir de nos jours que le marxisme qui est théorie de la praxis humaine, ne peut l'être qu'en étant par là même une théorie des *formes* (économiques, politiques, idéologiques, artistiques) de cette praxis[82]. »

Tout le problème cependant réside dans ce que ces formes sont celles d'une praxis créatrice, c'est-à-dire historique et transitoire. Henri Lefebvre exprimera cette même pensée en rappelant que pour Marx « les transitions sont plus profondes, plus réelles, plus vraies que les structures[83] ». Mettre l'accent sur une structure — et c'est possible dans le domaine de l'histoire —, c'est en un sens établir une abstraction : une structure pleinement cohérente ne saurait prendre fin, mais si la notion de structure est vue pour ce qu'elle est, comme un concept instrumental, un outil épistémologique (Nietzsche dirait une « fiction » sélective, insérée dans le combat de la vie, comme les autres armes), on ne doit pas alors l'ériger en absolu. Un déterminisme structuraliste ne nous paraît pas devoir correspondre à la réalité dans sa totalité : il ne pourrait correspondre qu'à l'aile dominante d'une société autoritaire et injuste mais dont le despotisme se cacherait sous la « fatalité » du cours de la Bourse, du point de vue matériel, et, du point de vue spirituel, qui alléguerait que les « dés sont jetés » sous le surplomb des « structures suprêmes » venant se substituer aux anciennes divinités. L'histoire, toute discontinue soit-elle, n'en garde pas moins un caractère de continuité : du point de vue matériel, il y a « la croissance des forces productives » avec leur possible accélération et leur possible ralentissement, comme l'indique H. Lefebvre[84] ; du point de vue spirituel, ou tout simplement spéculatif, là non plus les hommes ne renoncent pas à ce qu'ils ont gagné et, reprenant une phrase de Marx, J. Texier écrit : « Ne pourrait-on pas dire également en parlant non de l'"appropriation" pratique du réel mais de son appropriation théorique que les hommes ne renoncent jamais à une "idée" qui a de l'objectivité ; ce qui ne veut pas dire qu'ils ne savent pas renoncer à la "conception", "problématique" ou "système" qui fut la "forme" de son acquisition[85]. » La continuité historique, enfin, survit aux ruptures par la médiation des formes qui persistent. Du point de vue de la « structure », prise au sens marxiste, le schéma allant des infrastructures (ou base) à la structure et de celle-ci aux superstructures est classiquement connu, on peut néanmoins le figurer dans sa simplicité[86] :

superstructures	idéologies et institutions (État, etc.)
structures	rapports de propriété (structurés-structurants) rapports de production division sociale du travail
base	techniques de production division technique du travail organisation du travail

Ce schéma lui-même, en tant qu'il faut le penser fonctionnellement, est aussi dans son circuit total une « structure » au sens structuraliste, ou plutôt un « système » dont il faut vérifier le jeu dynamique profond. Pour notre part, nous voyons donc que la vie, l'existence et la structure ont pu réapparaître validées dans le contexte marxiste : ce qui montre la permanence à la fois de ces notions (utiles) et de cette philosophie dont on retrouve un écho certain dans l'archéologie du savoir, qui atteint les réalités humaines dans les énoncés, les choses dans les mots. Visant les réalités humaines, cette phrase de *L'Idéologie allemande* sonne très concrètement et très impérativement : « Les prémisses dont nous partons ne sont pas des bases arbitraires, des dogmes ; ce sont des bases réelles dont on ne peut faire abstraction qu'en imagination. Ce sont les individus réels, leur action et leurs conditions d'existence matérielles, celles qu'ils ont trouvées toutes prêtes, comme aussi celles qui sont nées de leur propre action[87]. » Et, pour atteindre à une telle vision de la réalité dans sa vie et dans sa concrétude, encore faut-il avoir déblayé tout un ensemble de notions encombrantes — ce à quoi contribue éminemment Michel Foucault, comme le souligne justement François Châtelet qui voit Foucault occupé à « démolir l'*histoire des idées*, telle que nous l'a léguée la philosophie de l'histoire du XIXe siècle, dernier mot de la métaphysique ; révéler ainsi des champs nouveaux dont l'étude ne saurait ressortir ni à l'impérialisme logicien ni à l'invasion linguistique ; présenter les procédures "archéologiques", dont l'objet, dans ce qu'on appelle culture, est le *monu-*

ment, architecture de pierres comme de mots, qui a fonctionné, dans laquelle des hommes ont habité, devant laquelle ils se sont prosternés et que, souvent, ils ont incendiée... Et cela pour briser le déferlement navrant des pensées humanistes, subjectivistes, empiristes qui encombrent, de toute leur bonne volonté, le chemin qui va vers la destruction de l'idéologie spéculative[88] ». On ne peut plus vigoureusement souligner l'aspect révolutionnaire de l'archéologie du savoir dont l'efficacité est réelle du point de vue d'une remise en question de la notion de document[89] auquel un statut est donné en même temps que la conscience humaine est dépouillée du rôle de « sujet originaire de tout devenir et de toute pratique[90] » : ici, l'archéologie ne fait que répéter la critique de Marx sur la substitution (faite par l'histoire des idées) de l'*homme* (en tant que concept) aux individus existants ; ces individus, cependant, l'archéologie ne les reprendra pas dans l'opérativité de leur travail, mais dans l'existence de leurs énoncés (il était temps de comprendre que « produire des énoncés » est le travail opératif de quelques-uns : les énoncés du pouvoir s'insèrent dans la praxis, tout comme les énoncés du savoir ; mais entre les deux se livre un combat qu'analyse Foucault). Michel Foucault met l'accent sur *ce qui ne peut être sauvé* : la souveraineté du sujet avec l'anthropologisme et l'humanisme qu'elle recouvre, l'organisation d'une vision du monde, l'établissement d'un système de valeurs, la raison comme pur *telos* de l'humanité, la légalité du désir, le formalisme linguistique, la normalité de l'action, l'histoire comprise comme « effort incessant d'une conscience se reprenant elle-même et essayant de se ressaisir jusqu'au plus profond de ses conditions[91] ». Donc, s'élevant, contre une anthropologisation abusive de la pensée de Marx, contre une interprétation transcendantale de Nietzsche, Michel Foucault montre la fragilité (la légèreté) de l'opposition de l'histoire à la structure : admettre tout simplement le nouveau champ épistémologique offert par l'histoire dans son activité la plus récente et la plus avancée, c'est échapper à ces faux-fuyants d'un conservatisme usé. Ainsi en est-il, en particulier de la notion de « sujet fondateur », de celle d'auteur d'une œuvre.

Dans *Les Mots et les Choses*, il n'était pas question de *traiter* de Marx, ni *de* Buffon, ni *de* tout autre « auteur » ; mais, comme l'affirme Michel Foucault : « Je cherchais simplement à trouver les règles selon lesquelles ils avaient formé un certain nombre de concepts et d'ensembles théoriques qu'on peut rencontrer dans leurs textes[92]. » Ce qui devait ressortir, c'étaient « les conditionnements de fonctionnement de pratiques discursives spécifiques[93] ». Avec *L'Archéologie du savoir*, l'« auteur » disparaît légitimement, laissant place à tout un appareil explicite de règles et de mises en place des énoncés : ce que déjà impliquait *Les Mots et les Choses*. L'histoire des idées allait de pair avec la notion d'auteur comme moment de l'individualisation, auquel s'oppose dans le présent le moment de l'indifférence, non pas un style mais « une sorte de règle immanente, sans cesse reprise, jamais tout à fait appliquée, un principe qui ne marque pas l'écriture comme résultat mais la domine comme pratique[94] ». La disparition de l'auteur de l'œuvre n'est ni une « invention » de Michel Foucault, ni la prise de position théorique et exclusive de l'archéologie du savoir, mais le corrélatif même de l'apparition de l'*être du langage*, phénomène de la littéralité contemporaine, ainsi que le remarque également Yves Bertherat : « L'écrivain sait bien qu'il n'est pas la cause de son œuvre comme le charpentier l'est de sa charpente[95]. » Michel Foucault s'appuie sur le fait que l'écriture s'est libérée du thème de l'*expression* : « Elle n'est référée qu'à elle-même, et pourtant elle n'est pas prise dans la forme de l'intériorité ; elle s'identifie à sa propre extériorité déployée[96]. » La littérature n'étant plus devenue qu'un jeu de signes, soumis davantage à l'ordre du signifiant qu'à l'ordre du signifié, le sujet ne se trouve plus « épinglé » dans un langage, mais plutôt ne cesse de s'évanouir. Disant elle aussi « je me mens », la littérature se sait parente de la mort, efface tous les caractères individuels du « sujet » : « Par toutes les chicanes qu'il établit entre lui et ce qu'il écrit, le sujet écrivant déroute tous les signes de son individualité particulière ; la marque de l'écrivain n'est plus que la singularité de son absence ; il lui faut tenir le rôle de mort dans le jeu de l'écriture[97]. » Il s'agit de bien davantage que de ruiner le préjugé biographique qui n'est déjà plus qu'un fantôme : « Découvrir l'asile de Rodez derrière une image d'Artaud, n'est-ce pas, en l'éloignant de l'œuvre et de sa lecture, fuir son impact sur moi, étouffer son cri meurtrier[98] ? » ; là-dessus aussi, l'accord est déjà fait, d'après Y. Bertherat. Tout au plus reste-t-il le sujet fictif de la fiction. Mais ces concessions, qui n'en sont plus, qui sont devenues des lieux communs de la littérature contemporaine, ont pour condition qu'il « doit » rester quelque chose, sinon de l'auteur même, du moins de l'œuvre elle-même. *Ce qui reste*, serait-ce une réduction à l'os, telle que la pratique la discipline structuraliste ? L'*être du langage* ? « Foucault, commentateur de Blanchot, propose de réduire l'épaisseur des images, des figures, de mettre entre elles de plus en plus de vide, de dévoiler le jeu de leurs pièces et de faire de ce jeu l'essentiel de la fiction littéraire[99] » : pensée du dehors, expérience de cette pensée, désir (Sade), matérialité de la pensée (Artaud), transgression (Bataille), figure de l'interdit.

« Un savoir sans sujet », telle serait l'œuvre dépouillée de son auteur. Jusqu'ici un auteur faisait que des pages écrites étaient perçues comme formant une œuvre, de même les esquisses, les notes, les brouillons, les « aphorismes ». Mais, si l'on se contente de l'« œuvre », de quoi s'agit-il en réalité ? Ou bien, si ni l'œuvre ni l'auteur ne font problème, et si l'on admet la présence de l'écriture (Derrida) comme l'absence de ce qu'elle réserve dans sa pureté, quelle attitude se cache derrière cette assurance, sinon celle encore du primat de l'auteur sur le temps et la mort ? Dire que l'auteur a disparu, c'est comme dire que Dieu est mort ou que l'homme est mort (corollaire), c'est commencer de délimiter la place vide laissée, l'espace blanc repéré : celui-ci est déjà au moins tout le domaine qui relevait de cet élément de classification qu'est le nom propre : « Le nom d'auteur n'est pas situé dans la fiction de l'œuvre, il est situé dans la rupture qui instaure un certain groupe de discours et son mode d'être singulier[100]. » L'auteur n'est pas simple rédacteur, il remplit une fonction, et il caractérise « le mode d'existence, de circulation et de fonctionnement de certains discours à l'intérieur d'une société[101] ». L'œuvre d'un auteur est un « discours porteur de la fonction auteur[102] ». C'est la transgression qui, historiquement, a désigné l'auteur d'un texte considéré comme un acte, non comme une production (ni comme un produit), mais un geste dangereux, et, dès que le texte est légalement devenu objet de propriété, on voit paraître la transgression, non plus seulement comme possibilité de l'écriture mais comme un impératif. « Comme si l'auteur, à partir du moment où il a été placé dans le système de propriété qui caractérise notre société, compensait le statut qu'il recevait ainsi en restaurant le danger d'une écriture à laquelle d'un autre côté on garantissait les bénéfices de la propriété[103]. » Le domaine des interdits du langage comporte d'abord le code linguistique, ensuite les blasphèmes, qu'ils soient religieux, sexuels, magiques, puis le sens intolérable d'un discours aux énoncés pourtant tolérables, enfin le fait du discours échappant au code reconnu et se créant à lui-même son propre code : tel est le propre de la littérature depuis Mallarmé, transgressive dans l'être même du langage : « C'est cette libération obscure et centrale de la parole au cœur d'elle-même, sa fuite incontrôlable vers un foyer toujours sans lumière, qu'aucune culture ne peut accepter immédiatement[104]. » « Pensée du dehors », et encore « pensée folle mais nécessaire[105] » : Y. Bertherat explicite ce qu'implique cette transgression de la littérature : « L'Occident depuis sa naissance c'est le terrorisme de sa raison. Que la folie de sa raison vienne aujourd'hui le contester, que la folie détournée, abaissée, occultée, resurgisse sous le masque de la raison, c'est sans doute ce que Rimbaud entendait par "jouer un bon tour à la folie"[106]. » C'est aussi ce qu'a voulu dire Foucault : la folie désigne le vide d'où vient l'œuvre : « En ce sens l'être de la littérature, tel qu'il se produit depuis Mallarmé et vient jusqu'à nous, gagne la région où se fait depuis Freud l'expérience de la folie[107]. » La fonction de transgression est donc la plus ancienne et la plus récente en même temps en laquelle on puisse reconnaître la fonction-auteur, mais elle n'est pas la seule. Cette fonction-auteur n'agit que pour telle sorte de discours : actuellement pour les discours littéraires ; elle est donc partiale et variable ; elle résulte ensuite de la façon dont on lit les textes, c'est une « projection » du lecteur, mais c'est aussi surtout le fait d'une pluralité d'*ego*.

L'auteur de *L'Interprétation des rêves* est aussi l'auteur de la possibilité du discours psychanalytique ; de même l'auteur du *Capital* est aussi l'auteur de la possibilité de la discursivité marxiste. Revenir au *Capital* peut modifier le marxisme comme réexaminer *L'Interprétation des rêves* peut transformer la psychanalyse ; ce caractère indéfini (non fini) prête à la fonction-auteur une extension particulière quand il s'agit d'instaurateurs de discursivité tels que sont Freud et Marx. Aussi bien Foucault a-t-il montré que « cette fonction-auteur, déjà complexe quand on essaie de la repérer au niveau d'un livre ou d'une série de textes qui portent une signature définie, comporte encore de nouvelles déterminations, quand on essaie de l'analyser dans des ensembles plus vastes — des groupes d'œuvres, des disciplines entières[108] ». Loin d'être donné et premier, l'auteur ou le sujet apparaît comme la résultante de circonstances culturelles mais encore d'actes de lecture, d'interprétations, de mises en condition d'un certain discours. De même le livre : « Son unité est variable et relative[109]. » L'évidence de l'auteur est analogue à celle du livre : il y faut un champ complexe de discours. Cette « somme de textes », dénotée par un nom propre et circonstanciée dans un volume composé de pages, répond à une loi d'organisation qui exclut les ratures ou qui peut-être les inclut (?), qui charpente les traces verbales accumulées par le personnage mythique qu'est « l'auteur ». N'étant ni « unité immédiate », ni « unité certaine », ni « unité homogène[110] », l'œuvre peut-elle revendiquer *un* auteur ? On ne peut même pas dire, comme Lucien Goldmann[111], que le fait du « structuralisme non génétique » qui est de nier l'auteur ou le sujet individuel pour lui substituer les structures linguistiques ou mentales, ou sociales, soit le *fait* de l'archéologie du savoir de Michel Foucault : ce serait simplifier par le recours à une raison nominale une entreprise bien plus complexe que, faute de la comprendre, on réduit à un même dénominateur neutre et illusoire. Même supposer que « les hommes » ne tiennent plus qu'un rôle ou une fonction, c'est supposer trop ou trop peu, c'est ni plus ni moins continuer à anthropologiser ce qui ne doit pas l'être et ce qui, en fait, ne l'est pas dans l'archéologie du savoir. Rencontrer le problème des limites d'une œuvre ou d'un événement ou d'une période historique n'implique pas la vision des mêmes obstacles épistémologiques que ceux qu'affronte avec succès l'archéologie du savoir : car tout historien tranchera le problème des limites par la décision, le choix justifié d'une limite ; l'archéologue du savoir envisageant le problème de la « coupure » devra aussi se résoudre à la délimiter, mais il ne prétend ainsi rien « limiter » ; la coupure manifeste l'incohérence en dépit de tout, la limite au contraire rétablit une cohérence en dépit de tout, une cohérence sensible à celui qui la reconnaît (s'il y est sensible, s'il la « reconnaît », ce n'est pour d'autres raisons qu'idéologiques ou « rationnelles »). Dans la limite, l'historien reconnaît ce qu'il inclut et exclut, tandis que dans la coupure l'archéologue ne voit aucune confirmation de ce qu'il « sait » ou croit savoir ; tandis que la limite est « rationnelle », la coupure est « absurde ». Donc les problèmes de *limite* n'ont pas, ici et là, le même sens. Même la « structure significative » dont Goldmann emprunte la notion à Dilthey ne comporte aucune garantie en elle-même, elle dépend tout entière de la culture datée qui a permis à l'historien, lui-même daté, de reconnaître une signification là où une autre culture ne l'autoriserait pas à un autre historien.

NOTES

1. *LMC*, p. 139.
2. *LMC*, p. 141.
3. *LMC*, p. 157.
4. *LMC*, p. 163.
5. *LMC*, p. 170.
6. *LMC*, p. 171.
7. *LMC*, p. 173.
8. *Ibid.*
9. *LMC*, p. 176.
10. *LMC*, p. 277. *Cf.* N. Mouloud, *op. cit.*, p. 225 : « Michel Foucault a

très bien montré que les sciences modernes réalisent une idée tectonique très différente de celle des sciences classiques. »

11. *LMC*, p. 282.
12. *LMC*, p. 284.
13. *LMC*, p. 287.
14. *LMC*, p. 289.
15. *LMC*, p. 290.
16. *LMC*, p. 324.
17. *Ibid.*
18. *LMC*, p. 326.
19. *LMC*, p. 221.
20. *LMC*, p. 215.
21. *LMC*, p. 265.
22. *LMC*, p. 266.
23. *LMC*, p. 267.
24. *LMC*, p. 271.
25. *LMC*, p. 274.
26. *LMC*, p. 295.
27. *LMC*, p. 298.
28. *LMC*, p. 302.
29. *LMC*, p. 306.
30. *Ibid.*
31. *LMC*, p. 311.
32. *LMC*, p. 312.
33. *Ibid.*
34. *LMC*, p. 313.
35. Numéro spécial sur Blanchot : *Critique*, juin 1966, n° 229, pp. 523-547 : M. Foucault, « La Pensée du dehors ».
36. *LMC*, p. 525.
37. *LMC*, p. 527.
38. *Ibid.*
39. *Ibid.*
40. Numéro spécial sur Bataille : *Critique*, août-septembre 1963, nos 195-196, pp. 751-770 : M. Foucault, « Préface à la transgression ».
41. M. Foucault, *Histoire de la folie à l'âge classique*, nouvelle édition, Gallimard, 1972, in *Appendices : La folie, l'absence d'œuvre*, pp. 575-582, v. p. 580. Abréviation : *HF*.
42. *Ibid.*
43. *Ib.d.*
44. *Ibid.*
45. *Hommage à Jean Hyppolite*, Presses universitaires de France, 1971 : Michel Foucault, *Nietzsche, la généalogie, l'histoire*, pp. 145-172, voir p. 149. Abréviation : *NGH*.
46. *Ibid.*
47. *NGH*, p. 154.
48. *NGH*, p. 169.
49. *Ibid.*
50. *NGH*, p. 170.
51. *NGH*, p. 172.
52. *Ibid.*

53. *HF*, p. 576.
54. *Ibid.*
55. *Ibid.*
56. *Ibid.*
57. *HF*, p. 579.
58. *HF*, p. 578.
59. A. Kremer-Marietti, *Dilthey et l'anthropologie historique*, Seghers, 1971.
60. G. Deleuze, *op. cit.*, p. 30 : « Ainsi, tant qu'on peut opposer l'histoire à la structure, on pense que le sujet garde un sens comme activité constituante, recueillante unifiante. C'est pourquoi Foucault pose directement le problème au niveau de l'histoire des multiplicités historiques et non pas des structures. Une destruction froide et concertée du sujet, un vif dégoût pour les idées d'origine, d'origine perdue, d'origine retrouvée, un démantèlement des pseudo-synthèses unifiantes de la conscience et du devenir de la raison, c'est ce qui anime le positivisme romantique de Foucault. »
61. *Cf.* Paul Ricœur, « La Structure, le mot, l'événement » (in : *Esprit*, mai 1967, nº 5), pp. 800-821, voir p. 800 : « 1. Je voudrais montrer que le type d'intelligibilité qui s'exprime dans les structuralismes triomphe dans tous les cas où l'on peut :

a) travailler sur un *corpus* déjà constitué, arrêté, clos et, en ce sens, mort ;

b) établir des inventaires d'éléments et d'unités ;

c) placer ces éléments ou unités dans des rapports d'opposition, de préférence d'opposition binaire ;

d) établir une algèbre ou une combinatoire de ces éléments et de ces couples d'opposition. »

62. *LMC*, p. 221.
63. G. Deleuze, *op. cit.*, pp. 30-31.
64. *Op. cit.*, p. 31.
65. *Revue de métaphysique et de morale :* « Hommage à Jean Hyppolite », avril-juin 1969, 74e année, nº 2 : M. Foucault, pp. 131-136, v. p. 132.
66. G. Deleuze, *op. cit.*, p. 35.
67. *Op. cit.*, pp. 44-45.
68. *Ibid.*
69. *Op. cit.*, p. 52, note 31 : « Il y a deux problèmes, l'un pratique qui consiste à savoir où l'on fait passer les coupures dans tels exemples précis, l'autre théorique, et dont le premier dépend, qui concerne le concept de coupure lui-même (il faudrait confronter à cet égard la conception structurale d'Althusser et la conception sérielle de Foucault). »
70. *Op. cit.*, pp. 45-46.
71. Fernand Braudel, *Écrits sur l'histoire*, coll. « Science de l'histoire », Flammarion, 1969, p. 22.
72. *Op. cit.*, p. 50.
73. *AS*, p. 20.
74. Henri Lefebvre, *Au-delà du structuralisme*, éd. Anthropos, 1971, p. 347.
75. *Ibid.*

76. *Ibid.*
77. *Op. cit.*, p. 348.
78. A. Comte, *Sommaire Appréciation de l'ensemble du passé moderne*, Aubier Montaigne, 1971, p. 49 : « Ainsi, en résumant les observations précédentes, nous pouvons poser en principe de fait, qu'au moment où le système féodal et théologique fut définitivement organisé, les éléments d'un nouveau système social commencèrent à se former. Une capacité temporelle positive, c'est-à-dire la capacité industrielle, prit naissance à côté du pouvoir temporel parvenu à son entier développement ; et une capacité spirituelle positive, c'est-à-dire la capacité scientifique, s'éleva derrière le pouvoir spirituel, à l'instant où il commençait toute son activité. »
79. *L'Archéologie du savoir* (abréviation *AS*), p. 205.
80. *La Pensée du dehors, op. cit.*
81. S. Kierkegaard, *Post-scriptum aux miettes philosophiques*, trad. par P. Petit, Gallimard, 1949, p. 206. Également, p. 208 : « Exister, si l'on n'entend pas par là un simulacre d'existence, ne se peut faire sans passion » ; p. 209 : « L'abstraction est dés-intéressée, mais l'existence est le suprême intérêt de celui qui existe. »
82. J. Texier, *op. cit.*, pp. 21-22.
83. H. Lefebvre, *op. cit.*, p. 353.
84. *Op. cit.*, p. 354.
85. J. Texier, *op. cit.*, p. 22.
86. H. Lefebvre, *op. cit.*, p. 356.
87. Karl Marx et Friedrich Engels, *L'Idéologie allemande*, Éditions sociales, 1965, p. 18.
88. F. Châtelet, « L'Archéologie du savoir », in *La Quinzaine littéraire*, du 1er au 15 mai, n° 72, pp. 3-4.
89. *AS*, p. 13.
90. *AS*, p. 22.
91. *AS*, p. 23.
92. *Bulletin de la société française de philosophie*, juillet-septembre 1969, séance du 22 février 1969 : Michel Foucault, *Qu'est-ce qu'un auteur ?*, éd. A. Colin, 1970, p. 76.
93. *Ibid.*
94. *Op. cit.*, p. 77.
95. Yves Bertherat, « La Pensée folle (Michel Foucault) », in *Esprit*, mai 1967, pp. 862-881, v. p. 877. C'est pourquoi dans la *Volonté de savoir* (Gallimard, 1976, p. 173), Foucault ramènera la lutte « anti-répressive » menée par Reich à ne représenter qu'un élément du « dispositif de la sexualité » mis en place.
96. *Qu'est-ce qu'un auteur ?, op. cit.*, p. 78.
97. *Ibid.*
98. Y. Bertherat, *op. cit.*, p. 865.
99. *Op. cit.*, p. 877.
100. *Qu'est-ce qu'un auteur ?, op. cit.*, p. 83.
101. *Ibid.*
102. *Ibid.*
103. *Op. cit.*, p. 84.
104. *HF*, p. 578.

105. Y. Bertherat, *op. cit.*, p. 878.
106. *Ibid.*
107. *HF*, p. 581.
108. *Qu'est-ce qu'un auteur ?, op. cit.*, p. 94.
109. *AS*, p. 34.
110. *AS*, p. 37.
111. *Bulletin de la société française de philosophie*, juillet-sept. 1969, p. 97.

IV

ÉNONCÉS ET STRATÉGIES

1. *Les discours sur la folie*

Pas plus que pour la biologie, l'économie, la philologie, il n'est possible d'admettre d'emblée l'unité d'un discours sur la folie. Bien plus, il ne faut pas chercher dans l'objet « folie » une raison d'unité de discours. Au contraire, l'unité des discours sur la folie, ce serait plutôt « le jeu des règles qui rendent possibles pendant une période donnée l'apparition d'objets : objets qui sont découpés par des mesures de discrimination ou de répression, objets qui se différencient dans la pratique quotidienne, dans la jurisprudence, dans la casuistique religieuse, dans le diagnostic des médecins, objets qui se manifestent dans des descriptions pathologiques, objets qui sont cernés par des codes ou recettes de médication, de traitements, de soins[1] ». A côté de ce premier jeu des règles faisant ressortir les objets, s'impose le jeu des règles de leurs transformations et, avant tout, leur non-identité dans le temps, la rupture interne qui les caractérise, et enfin la discontinuité interne de leur fausse permanence. « D'une façon générale, définir un ensemble d'énoncés dans ce qu'il y a d'individuel consisterait à décrire la dispersion de ces objets ; saisir tous les interstices qui les séparent, mesurer les distances qui règnent entre eux — en d'autres termes, formuler leur loi de répartition[2]. » On peut donc affirmer d'une manière générale que l'unité des discours dans l'ordre médical, l'unité même du discours médical, ne provient pas d'une forme déterminée d'énoncés ; au lieu d'une forme, ce serait davantage l'ensemble des règles qui ont permis simultanément ou tour à tour « des descriptions purement perceptives, mais aussi des observations médiatisées par des instruments, des protocoles d'expériences de laboratoire, des calculs statistiques, des constatations épidémiologiques ou démographiques, des règlements institutionnels, des prescriptions thérapeutiques[3] ». De cette façon, en caractérisant et en individualisant la coexistence de ces énoncés divers et de leurs règles, on connaîtrait finalement la loi de leur répartition, leur mode d'implication réciproque. Il faut alors distinguer deux ordres de recherche qui se confondent dès l'abord du regard mais qui en fait doivent se singulariser : d'une part s'attacher à reconstituer l'épistémologie proprement dite, d'autre part relever tout ce qui constitue le *savoir* ; dans le premier cas, on s'en tient strictement à « la somme de ce qu'on a cru vrai[4] », dans le second on révèle « ce dont on peut parler dans une pratique discursive[5] ». Dans ce dernier cas, seulement, on fait œuvre d'archéologie : bien qu'elle soit plus appuyée (mieux connectée à la matérialité) dans *L'Archéologie du savoir*, cette méthode est déjà mise en œuvre dans *Les Mots et les Choses* comme l'histoire des événements particuliers que sont les discours en tant que pratiques discursives. En obéissant à la distinction nécessaire entre scientificité et archéologie, on se donnera une tâche bien définie. Il faut retenir à cette fin une loi, à savoir que « n'appartiennent à un domaine de scientificité que les propositions qui obéissent à certaines lois de construction[6] » : c'est-à-dire, que ce qui n'est pas autrement investi que dans des démonstrations. Au contraire, il faut comprendre que le savoir ne réside pas seulement dans les propositions scientifiques : l'enquête archéologique trouve son territoire aussi bien dans les textes littéraires ou philosophiques, dans les fictions, les réflexions, les récits, les règlements institutionnels, les décisions politiques : en termes marxistes, dans les *superstructures*. Dans l'entreprise de chercher à atteindre la pratique, Michel Foucault montre la nécessité pour l'enquête archéologique de s'attacher au *fond* de pratique discursive sur lequel s'enracinent les sciences. Car les pratiques discursives ne coïncident pas avec l'élaboration scientifique à laquelle elles peuvent d'ailleurs donner lieu. C'est ainsi que la psychopathologie, au début du XIXe siècle, a « épistémologisé » une pratique discursive qui l'a largement précédée « et qui avait depuis longtemps acquis son autonomie et son système de régularité[7] ». Mais le seuil de positivité et le seuil d'épistémologisation peuvent être simultanés, la question de la matérialité restant entre parenthèses. Il en va de même pour le passage de l'histoire naturelle à la biologie comme science des corrélations des différents organismes et qui s'est effectué en même temps que le passage d'une positivité à une autre. Cependant, la médecine expérimentale de Claude Bernard et la microbiologie de Pasteur ont transformé la scientificité de l'anatomie et de la physiologie pathologiques sans mettre hors jeu la formation discursive de la médecine clinique de l'époque. Ou bien encore, la scientificité instaurée par l'évolutionnisme n'a pas atteint la positivité biologique datant de Cuvier. Il ne faut donc pas voir dans le travail archéologique la répétition de l'acte de fondation de la science ; il ne s'agit pas davantage de reconduire sans cesse le modèle des vérités scientifiques. Il s'agit, bien au contraire, de reconnaître dans la science une pratique discursive multiple avec ses niveaux, ses seuils, ses ruptures. Seule une science parmi toutes échapperait à l'investigation archéologique : les mathématiques. Pour Michel Foucault, « la possibilité même de leur existence impliquait que fût donné, d'entrée de jeu, ce qui, partout ailleurs, demeure dispersé tout au long de l'histoire : leur positivité première devait constituer une pratique discursive déjà formalisée (même si d'autres formalisations devaient par la suite être opérées)[8] ». C'est dans cette formalisation nécessaire dès l'origine que Michel Foucault voit une instauration énigmatique en même temps que valorisée d'emblée : « De là le fait que dans le premier geste du premier mathématicien, on ait vu la constitution d'une idéalité qui s'est déployée tout au long de l'histoire et n'a été mise en question que pour être répétée et purifiée ; de là le fait que le commencement des mathématiques soit interrogé moins comme un événement historique qu'à titre de principe d'historicité[9]. » Là se tient la raison, en tout cas, qui a autorisé à se reporter habituellement au modèle mathématique, en particulier au modèle d'une géométrie, au risque, d'ailleurs, « d'homogénéiser toutes les formes singulières d'historicité, de ramener à l'instance d'une seule coupure tous les seuils différents que peut franchir une pratique discursive, et de reproduire indéfiniment, à tous les moments du temps, la problématique de l'origine[10] ». S'il est vrai que les mathématiques ont été le modèle de rigueur et de démonstrativité, elles sont pour l'historien, écrit Foucault, « un mauvais exemple, — un exemple qu'on ne saurait en tout cas généraliser[11] ».

En ce qui concerne la psychopathologie, une première coupure chronologique est susceptible d'être admise au début du XIXe siècle ; en effet, au moins deux signes l'attestent : « La mise en place au début du siècle d'un nouveau mode d'exclusion et d'insertion du fou dans l'hôpital psychiatrique et la possibilité de remonter la filière de certaines notions actuelles jusqu'à Esquirol, Heinroth ou Pinel (de la paranoïa on peut remonter jusqu'à la monomanie, du quotient intellectuel à la notion première de l'imbécillité, de la paralysie générale à l'encéphalite chronique, de la névrose de caractère à la folie sans délire)[12]. » Jusqu'à la naissance de l'asile, l'*Histoire de la folie* retrace les grandes étapes du monologue de la raison sur la folie en soulignant les moments du silence qu'il suppose ; l'archéologie de ce silence, depuis le délire d'Oreste, est ponctué de deux événements historiques : en 1657, la création de l'Hôpital général et, en 1794, la libération des enchaînés de Bicêtre. Ces deux événements encadrent des attitudes et des pratiques très différentes : au Moyen Age et à la Renaissance, c'est un véritable débat dramatique que livre l'homme avec la démence, tandis qu'à notre époque ce débat est remplacé par la sérénité d'un savoir qui oublie l'être de la folie ; or, celle-ci n'est, comme le montre Foucault, ni drame ni connaissance. Ce qu'*est* la folie nécessite bien des approches et, avant d'inventorier les nouveaux objets qui se sont formés depuis la césure du XIXe siècle, voyons quel répertoire dresse l'*Histoire de la folie* des objets propres au savoir classique de la folie. Michel Foucault analyse à cet effet la réalité et le sens de cette *Nef des fous (Narrenschiff)*, qui est certes un thème littéraire issu lui-même d'un thème mythique emprunté au cycle des Argonautes. Or, ces bateaux ont effectivement existé : on chassait les fous, on les confiait à des marchands et à des pèlerins, à des bateliers. Quand on ne les chassait pas, ils étaient en détention, comme dans la Tour aux Fous de Caen (ou dans les *Narrtürmer* d'Allemagne) ; on recense un plus grand nombre de fous dans les lieux de pèlerinage ; mais certaines villes sont connues pour avoir assemblé le plus grand nombre d'entre eux, comme Nuremberg, où ils ne sont pas soignés mais jetés en prison. Cette barque fantôme, réelle et symbolique, hante la littérature jusqu'au XVIe siècle comme l'inquiétude de la déraison du monde. En même temps, le personnage même du fou croît en importance dans les farces de la fin du Moyen Age : la forme générale de la critique se présente comme une dénonciation de la folie. Tout le théâtre ne dit rien d'autre sinon que la vérité semble sortir de la bouche des fous. En littérature comme en philosophie, la folie joue le rôle d'une satire morale ou religieuse, tel l'*Éloge de la folie* d'Érasme :

« Mais depuis longtemps je m'oublie, et "j'ai franchi toute borne". Si vous trouvez à mon discours trop de pétulance ou de loquacité, songez que je suis la Folie et que j'ai parlé en femme. Souvenez-vous cependant du proverbe grec : "Souvent un fou même raisonne bien", à moins que vous ne pensiez que ce texte exclut les femmes. Vous attendez, je le vois, une conclusion. Mais vous êtes bien fous de supposer que je me rappelle mes propos, après cette effusion de verbiage. Voici un vieux mot : "Je hais le convive qui se souvient" ; et voici un mot neuf : "Je hais l'auditeur qui n'oublie pas" (*Éloge de la folie,* LXVIII).

Alors que chez Cervantès et chez Shakespeare la folie signifie encore l'imminence dernière, elle se situera dans le nœud même du drame au XVIIe siècle, et non plus dans le dénouement. Elle est ainsi apparence et illusion et non plus crime ou mort : c'est le grand trompe-l'œil de la littérature classique. Quand on créera l'Hôpital général, ce ne sera pas pour soigner, puisqu'il ne s'agit pas d'un établissement médical, mais pour accueillir qui se présentera : les pauvres surtout, ou bien encore qui sera envoyé là d'autorité royale et judiciaire. L'institution ne vise qu'à empêcher la mendicité et l'oisiveté en tant qu'elles sont les sources du désordre : aussi fonctionna-t-elle comme centre de travail obligatoire, mais elle fut en fait le lieu privilégié de l'oisiveté. La folie se trouve comprise ici sous les catégories de la pauvreté, de la mendicité et de l'oisiveté. Cependant, les centres de travail obligatoire font la preuve qu'elle signifie aussi incapacité de travail, impossibilité d'intégration au groupe. Alors que l'on n'était pas loin d'assimiler folie à liberté un siècle plus tôt, la folie aboutit maintenant à l'internement, rendue qu'elle est esclave de la raison, soumise aux règles éthiques du travail dont le sens est ascèse, punition, réhabilitation. On évite par l'internement le scandale de la déraison, mais on organise d'autre part le scandale de la folie. Consacrés à la moralité, à l'ordre, à la vertu, ces établissements contiennent le désordre, font de l'État le dispensateur de la morale, et délimitent dans leur enceinte le négatif de la cité morale en s'instituant cité de redressement et de coercition.

La folie au XVIIIe siècle ne relève pas encore de la médecine, mais déjà elle a échappé à la correction. La folie, c'est alors l'animalité *déchaînée* ; aussi *enchaîne*-t-on les fous jugés dangereux dans les fameuses loges de Bicêtre, dont témoigne Desportes dans son *Rapport sur le service des aliénés*. Les moins dangereux risquent moins d'être dévorés par les gros rats car ils bénéficient de cellules plus vastes où ils sont moins entassés. De même, le *Rapport sur la situation des aliénés* établi par Samuel Tuke donne la description d'un enchaîné guidé à la chaîne par son gardien et durant douze ans ayant subi la contrainte d'un anneau de fer autour du cou. Les fous passent pour ne souffrir ni des sévices, ni de la faim, ni du froid, ni de la chaleur : ils sont censés être protégés de la maladie par l'*animalité* qu'on prête à la folie. Animalité de la folie : c'est-à-dire limite inférieure de l'humanité, point de chute jusqu'où peut tomber l'homme, déraison, forme inversée de la raison, monstre de l'animalité non comprise dans le sens de *nature*. Pour que devienne possible la psychiatrie au XIXe siècle, il devra falloir passer par trois étapes différentes : celle d'une dynamique de la pénétration organique et morale, celle d'une physiologie de la continuité corporelle, celle enfin d'une éthique de la sensibilité nerveuse. C'est ainsi que l'hystérie sera la maladie d'un corps devenu pénétrable, puisque le système nerveux explique que le corps est sensible à ses propres phénomènes et dès lors les maladies de nerfs sont des troubles de la sympathie interne. La folie, enfin, c'est le fait pour l'esprit de devenir aveugle à l'excès de sa sensibilité ; c'est-à-dire, ce n'est autre que l'effet psychologique d'une faute morale. Les cures elles-mêmes répondront à l'image que l'on se fait alors de l'hystérie et de l'hypocondrie : que ce soit la *consolidation* (remèdes destinés à donner de la vigueur aux fibres nerveuses), ou la *purification* (remèdes destinés à lutter contre la corruption et visant ainsi à dissoudre les substances corruptrices), enfin l'*immersion* (ablution et imprégnation). La thérapeutique ne sera proprement psychologique que le jour où la folie sera comprise comme culpabilité, le jour où la faute bénéficiera d'un privilège nouveau. Toutefois, cela ne veut pas dire qu'il n'y ait pas en même temps une pratique médicale plus psychologique et dans laquelle il est possible d'assimiler le rôle du médecin à celui du *Cogito* par rapport au rêve, à l'illusion et à la folie. Le médecin est la conscience redoublée, non dédoublée, à l'image de celle que pose le *Cogito* de Descartes. Il s'agit d'opérer le réveil analogue à celui des *Méditations*, mais dirigé contre le quasi-sommeil du délire du malade : on réalise l'image et on continue le discours délirant ; telle est la cure théâtrale. Ou bien enfin, il s'agit de refuser toute thérapeutique par la thérapeutique du retour à l'immédiat : grâce à l'exercice physique et aux travaux naturels de l'agriculture.

Sous le discours efficient de la raison que sont les *Méditations* (et surtout la première), on peut lire en négatif un discours de la folie comme l'*antithèse* du premier, seul positif. Ainsi la polémique Foucault-Derrida sur la folie dans la première *Méditation* est-elle à ce sujet riche d'enseignements. A travers la réponse de Foucault surgissent à nos yeux les pratiques discursives classiques concernant la folie. Comme l'écrit M. Foucault dans le deuxième chapitre de l'*Histoire de la folie* : « Ce n'est pas la permanence d'une vérité qui garantit la pensée contre la folie, comme elle lui permettait de se déprendre d'une erreur ou d'émerger d'un songe ; c'est une impossibilité d'être fou, essentielle non à l'objet de la pensée mais au sujet qui pense[13]. » Le sujet qui doute exclut la folie dans la mesure où douter signifie « tenir pour faux », mais il n'exclut ni l'erreur ni l'illusion du rêve. Comme l'explique Foucault : « Le doute de Descartes dénoue les charmes des sens, traverse les paysages du rêve, guidé toujours par la lumière des choses vraies ; mais il bannit la folie au nom de celui qui doute, et qui ne peut pas plus déraisonner que ne pas penser ou ne pas être[14]. » Le XVIe siècle voyait dans les menaces de la déraison la possibilité d'une compromission des rapports de la subjectivité et de la vérité ; au XVIIe siècle, la folie est exilée, exclue du discours de la raison. « Si l'*homme* peut toujours être fou, la *pensée* comme exercice de la personnalité d'un sujet qui se met en devoir de percevoir le vrai, ne peut pas être insensée[15]. » Cette idée selon laquelle la folie, bannie du discours et de la hantise, n'est pas une étape du doute, est d'ailleurs controversée par J. Derrida qui voit dans l'argument du rêve une « exaspération hyperbolique de l'univers de la folie[16] », hypothèse que Descartes — au lieu de l'exclure — adopterait d'une façon plus claire pour un éventuel interlocuteur vulgaire, étant donné, selon Derrida, le caractère du sommeil et du rêve pris comme « expérience plus commune, plus universelle aussi que celle de la folie[17] ». Or, comme le montre Foucault, la folie ne saurait être ni partielle ni épisodique pour Descartes ; de plus, ce qui offre un intérêt dans le choix du rêve, plutôt que de la folie, c'est son caractère démonstratif et accessible en tant qu'exercice (point important pour accomplir l'opération de la méditation qui est effectivement à la fois système et exercice). La Méditation ne table pas sur les privilèges du rêve sur la folie, comme l'avance Derrida, qui voit que le « dormeur et le rêveur sont plus fous que le fou[18] ». Il semble, bien au contraire, que l'épreuve du rêve, nécessitant le vocabulaire de la mémoire, me permette de comparer le rêve à la veille et de n'y voir qu'une différence peu convaincante, puisque la clarté et la distinction peuvent appartenir à la fois au rêve et à la veille ; l'épreuve de la folie n'a pas réellement lieu : je ne puis « me prendre pour un fou qui se prend pour un roi ». La différence n'est pas éprouvée mais constatée seulement (« mais quoi, ce sont des fous »). L'épreuve de la folie manque parce qu'il serait extravagant de la tenter ou même de vouloir la tenter. Ainsi, « ce serait fou de vouloir faire le fou (et j'y renonce) ; mais c'est avoir déjà l'impression de dormir que de penser au songe (et c'est ce que je vais méditer)[19] ». Il y a bel et bien, comme le souligne Foucault, rejet de l'épreuve de la folie, car celle-ci impliquerait la disqualification du sujet. L'argumentation de Foucault établit que « la folie est exclue par le sujet qui doute pour pouvoir se qualifier comme sujet doutant[20] ». Un certain jeu de différences textuelles (avec disposition et opposition de paragraphes) ainsi que de différences événementielles au sein de la Méditation constituent un système de différences qui articulent le discours cartésien et dans lequel la différence rêve-folie est à la base de toutes les autres différences en tant qu'elle se réfère « moins à l'organisation signifiante du texte qu'à la série des événements (actes, effets, qualifications) que porte avec elle la pratique discursive de la méditation : il s'agit des modifications du sujet par l'exercice même du discours[21] ». Le tissu du discours méditatif est lui-même fait d'opérations produites par le discours sur le sujet : le *système* des propositions est parcouru par le lecteur et par là celui-ci subit un ensemble de modifications qui forment l'*exercice* même de la méditation. L'exemple de la folie et l'épreuve du rêve répondent à la question de la possibilité de la méditation raisonnable. Descartes ne peut même un instant feindre la folie. La recherche de la vérité doit se tenir loin de la folie qui la nierait. Folie et vérité sont des antithèses réelles. Telle n'est pas la thèse des interprètes « classiques » de l'exemple de la folie, thèse moins liée à une « erreur » qu'à une disposition fondamentale de l'interprétation, à une disposition née d'un « système » culturel. Et la conclusion de Foucault nous fait mesurer l'espace de sa méthodologie : située bien au-delà de toute métaphysique, dans l'appréhension des pratiques effectives œuvrant au sein du texte : « J'irai beaucoup plus loin : je dirai que c'est une petite pédagogie historiquement bien déterminée qui, de manière très visible, se manifeste. Pédagogie qui enseigne à l'élève qu'il n'y a rien hors du texte, mais qu'en lui, en ses interstices, dans ses blancs et ses non-dits, règne la réserve de l'origine ; qu'il n'est donc point nécessaire d'aller chercher ailleurs, mais qu'ici même, non point dans les mots certes, mais dans les mots comme rature, dans leur *grille*, se dit "le sens de l'être". Pédagogie qui inversement donne à la voix des maîtres cette souveraineté sans limite qui lui permet indéfiniment de redire le texte[22]. »

Cette mise au point théorique éclaire le caractère éthique (idéologique) de l'option de la folie dans la pratique discursive de l'âge classique (« Toute folie cache une option, comme toute raison un choix librement accompli[23] »), en même temps qu'elle met en évidence la différenciation dans l'opération de la pratique discursive d'un autre âge appréhendant la pratique discursive de l'âge classique. Déjà deux pratiques concernant la folie opposent Montaigne et Descartes, et entre lesquelles est intervenu l'avènement d'une *ratio*, non seulement celle des textes cartésiens mais encore celle des institutions d'internement ; qu'on se rappelle ce néant d'où procède l'erreur dans le *cogito*, enclave dans l'exercice de la raison officiant au service de la vérité ; de même la société a ouvert les enclaves nécessaires pour y précipiter tout ce qui risque de la nier sous une forme ou sous une autre, à commencer les pauvres desquels relèvent encore à l'époque les « fous » : « On sait bien que le XVIIe siècle a créé de vastes maisons d'internement ; on sait mal que plus d'un habitant sur cent de la ville de Paris s'y est trouvé, en quelques mois, enfermé... On sait que les fous, pendant un siècle et demi, ont été mis au régime de cet internement, et qu'un jour on les découvrira dans les salles de l'Hôpital général, dans les cachots des maisons de force ; on s'apercevra qu'ils étaient mêlés à la population des *Workhouses* ou *Zuchthaüsern*[24]. » L'enclave institutionnelle englobe dans la même catégorie les pauvres, les chômeurs, les correctionnaires, les insensés. Sans doute, du point de vue de la *ratio* prévalente ont-ils la même signification politique et sociale, donc un statut indistinct. Pour récupérer l'irrécupérable, la force de la loi va *interdire* la pauvreté, la mendicité, l'oisiveté ; l'édit du roi du moi d'avril 1657 est à ce sujet précis :

« ... Voulons et ordonnons que les pauvres mendiants, valides et invalides, de l'un et de l'autre sexe, soient enfermés dans un hôpital pour être employés aux ouvrages, manufactures et autres travaux, selon leur pouvoir... Et pour enfermer les pauvres qui seront de qualité d'être enfermés, suivant le règlement, nous avons donné et donnons par ces présentes, la Maison et l'Hôpital tant de la grande que de la petite Pitié, que du Refuge, sis au fauxbourg Saint-Victor, la Maison et l'hôpital de Scipion, et la Maison de la Savonnerie..., les Maisons et Emplacements de Bicêtre[25]... »

Les peines sont prévues :

« Pourront les Directeurs ordonner tous les châtiments et peines publiques ou particulières dans le dit Hôpital général et lieux qui en dépendent en cas de contravention à l'ordre qui leur aura été donné ou aux choses qui leur ont été commises, même en cas de désobéissance, insolence ou autres scandales, les chasser avec défense de mendier[26]... »

La dernière implique en outre l'issue éventuelle de la mort, plus explicite en 1765 dans un premier projet de réforme de l'hospitalité :

« On renferme seul le personnage qu'il s'agit d'accoutumer au travail dans un réduit que des canaux inondent de manière à le noyer, s'il ne tourne pas sans cesse la manivelle de la pompe. On ne lui donne qu'autant d'eau et d'heures d'exercice que ses forces le comportent les premiers jours ; mais on augmente toujours par gradation. — Voilà le premier travail que nous infligeons aux coupables renfermés dans notre maison de correction. Il est tout simple qu'ils s'ennuient de tourner ainsi continuellement et d'être seuls occupés si laborieusement ; sachant qu'ils pourront bêcher la terre de l'enclos en compagnie, ils désireront qu'on leur permette de labourer comme les autres. C'est une grâce qu'on leur accordera plus tôt ou plus tard suivant leurs fautes et leurs dispositions actuelles[27]. »

Ces textes, que publie Michel Foucault, sont éloquents. Nous sommes loin ici de toute idée médicale, absente aussi dans l'Hôpital général qui n'est qu'une « instance de l'ordre, de l'ordre monarchique et bourgeois qui s'organise en France à cette même époque[28] ». Bientôt, cette structure s'étend à toute la France par un édit du roi daté du 16 juin 1676. Elle est d'ailleurs un fait européen à l'âge classique : « Les grands hospices, les maisons d'internement, œuvres de religion et d'ordre public, de secours et de punition, de charité et de prévoyance gouvernementale, sont un fait de l'âge classique[29]. » Toutes ces pages de l'*Histoire de la folie* auxquelles nous nous référons montrent pertinemment l'ancrage matériel des pratiques discursives et leurs corollaires politiques et religieux. L'internement, c'est manifeste, a d'emblée une cause économique : des individus sont laissés pour compte, inemployés dans la société sur laquelle ils pèsent comme une charge, non seulement économique, mais encore morale : ils sont ressentis par le bourgeois moyen comme la cause du désordre public, comme une source de vice, directement à l'origine des fléaux sociaux. Le XVIIe siècle, soucieux de l'ordre, ne peut contribuer à l'établir, ou le maintenir, qu'en faisant disparaître, en ôtant de la vue ces êtres de toute sorte, ces déchets que la société incrimine. Telle est la solution qu'apporte le XVIIe siècle « à une crise économique qui affecte le monde occidental dans son entier : baisse des salaires, chômage, raréfaction de la monnaie[30] ». On voit ici — du moins on les devine — les infrastructures à l'œuvre : la matérialité évoquée et invoquée par Foucault. Ces maisons de charité ne sont pas dénuées d'une signification directement économique : ce sont des lieux de travail obligatoire au service de la société ; elles sont doublées d'une valeur éthique : le travail était considéré comme un remède à la pauvreté, non du fait de sa puissance productrice, mais selon sa transcendance éthique du point de vue de l'individu que l'on y oblige. Mais ce qui est plus proprement visé, dans ce rapport éthique, c'est moins la folie que la déraison, catégorie sous laquelle se regroupaient toutes les conduites condamnées « formant une sorte de halo de culpabilité autour de la folie[31] ».

L'institution de l'Hôpital général, avec les pratiques discursives qui l'entourent, pour être la réponse à une crise économique n'en est pas moins aussi la résultante d'un ensemble d'autres pratiques discursives, elles-mêmes directement liées à des institutions explicitées ; l'internement spécifiquement psychiatrique est antérieur à l'internement hétérogène de l'Hôpital général ; toute une jurisprudence chrétienne concernait déjà la compétence médicale en matière d'aliénation mentale. En ce qui touche l'institution du renfermement aussi bien qu'en celle des textes, il y a donc une remise en question de l'être de la folie. La *décision* d'internement n'est pas un acte médical, mais un acte juridique. Le *fait* même de la folie est déterminé, non pas par la science médicale, mais par « une conscience susceptible de scandale[32] ». D'un côté nous sommes en présence d'une théorie juridique de la folie, de l'autre d'une pratique médicale :

« A prendre les choses au niveau du résultat, il semble qu'on ait seulement un décalage entre une théorie juridique de la folie, assez élaborée pour en discerner, avec l'aide de la médecine, les limites et les formes ; et une pratique sociale, policière presque, qui l'appréhende d'une manière massive, utilise les formes d'internement qui ont été préparées déjà pour la répression, et néglige de suivre dans leurs subtilités des distinctions qui sont ménagées pour et par l'arbitrage judiciaire[33]. »

Il s'agit en fait du décalage entre deux mondes tout à fait différents : la conscience juridique de la folie dépend de la tradition du droit canon et des survivances du droit romain, la pratique de l'internement d'un tout autre horizon. Il semble donc qu'il y ait deux niveaux d'élaboration de la médecine : d'un côté, elle met sur pied une psychologie mêlant de façon indécise « une analyse philosophique des facultés et une analyse juridique de la capacité à contracter et à s'obliger[34] » ; d'un autre côté, elle met sur pied une pathologie dualiste (sur la dualité *normal/anormal*) apte à la conclusion « bon à interner ». C'est pourquoi l'homme social doit coïncider désormais avec le « sujet de droit », identité rendue possible par la philosophie politique des *Lumières* : tel sera l'héritage de la médecine positiviste du XIXe siècle. Le sujet juridiquement capable sera l'unité mythique grâce à laquelle la maladie mentale va pouvoir se constituer : « et ceci sous l'effet de la pensée politique et morale du XVIIIe siècle[35] ». Pour Foucault, Pinel réconciliera la conscience partagée du XVIIIe siècle. Le fou sera accepté comme être humain dans la mesure où l'homme aliéné sera reconnu comme incapable juridiquement et en outre comme fou : cette distinction est celle de deux expériences juxtaposées par l'âge classique et qui viennent se superposer, l'expérience sociale, « normative et dichotomique », et l'expérience juridique, « qualitative, finement différenciée, sensible aux questions de limites et de degrés, et qui cherche dans tous les domaines de l'activité du sujet, les visages polymorphes que peut prendre l'aliénation[36] ». Ainsi « fou » n'est pas l'individu atteint de maladie par rapport à l'homme « sain », ni l'individu dégénéré par rapport à la nature, mais « fou » n'est autre que l'individu « situé au point de rencontre entre le décret social de l'internement et la connaissance juridique qui discerne la capacité des sujets de droit[37] ». Tel demeurera le fondement juridico-social de notre psychopathologie.

Aussi, même jusqu'à la fin du XVIIIe siècle, « fou » sera-t-il synonyme de « bête malfaisante » ; le fou aura l'apanage de l'animalité et de la malfaisance et, de ce fait, il ne pourra être traité comme les autres malades, il ne sera pas vu comme malade, l'animalité étant prise comme une garantie de solidité, d'insensibilité, d'invulnérabilité. A l'âge classique, le fou n'est pas un malade ; seuls lui conviennent, selon l'opinion autorisée, dressage et abêtissement :

« Pinel cite le cas d'un "établissement monastique très renommé, dans une des parties méridionales de la France", où l'insensé extravagant se voyait intimer "l'ordre précis de changer" ; refusait-il de se coucher ou de manger, on "le prévenait que son obstination dans ses écarts serait punie le lendemain de dix coups de nerf de bœuf"[38]. »

La folie paraît douée d'une animalité échappant aux lois de la nature et prenant les « mille formes d'un bestiaire[39] ». Cette véritable hantise persistera malgré l'effort vers une zoologie positive, elle donnera de l'animal l'image de la négativité, de la contre-nature, jusqu'au moment où l'homme put se reconnaître comme être naturel et reconnaître en lui-même l'animalité comme forme positive de l'évolution. Entre-temps, ce que l'on combat et veut éviter, c'est « l'immoralité du déraisonnable[40] ». L'homme est enserré entre deux limites : dans le temps, celle de la mort ; dans l'animalité, celle de la folie. Et pour les chrétiens, comme la mort, elle est le lieu d'un enseignement selon lequel « il n'y a rien d'inhumain en l'homme qui ne puisse être racheté et sauvé[41] ». Terme extrême de la déraison, la folie ne se révélera pathologique que sous l'effet d'une confiscation, nullement de par son essence. Tant que le fou est confondu dans la population des hospices, sa présence témoigne d'un aveu même de la raison dans l'acte de condamnation de la déraison : la croyance en la menace permanente de la déraison. Éthique de la déraison et scandale de l'animalité, telles sont les présences, déplacées ou déformées, qui animent cependant encore la psychiatrie positive du XIXe siècle aussi bien que la nôtre : Michel Foucault démêle les constantes même oblitérées d'une culture fidèle à sa tradition, qu'elle en ait conscience ou non.

Pour que la folie devienne maladie, il faudra qu'elle manifeste à l'observation l'identité d'« une nature qui est la totalité de la raison présente en chacun de ses éléments[42] » ; il faudra que Linné, entre autres, puisse affirmer que « les symptômes sont à l'égard des maladies ce que les feuilles et les supports *(fulcra)* sont à l'égard des choses[43] ». Les classifications classiques obéiront à un certain nombre de nécessités : la détermination d'abord de la forme de la maladie d'après la totalité de la forme des autres maladies, la détermination ensuite de la maladie elle-même « dans ses figures diverses, et non par des déterminations externes[44] ». En dernier ressort, la maladie doit pouvoir « se reconnaître de façon certaine à partir de ses propres manifestations[45] ». Or, en ce qui concerne la folie, la nécessité de classer d'après les signes visibles n'est guère respectée à un moment ou à un autre de la classification : la folie échappe à l'ordre logique, incapable qu'elle est de témoigner de sa propre vérité, toujours secourue par l'allusion morale ou physique. Tel est l'obstacle épistémologique prédominant auquel s'en ajoutent d'autres, liés également à des pratiques concourantes. Cette naissance du regard médical n'a de comparable en sa lenteur que l'assurance du jugement juridique d'incapacité ou la netteté du jugement social d'internement. Le fou séparé de sa folie par la déraison n'en reprendra possession que dans l'usage d'une quasi-raison que l'on concédera à la vérité de sa folie : sous l'espèce de ce qu'on lui reconnaîtra de causes, prochaines ou lointaines, la passion figurant parmi les dernières, supposée avant et après Descartes « être la surface de contact entre le corps et l'âme[46] ». A partir de là, on pensera que « la possibilité de la folie est offerte dans le fait même de la passion[47] » ; celle-ci demeure la porte ouverte à la folie dans le monde de la raison. Preuve de l'unité de l'âme et du corps, la folie met cette unité en péril. Elle est le discours délirant et comporte le langage comme structure première et dernière, en même temps qu'elle prend, d'après les analyses de Zacchias évoquées par Foucault, dans le rêve sa nature première, mais le rêve « comme figure complexe de l'image et du sommeil[48] ». Finalement, la folie est un rien qui se manifeste paradoxalement en paroles, en signes et en gestes. Ce rien que l'on ne voit, cette cécité est elle-même combattue par Descartes, exorcisée par Descartes par la vision lumineuse de la raison, par la « lumière naturelle ».

Les pratiques discursives dans un domaine médical justifient (et aussi entraînent) des pratiques curatives : ainsi les cures de la folie comportent-elles des idées thérapeutiques reliées à des pratiques discursives concernant la faiblesse de la folie (cure proposée : la *consolidation*), l'encombrement des viscères accompagné d'idées fausses (cure : la *purification*), mais aussi les pratiques discursives qui se sont référées à l'eau et à ses nombreux pouvoirs polyvalents ont autorisé la panacée de l'immersion et de la douche, pour réchauffer ou pour refroidir, pour purifier ou pour imprégner, pour équilibrer liquides et solides, pour humecter ou pour dessécher, pour confirmer ou pour infirmer. Enfin, contre le mouvement désordonné des fibres et des idées avec l'immobilisation des fibres et la stagnation des humeurs, la pratique médicale recommandée est la régulation des mouvements. Selon le discours reconnu, on mettra en vigueur la prescription pratique correspondante, elle-même sise dans un ensemble de pratiques, y compris la pratique discursive qui fait la permanence, quelles que soient les irrégularités, les ruptures qui le scandent et le réforment. Une interférence des pratiques noue le tissu des pronostics, des diagnostics, des cures prescrites. Mais parce que la folie rompt l'unité du corps et de l'esprit, on peut traiter l'esprit sans le corps, ou du moins en affirmant que le corps se modifie sous le traitement de l'esprit : les cures psychologiques aussi seront tentées dans le cas du délire, « double inanité du langage et de l'image[49] ». La pratique discursive se fait pratique curative par le réveil de ce sommeil : au lieu du cogito intérieur, le fer rouge de la brûlure destinée à freiner la convulsion, mais aussi la contrainte sociale, enfin et à la suite d'une intériorisation de ce *cogito* extérieur et de la spiritualisation corrélative : la remémoration de la mémoire oubliée. La pratique discursive et curative tout à la fois qu'est le théâtre n'exhortera pas à la raison, mais admettra la complicité de l'irréel, invitera à délirer dans la ligne du délire, à guérir l'illusion par l'illusion, collaborera à la crise. Enfin le discours fera que l'on se tourne vers la thérapeutique de l'absence de thérapeutique : la vie immédiate. La psychologie n'existe pas à l'âge classique mais les « amers » ne sont pas une médication purement physique : décapant le corps, c'est l'âme qu'on veut décaper. La psychologie naîtra lorsque la folie, détachée de la déraison, ne sera plus « qu'un phénomène à la dérive, *insignifiant*[50] ». C'est pour Michel Foucault, le règne positiviste de Janet, tandis que celui de Freud sera sanctionné par un retour au *langage*, à l'insertion du discours délirant dans le dialogue, dans la pratique discursive médicale. « Ce n'est point de psychologie qu'il s'agit dans la psychanalyse : mais précisément d'une expérience de la déraison que la psychologie dans le monde moderne a eu pour sens de masquer[51]. »

La folie détachée de la raison, toujours opposée à la nature, sera au XIXe siècle parente de l'histoire : passage par l'histoire que Michel Foucault exhume de l'oubli. Au lieu de communiquer avec la folie par l'erreur, ce qui est le propre de l'âge classique, à la fin du XVIIIe siècle, une nouvelle expérience est innovée ; ce n'est pas *la* vérité que l'homme perd dans la folie, mais bien *sa* vérité. A partir de 1770, l'internement comme pratique est en voie de récession, en même temps que la notion de pauvreté se révèle sans contenu concret : il y a la pauvreté comme « raréfaction des denrées et de l'argent, situation économique liée à l'état du commerce, de l'agriculture, de l'industrie[52] ». Il y a en face de la pauvreté ainsi la population : « non pas élément passif soumis aux fluctuations de la richesse mais force qui fait partie, et directement, de la situation économique du mouvement producteur de richesse, puisque c'est le travail de l'homme qui la crée, ou, du moins, la transmet, la déplace et la multiplie[53] ». L'internement apparaît comme une erreur, comme une faute économique grave : doublement, en supprimant une part de la population, richesse ellemême, et en se livrant à un financement dangereux immobilisant une partie du capital foncier avec la diminution relative de la part active et l'accroissement consécutif de la pauvreté. Dans ce changement de perspective, la folie va se trouver cernée, esseulée, vouée soit à la prison, soit à l'hôpital, soit à l'assistance familiale, selon l'embarras du législateur. L'internement médical va faire son apparition avec Tenon et Cabanis qui « supposent [...] que cette semi-liberté, cette liberté en cage aura valeur thérapeutique[54] ». C'est précisément la valeur thérapeutique de l'internement qui, s'imposant, a ainsi modifié et réajusté tous les gestes sociaux et politiques, tous les rites imaginaires et moraux de l'ancienne conjuration. Tout d'abord ce n'est plus au bénéfice de la raison ni à celui de l'ordre qu'est envisagée la définition de la folie, mais au nom des droits de l'individu : « Avec Cabanis, la liberté est devenue pour l'homme une nature[55]. » L'internement n'est alors que la traduction en termes juridiques de l'abolition d'une liberté déjà perdue psychologiquement, perte dûment attestée par un médecin. Un nouveau partage de la folie, celle de la perversion, inexcusable, mais celle aussi « projetée vers un héroïsme qui forme l'image renversée, mais complémentaire, des valeurs bourgeoises[56] ». Les formes de libération de la folie par les structures de protection, les unes et les autres ne constituent qu'un seul et même geste par lequel « la folie est offerte à la connaissance dans une structure qui est, d'entrée de jeu, aliénante[57] » :

1. la suppression de l'internement global offre la possibilité d'un lieu privilégié de la folie : l'asile ;

2. l'asile constitué selon le but médical capte la folie dans un espace dit de guérison ;

3. le droit d'expression de la folie élabore autour d'elle un sujet absolu qui fait d'elle un pur objet ;

4. la folie intervient dans le sujet psychologique comme vérité de la passion, de la violence et du crime, valeurs de la mauvaise conscience ;

5. le rôle de vérité psychologique fait de la folie un déterminisme irresponsable soumis au jugement moral dichotomique.

Peu à peu, les discours sur la folie permettent le dialogue du malade et du médecin. Le silence autour du fou avait permis le discours de la raison sur la folie ; celui-ci se dédouble en théorie et pratique, la pratique devançant la théorie : déjà, avec Pinel et Tuke, le personnage médical intervient dans l'asile comme garantie juridique et morale, non comme *homo medicus*. « Si le personnage médical peut cerner la folie, ce n'est pas qu'il la connaisse, c'est qu'il la maîtrise[58]. » En même temps que la connaissance de la maladie mentale prend un sens de positivité, se découvre dans la pratique médicale une efficience toute personnelle, presque miraculeuse, comme le prouve le cas de cette jeune fille qui, après un premier aveu de ses torts, guérit facilement grâce au dialogue avec lequel opèrent « les secrets de la Famille, de l'Autorité, de la Punition et de l'Amour[59] ». D'un côté, il y a les formes vides de la pensée positiviste, de l'autre une réalité concrète dans laquelle se nouent et se dénouent les aliénations : le couple médecin-malade. Michel Foucault scande ainsi cette convergence réelle de la psychiatrie vers la psychanalyse, vers Freud, « le premier qui ait accepté dans son sérieux la réalité du couple médecin-malade, qui ait consenti à n'en détacher ni ses regards ni sa recherche, qui n'ait pas cherché à la masquer dans une théorie psychiatrique tant bien que mal harmonisée au reste de la connaissance médicale ; le premier qui en ait suivi en toute rigueur les conséquences. Freud a démystifié toutes les autres structures asilaires : il a aboli le silence et le regard, il a effacé la reconnaissance de la folie par elle-même dans le miroir de son propre spectacle, il a fait taire les instances de la condamnation[60] ». Michel Foucault exprime ainsi son admiration pour le principe de la révolution psychanalytique.

2. *Les énoncés et leur archive*

La prise de mesure « des mutations qui s'opèrent en général dans le domaine de l'histoire[61] », mise en œuvre dans *Les Mots et les Choses* et dans l'*Histoire de la folie*, y a confondu les anciennes unités, les références obligées de la continuité traditionnelle, en dénonçant les fausses attitudes épistémologiques, en mettant le soupçon sur les pratiques du partage de la raison et de la folie dans l'histoire. Ni le refus du recours au « même », au familier, au transmis, au communiqué, au ressemblant, au répété, à l'organisé du successif et du développé, au cohérent de la « mentalité », à la synthèse *donnée*, ni même le refus du crédit aux découpages reçus des genres et des formes comme des disciplines, des « œuvres » comme des « auteurs », des discours manifestes comme des discours occultés, ni l'un ni l'autre refus n'invitent à l'option directement opposée par principe : il ne s'agit pas d'opter pour la *discontinuité* impliquée dans la *continuité* ancienne ni pour l'*objet* impliqué dans le *sujet* ancien, ni pour le parti pris de la raison ni pour celui de la déraison, ni pour celui de la limite ou de l'absence de limite, ni pour celui de la mesure ou de la démesure. Aussi bien le point de repère du discours de l'archéologie sera-t-il essentiellement mobile ; mais il devra momentanément se confondre avec certaines *unités données*, pour les déborder en les rebordant, pour les déformer en les reformant :

« Certes, je prendrai pour repère initial des unités toutes données (comme la psychopathologie, ou la médecine, ou l'économie politique) ; mais je ne me placerai pas à l'intérieur de ces unités douteuses pour en étudier la configuration interne ou les secrètes contradictions. Je ne m'appuierai sur elles que le temps de me demander quelles unités elles forment ; de quel droit elles peuvent revendiquer un domaine qui les spécifie dans l'espace et une continuité qui les individualise dans le temps ; selon quelles lois elles se forment ; sur fond de quels événements discursifs elles se découpent ; et si finalement elles ne sont pas, dans leur individualité acceptée et quasi institutionnelles, l'effet de surfaces d'unités plus consistantes[62]. »

On le voit, ce projet visant « une *description pure des événements discursifs* comme horizon pour la recherche des unités qui s'y forment[63] », écrit au futur, et bien qu'il soit explicité *a posteriori* dans *L'Archéologie du savoir*, concerne rétrospectivement les travaux antérieurs déjà cités tout comme *Naissance de la clinique*, tant il est vrai — et aussi bien chez Descartes — que, tout comme Nietzsche par ailleurs l'affirme, les méthodes viennent à la fin : la méthode archéologique, déjà mise en pratique dans les travaux antérieurs, semble, dans *L'Archéologie du savoir*, concerner des travaux futurs parce qu'elle se pose dans la différence relative à ce qui a été fait dans l'*Histoire de la folie, Naissance de la clinique, Les Mots et les Choses*, tout en permettant la reconnaissance d'une dépendance implicite de ces entreprises par rapport à *L'Archéologie du savoir* et à la méthode archéologique qu'elle spécifie.

Cet effacement des unités données, explicité dans la méthode, a pour fin la mise au jour d'*énoncés effectifs, dispersés* dans leur apparence restituée d'*événements*, sur fond d'instance particulière. Cette méthode descriptive des énoncés, événements au sein d'un champ circonscrit, vise à faire jaillir le tissu des relations qui articulent ces énoncés, le système de répartition qui maintient la coexistence d'énoncés hétérogènes, le lien du chevauchement qui rend possible la « découverte » ; la description archéologique vise en dernier ressort à produire la loi d'émergence des concepts, éloignés du terrain systématique et déductif, reprise dans leurs racines que sont les énoncés, en tant qu'ils sont des formations sérielles ou successives, des schèmes généralisateurs, des systèmes de dépendance dont la dépendance n'est pas purement rationnelle, des combinaisons selon des schémas rhétoriques. La délimitation d'un champ de présence des énoncés enveloppant les vérités admises et comme allant de soi dans un discours et celle d'un champ de concomitance réservé aux énoncés d'un discours autre mais actif dans les énoncés analysés, l'une et l'autre délimitations imposent la nécessité de respecter la coexistence réelle d'énoncés coopérants. Aussi bien le « discours » est-ce pour Foucault le regroupement d'un certain nombre de sens : tantôt domaine de tous les énoncés, tantôt groupe d'énoncés, tantôt pratique rendant compte d'un nombre d'énoncés. Quant à l'énoncé lui-même, qu'est-il ? « Au premier regard l'énoncé apparaît comme un élément dernier indécomposable, susceptible d'être isolé en lui-même et capable d'entrer dans un jeu de relations avec d'autres éléments semblables à lui[64]. » L'énoncé est donc ce à partir de quoi l'archéologie sera possible en tant qu'il est l'élément constitutif : « l'atome du discours[65] ». Toutefois, aucun modèle grammatical ni logique ne nous donnera l'énoncé : « La langue n'existe qu'à titre de système de construction pour des énoncés possibles[66]. » Composé de signes, l'énoncé n'existe pourtant pas sur le mode de la langue ; doué de matérialité spatio-temporelle, l'énoncé n'existe pas davantage sur le mode des objets. Ni élément au sein d'autres éléments, ni découpe octroyée par un repère, il est plutôt « une fonction qui s'exerce verticalement par rapport à ces diverses unités, et qui permet de dire, à propos d'une série de signes, si elles y sont présentes ou non[67] ». Non pas une structure de relation mais une fonction d'existence de signes dont on décide qu'ils ont ou n'ont pas un sens, l'énoncé ne bénéficie donc pas de critères structuraux d'unité car il n'est pas en lui-même une unité.

La fonction de l'énoncé — puisqu'il est essentiellement fonction — n'est pas de faire apparaître un référent ni un sens — ce en quoi on aurait tort de critiquer l'entreprise archéologique (même s'il y a par ailleurs une infrastructure). Elle est pourtant la mise en rapport avec ce qu'on peut appeler le corrélat de l'énoncé, « par exemple un domaine d'objets matériels possédant un certain nombre de propriétés physiques constatables, des relations de grandeur perceptible, — ou au contraire ce sera un domaine d'objets fictifs, dotés de propriétés arbitraires (même si elles ont une certaine constance et une certaine cohérence), sans instance de vérifications expérimentales ou perceptives ; ce sera un domaine de localisations spatiales et géographiques, avec des coordonnées, des distances, des relations de voisinage et d'inclusion — ou au contraire un domaine d'appartenances symboliques et de parentés secrètes[68] ». Le « référentiel » de l'énoncé est généralement un ensemble de lois, de règles, c'est le lieu ou la condition, le champ d'où procède l'émergence, l'instance permettant la différenciation de tout ce que met en jeu l'énoncé. L'analyse requise est celle « des rapports entre l'énoncé et les espaces de différenciation, où il fait lui-même apparaître les différences[69] » ; aussi l'analyse de la formulation de l'énoncé ne peut-elle — en ce qui concerne son auteur — que viser à déterminer « quelle est la position que peut et doit occuper tout individu pour en être le sujet[70] ». Ce qui implique l'existence d'un domaine associé : l'énoncé est plus qu'un assemblage de signes, relié à un support matériel, il suppose des définitions, des règles, des conventions d'écriture : dire une phrase ne suffit pas, « il ne suffit même pas de la dire dans un rapport déterminé à un champ d'objets ou dans un rapport déterminé à un sujet, pour qu'il y ait énoncé — pour qu'il s'agisse d'un énoncé : il faut la mettre en rapport avec tout un champ adjacent[71] », un espace collatéral peuplé d'autres énoncés. Cette trame complexe qui forme le champ associé est constituée par la série des autres formulations au sein desquelles l'énoncé forme un élément, « par l'ensemble des formulations auxquelles l'énoncé se réfère[72] », « par l'ensemble des formulations dont l'énoncé ménage la possibilité ultérieure, et qui peuvent venir après lui comme sa conséquence, ou sa suite naturelle, ou sa réplique[73] », par l'ensemble des formulations parentes ou connexes parmi lesquelles l'énoncé prend place et avec lesquelles il disparaîtra ou, au contraire, sera valorisé et conservé, objet toujours possible d'un possible discours. Ni projection linguistique d'une situation déterminée, ni simple mise en œuvre d'éléments et de règles linguistiques, l'énoncé est toujours spécifié dans une série ou un ensemble où il occupe une fonction dans un champ de coexistences. A toutes ces conditions d'existence, il faut reconnaître à l'énoncé une existence matérielle : la voix qui l'a articulé, la surface qui en porte les signes, l'élément sensible dans lequel il a pris corps, la mémoire ou l'espace dans lesquels il a laissé quelque trace : cette trace, cette voix, cette preuve sensible, cette matérialité constituent l'énoncé pour une part : « Composée des mêmes mots, chargée exactement du même sens, maintenue dans son identité syntaxique et sémantique, une phrase ne constitue pas le même énoncé, si elle est articulée par quelqu'un au cours d'une conversation, ou imprimée dans un roman ;

si elle a été écrite un jour, il y a des siècles, et si elle réapparaît maintenant dans une formulation orale[74]. »

Cet énoncé, à la matérialité répétable, est finalement un objet produit comme tous les objets que les hommes produisent, font circuler, détruisent ; loin de le voir comme un « atome », il faut le penser comme une fonction énonciative auquel un champ d'exercice est requis. Décrire cet énoncé, ce n'est pas l'isoler ni caractériser un segment horizontal ; c'est « définir les conditions dans lesquelles s'est exercée la fonction qui a donné une série de signes (celle-ci n'étant pas forcément grammaticale ni logiquement structurée) une existence, et une existence spécifique[75] ». Rapport non immédiatement visible à un domaine d'objets, résultat d'une opération, l'énoncé reste non caché puisqu'il manifeste « les modalités d'existence propres à un ensemble de signes effectivement produits[76] ». L'analyse énonciative est historique, non herméneutique, ne révélant pas le sens caché des choses dites mais le mode sur lequel elles existent, le sens même de leur manifestation, de leur réalité de traces et peut-être aussi de leur réutilisation éventuelle. L'analyse donne la raison nécessaire et suffisante de l'apparition des choses dites. Cependant, le *non-dit* peut apparaître grâce à des modalités diverses : « Il peut en effet y avoir — et il y a sans doute toujours, dans les conditions d'existence des énoncés, des exclusions, des limites ou des lacunes qui découpent leur référentiel, valident une seule série de modalités, cernent et referment des groupes de coexistence, empêchent certaines formes d'utilisation[77]. » Car ce que le langage *dit*, c'est l'autre de son existence et ce qu'il faut prendre en considération, c'est cette existence elle-même ; « interroger le langage, non pas dans la direction à laquelle il renvoie, mais dans la dimension qui le donne ; négliger le pouvoir qu'il a de désigner, de nommer, de montrer, de faire apparaître, d'être le lieu du sens ou de la vérité, et s'attarder en revanche sur le moment — aussitôt solidifié, aussitôt pris dans le jeu du signifiant et du signifié — qui détermine son existence singulière et limitée[78] ». Le signifié et le signifiant étant rendus muets, apparaît le *fait qu'il y a du langage* : formulations en rapport avec d'autres formulations. L'objet qu'est ainsi devenu le langage peut être décrit et analysé dans un « donné » énonciatif, langage à la limite du langage : « dans l'instance de son apparition et de son mode d'être[79] ». A partir de la discontinuité dans le discours et de la singularité de l'énoncé, se libère un domaine cohérent de description possible, s'établit donc une possibilité : celle de la description de l'énoncé, dont le niveau énonciatif est mis en jeu par la formation discursive, c'est-à-dire « le système énonciatif général auquel obéit un groupe de performances verbales[80] ». L'analyse de la formation discursive a lieu là où s'exerce la fonction énonciative : dans la formation des objets, dans la formation des choix stratégiques. L'énoncé appartient donc à une formation discursive, l'analyse du premier et l'analyse de la seconde sont donc en corrélation l'une avec l'autre car le discours n'est autre qu'« un ensemble d'énoncés en tant qu'ils relèvent de la même formation discursive ; il ne forme pas une unité rhétorique ou formelle, indéfiniment répétable et dont on pourrait signaler (et expliquer le cas échéant) l'apparition ou l'utilisation dans l'histoire ; il est constitué d'un nombre limité d'énoncés pour lesquels on peut définir un ensemble de conditions d'existence[81] ». L'historicité du discours prouve son unité, sa discontinuité, ses limites et ses coupures, la spécificité de ses modes temporelles, et pose le problème de ses transformations éventuelles. Quant à la « pratique discursive », elle se présente maintenant comme « ensemble de règles anonymes, historiques, toujours déterminées dans le temps et l'espace qui ont défini, à une époque donnée, et pour une aire sociale, économique, géographique ou linguistique donnée, les conditions d'exercice de la fonction énonciative[82] ».

L'analyse des énoncés et des formations discursives a pour fin de déterminer « le principe selon lequel ont pu apparaître les seuls ensembles signifiants qui ont été énoncés[83] ». La loi de rareté qu'elle cherche à établir suppose que « *tout* n'est jamais dit » et que si le champ des formulations possibles d'une langue n'est pas rempli, il y a à cela des raisons qu'elle met à découvert : le discours se forme selon une scansion d'enchevêtrement d'autres discours et selon une vacuité du champ linguistique : « répartition de lacunes, de vides, d'absences, de limites, de découpes[84] ». Ces énoncés sont donc pris dans leur positivité, non comme des éléments substitués à d'autres qui auraient dû être dits mais qui ne l'auraient pas été selon une loi tacite. On peut donc affirmer que le domaine énonciatif reste tout entier à la surface. La positivité qui leur est propre fait des énoncés des *choses* que l'on transmet et que l'on conserve, des *choses* qui ont une valeur et dont on recherche la possession ; et ces choses on les répète, on les reproduit, on les transforme ; on leur ménage des circuits préétablis ; on leur donne statut dans l'institution ; on les dédouble par la copie et la traduction, par l'exégèse et le commentaire. Positivité tout extérieure, l'énoncé se trouve restitué, par l'analyse énonciative, à sa pure dispersion, sans aucun renvoi à quelque intériorité, sans aucun rapport à quelque permanence au-delà de la discontinuité qui lui est propre, sans présupposition d'une subjectivité souveraine, sans référence à un cogito. Caractérisé par la rémanence (il est conservé), par l'additivité spécifique (il se compose selon une manière spécifique), par la récurrence (il est situé dans un champ d'éléments), l'énoncé est investi dans des techniques qui l'appliquent, il ne s'additionne pas selon la même répartition, il peut réorganiser les éléments du champ par rapport auquel il est situé. La description de l'énoncé équivaut à l'établissement d'une positivité, celle-ci joue le rôle d'un *a priori historique* ; l'*a priori* en question est « condition de réalité pour des énoncés[85] », il se distingue totalement de l'*a priori* formel. L'*a priori* historique est ce qui articule le domaine des énoncés que caractérisent les types de positivité et que scandent les formations discursives. Événements et choses tout à la fois, les systèmes d'énoncés (l'archive) ont pour condition « la loi de ce qui peut être dit[86] » ; ils relèvent d'un système d'énonciabilité, d'un système de fonctionnement, d'un système général de formation et de transformation. Le niveau ainsi défini est celui de l'*archive*, situé entre la *langue* définissant le système de construction des propositions et le *corpus* recueillant les données des paroles effectivement prononcées ; ce niveau particulier est « celui d'une pratique qui fait surgir une multiplicité d'énoncés comme autant d'événements réguliers, comme autant de choses offertes au traitement et à la manipulation[87] ». L'archive, nous déprenant de nos continuités, nous livre à notre diagnostic, celui-ci « établit que nous sommes différence, que notre raison c'est la différence des discours, notre histoire la différence des temps, notre moi la différence des masques[88] ».

Cette théorie générale des formations discursives et des énoncés telle qu'elle se dégage de *L'Archéologie du savoir* répond à la question de méthode posée par la préface de *Naissance de la clinique* :

« Quant au langage lui-même, à partir de quel moment, de quelle modification sémantique ou syntactique, peut-on reconnaître qu'il s'est mué en discours rationnel ? [...] Les feuillets "blanchâtres" et "rougeâtres" de Bayle sont-ils, pour un discours scientifique, de valeur différente, de solidité et d'objectivité plus denses que les lamelles racornies décrites par les médecins du XVIIIe siècle[89] ? »

L'interrogation développée dans cette page de *Naissance de la clinique* est de celles qui nécessiteront l'organisation de l'examen archéologique ; celui-ci est d'ailleurs déjà pressenti. La mutation de la production du discours ne peut se saisir que par l'examen, non des contenus thématiques ni des modalités logiques, mais celui d'une région où les « choses » et les « mots » encore confondus dans la pratique médicale appartiennent au même langage de la vision et de la parole. C'est ainsi que l'archéologie du regard médical et celle des énoncés sont unies dans la pratique médicale : la perception n'atteint que ce que la pratique discursive octroie d'observation possible. Il y a une « distribution originaire du visible et de l'invisible » qu'il faut appréhender, dont il faut discerner les lois, qu'il faut en un mot savoir *épier*. Cette application d'un type nouveau suppose une conversion particulière à l'endroit du langage lui-même qui doit se différencier à l'analyse et laisser apparaître « en une figure unique, l'articulation du langage médical et de son objet[90] ». Avant même la « théorie » qui, en fait, jaillira de la pratique archéologique, déjà Michel Foucault dit en quel lieu il doit se placer : « Au niveau de la *spatialisation* et de la *verbalisation* fondamentales du pathologique[91]. » On comprend comment les différentes démarches foucaldiennes s'articulent entre elles : avant même que soit possible l'*énoncé* de la théorie, des pratiques analytiques sont nécessaires, outre celle de *Naissance de la clinique*, celle du livre *Les Mots et les Choses*, rendue nécessaire par avance dans ce passage de la préface de *Naissance de la clinique* : « Pour Descartes et Malebranche, voir c'était percevoir (et jusque sous les espèces les plus concrètes de l'expérience : pratique de l'anatomie chez Descartes, observations microscopiques chez Malebranche) ; mais il s'agissait, sans dépouiller la perception de son corps sensible, de la rendre transparente pour l'exercice de l'esprit : la lumière, antérieure à tout regard, était l'élément de l'idéalité, l'inassignable lieu d'origine où les choses étaient adéquates à leur essence et la forme selon laquelle elles la rejoignaient à travers la géométrie des corps ; parvenu à sa perfection, l'acte de voir se résorbait dans la figure sans courbe ni durée de la lumière[92]. »

Indéniablement, les « choses » dont souvent l'absence a été déplorée à tort dans le discours archéologique se montrent ici concrètement et historiquement présentes sous l'examen archéologique : mieux encore, elles n'y sont pas convoquées nominalement, ni tout simplement invoquées, mais jouissent d'une détermination précise, sises qu'elles sont au sein de leurs coordonnées : tel ce « lit » d'hôpital qui ne serait pas un lit de malade sans la force de la loi juridique, sans la mutation du discours médical et de sa pratique concrète, sans la structuration historique de la rationalité médicale. S'élevant au-delà du commentaire, Michel Foucault le caractérise dans sa singularité : « Commenter, c'est admettre par définition un excès du signifié sur le signifiant, un reste nécessairement non formulé de la pensée que le langage a laissé dans l'ombre, résidu qui en est l'essence elle-même, poussée hors de son secret ; mais commenter suppose aussi que ce non-parlé dort dans la parole, et que, par une surabondance propre au signifiant, on peut en l'interrogeant faire parler un contenu qui n'était pas explicitement signifié[93]. » Cette pléthore, mise en accusation dans *Naissance de la clinique,* est déjà ce que ne veut pas être la description archéologique : ni totalité ni pléthore. Les différents textes renvoient les uns aux autres, s'organisent en une figure unique : ils « entrent en convergence avec des institutions et des pratiques, et portent des significations qui peuvent être communes à toute une époque[94] ». Ce faisant, on pense évoquer les « choses », traduites dans l'acte de parole : sur le faux postulat de l'acte de parole comme traduction des choses. Cette interprétation du langage comme interprétation rejoint l'activité exégétique décrite par *Les Mots et les Choses.* La culture qui nous confine à l'analyse inépuisable du signifié est aveugle aux « faits de discours » tels qu'ils apparaissent déjà dans *Naissance de la clinique*, qui les appréhende selon la théorie encore virtuelle de la future archéologie du savoir, comme des événements et des segments fonctionnels constitués en systèmes. En effet, de la préface méthodologique de *Naissance de la clinique,* il ressort que « le sens d'un énoncé ne serait pas défini par le trésor d'intentions qu'il contiendrait, le révélant et le réservant à la fois, mais par la différence qui l'articule sur les autres énoncés réels et possibles, qui lui sont contemporains ou auxquels il s'oppose dans la série linéaire du temps[95] ». Balançant le vieil arsenal des notions usagées, *Naissance de la clinique* vise le « concret » historique, cherche à savoir réellement ce qui s'est passé « quand la remise en jeu de l'ancien thème clinique a "produit", s'il faut en croire des apparences hâtives, une mutation essentielle dans le savoir médical[96] ». Au croisement du perceptible et de l'énonçable, surgit la « clinique ». Le fait historique de l'apparition de la clinique a pour coordonnées les données suivantes : la redistribution du corps dans ses éléments, la constitution d'une grammaire des signes du phénomène pathologique, une définition des phénomènes morbides en séries linéaires, la perception de la maladie comme articulée à l'organisme et non plus à une catégorie logique. Phénomène de localisation à plusieurs niveaux, la naissance de la « clinique » a cerné la maladie dans son espèce organique : la question médicale n'étant plus « Qu'avez-vous ? » (question sur la quiddité) mais : « Où avez-vous mal ? » (question sur la localité).

Le travail même des œuvres antérieures à *L'Archéologie du savoir* porte la marque irréductible du traitement du discours non comme un document mais comme un monument, ne cherchant pas un discours sous le discours et se refusant à toute allégorie et à toute métaphore. Pour cerner les espaces et les classes de la maladie, il faut se retenir de glisser sur la pente douce des discours continus et contigus et respecter la spécificité des discours dans le jeu de leurs règles, il faut mettre sur pied « une analyse différentielle des modalités de discours[97] ». Pour repérer la configuration primaire de la maladie, avec ce qu'elle signale dans sa « verticale » faite d'implications (par exemple : ce qu'implique la fièvre) et dans son « horizontale » faite d'homologies (par exemple : l'homologie supposée du catarrhe et de la dysenterie), il faut interroger l'archive et ses énoncés, il faut avant tout la reconnaître et ensuite savoir l'analyser. La médecine du XVIIIe siècle s'énonce chez Boissier de Sauvages et Cullen, chez Gilibert et Sydenham, chez Clifton, Frier, Guindant, Haslam, Solano de Luques, Tissot, Zimmermann, Tenon, Percival, Dupont de Nemours, Moscati, Vicq d'Azyr, Vitet, Chamousset, Menuret, Jadelot, et d'autres. D'un texte à l'autre, de la *Nosologie méthodique* aux *Institutions de médecine pratique*, de la *Médecine pratique*, énoncée ici, à la *Médecine pratique*, énoncée là ; du *Guide de la conservation de l'homme* à *La Nature opprimée par la médecine moderne*, à l'*Avis aux gens de lettres sur leur santé*, tout comme à l'*Essai sur la santé des gens du monde* : il se dessine un système d'énoncés aux configurations nettes et correspondantes. Ce que l'on veut, c'est promouvoir une expérience dite « historique » aux dépens d'un savoir qualifié de « philosophique » : promouvoir la considération des quatre repères de la pleurésie (fièvre, respiration difficile, toux, douleur de côté) contre une connaissance invoquant les origines (refroidissement, épanchement séreux, inflammation de la plèvre). Sans éliminer la recherche des causes, ce que l'on valorise dans ce que l'on dit être l'« historique », c'est

« tout ce qui, en fait ou en droit, tôt ou tard, de plein fouet ou indirectement peut être donné au regard[98] ». Même la cause, si elle se voit, relève de l'expérience « historique » qui n'est autre que « la forme originaire de l'expérience médicale[99] ». Le parti pris de la localisation élimine toute profondeur et tout déroulement : la maladie est encadrée dans un espace plan et dans un temps instantané, où tout ce qui est séparé l'est dans la ressemblance : ainsi se caractérise le regard classificateur, sensible aux répartitions de surface « où le voisinage n'est pas défini par des distances mesurables, mais par des analogies de formes[100] ». La parenté a sa finalité dans l'identité : la maladie essentielle n'est que pléthore d'analogies ; de ces analogies va procéder l'ordre rationnel des maladies, qui n'est qu'un « décalque du monde de la vie[101] ». La vie et sa menace sont également rationnelles. Ce qui est contre nature, ce n'est pas la maladie, mais le malade et son médecin ; ce dernier ne voit pas encore le malade dans sa plénitude concrète, mais traque les lacunes et les distances, les intervalles de nature : il en sort le portrait de la maladie, délimitée dans son essence, mais non dans les organes entre lesquels elle circule : « La communication sympathique à travers l'organisme est parfois assurée par un relais localement assignable (le diaphragme pour les organes, ou l'estomac pour les engorgements d'humeur) ; parfois par tout un système de diffusion qui rayonne dans l'ensemble du corps (système nerveux pour les douleurs et les convulsions, système vasculaire pour les inflammations) ; dans d'autres cas par une simple correspondance fonctionnelle (une suppression des excrétions se communique des intestins aux reins, de ceux-ci à la peau) ; enfin par un ajustement de la sensibilité d'une région à l'autre (douleurs lombaires dans l'hydrocèle)[102]. » Mais plusieurs symptômes ne forment pas une seule maladie : à côté de la communication sympathique est acceptée une causalité internosologique qui garantit « les simultanéités et les entrecroisements[103] ». Cette maladie essentielle a une durée spécifique à laquelle aucun processus d'évolution n'apporte rien de nouveau, de même elle a un « corps » qui ne communique avec le corps du malade que par la qualité : il y a maladie perçue « là où il y a sécheresse, ardeur, excitation, là où il y a humidité, engorgement, débilité[104] ». Aussi le regard médical devient-il sensible aux variétés qualitatives de la maladie auxquelles s'ajoutent les variétés des tempéraments. Le problème politique de l'assistance convient à ce thème du foyer compris comme espace social d'une maladie que l'on y fait « végéter ». La recherche archéologique du savoir met en évidence la convergence des pratiques médicales et des pratiques sociales, elle met en évidence aussi ce qui pourrait être pris pour une confirmation. Contre les établissements hospitaliers, on voit en effet converger et le corps médical et les théoriciens de l'économie : pour les premiers l'hôpital crée et communique la maladie, pour les derniers il immobilise le capital et appauvrit la nation. A partir de justifications différentes, les thèmes coïncident ; mais la thématique se développant, Foucault montre qu'elle finit par s'inverser : « Une expérience médicale diluée dans l'espace libre d'une société qu'organise la seule figure de la famille ne suppose-t-elle pas l'appui de la société entière[105] ? » Finalement, le thème s'impose : la médecine privée nécessite l'intervention de l'État pour le contrôle des médecins mais encore pour l'assistance que l'on rêvait déjà gratuite. Ainsi toute cette thématique va produire l'effet contraire : « On entre dans une forme toute nouvelle, et à peu près inconnue au XVIIIe siècle, de spatialisation institutionnelle de la maladie. La médecine des espèces s'y perdra[106]. » On sait que la médecine des espèces impliquait une spatialisation libre et sans contrainte hospitalière. Les stratégies, c'est-à-dire le rapport régulier des thèmes et des théories, vont produire ce qui semblait incompatible avec la thématique avant qu'elle ne s'inverse.

L'archive, jamais totalement exhumée, est donc solidaire d'une description du déjà-dit au niveau de son existence ; l'archive est donc l'élément des pratiques qui s'y conservent. Proche de nous, mais en même temps éloignée, par son analyse elle nous permet de nous délimiter par des discours qui ne sont plus les nôtres. Mais cette altérité ne nous délivre pas un certificat d'identité : nous nous apparaissons, au contraire, et d'autant plus saisissables dans un concours de différences : les différences de la fausse identité temporelle d'une part et d'autre part les différences des fausses téléologies transcendantales. L'histoire des choses effectivement dites jouit d'un *a priori* (historique) auquel l'archéologie assigne le rôle de rendre compte des énoncés dispersés (selon la définition). Ce qui a pu être dit obéit à une loi que représente l'archive qui est le « système qui régit l'apparition des énoncés comme événements singuliers[107] ». Définissant le système de l'énonçabilité de l'énoncé-événement, définissant le mode d'actualité de l'énoncé-chose, l'archive n'est donc autre que le « système de son fonctionnement[108] ». « Système général de la formation et de la transformation des énoncés[109] », l'archive fait surgir le niveau d'une pratique des énoncés dans leur valeur d'*événements* et de *choses*.

3. *Les stratégies*

L'archéologie ne se définit ni comme une psychologie, ni comme une sociologie, ni même comme une anthropologie de la création ; elle pourrait déboucher sur une *anthropologie historique*, elle est certainement une *histoire* qui s'attache tout spécialement aux types et aux règles de pratiques discursives qui traversent les textes à notre insu. Elle ignore le souci de l'identité du texte et de sa teneur originale. « Elle n'est rien de plus et rien d'autre qu'une réécriture : c'est-à-dire dans la forme maintenue de l'extériorité, une transformation réglée de ce qui a été déjà écrit[110]. » Par cette écriture informée est accomplie une « description qui interroge le déjà-dit au niveau de son existence : de la fonction énonciative qui s'exerce en lui, de la formation discursive à laquelle il appartient, du système général d'archive dont il relève[111] ». Les stratégies, ces groupements d'énoncés, groupements de choix théoriques ou d'options, révèlent bien autre chose qu'une vision du monde ou qu'un intérêt hypocrite ; les options diverses d'une époque ne déterminent pas naïvement ou directement par exemple l'Analyse des richesses ou l'Histoire naturelle. Dans ces deux cas, il faut voir des manières différentes de traiter différemment des objets de discours en les délimitant, les séparant, les groupant, les enchaînant, également des manières différentes « de disposer des formes d'énonciation (de les choisir, de les mettre en place, de constituer des séries, de les composer en grandes unités rhétoriques), de manipuler des concepts (de leur donner des règles d'utilisation, de les faire entrer dans des cohérences régionales, et de constituer ainsi des archives conceptuelles[112]) ». La distribution des stratégies dans l'histoire est-elle nécessaire, est-elle aléatoire, est-elle régulière ? Si elle était nécessaire, elle relèverait entièrement d'une organisation logique d'une histoire de la pensée ; si elle était aléatoire, l'histoire serait anecdote ; enfin, si elle est régulière — et telle est l'hypothèse —, les règles qu'elle recouvre ne doivent pas tomber sous le coup d'une philosophie de l'histoire ni sous celui d'une théorie de la connaissance : chaque fois, ces règles sont à définir dans leur constellation propre. La formation discursive présente plusieurs dimensions, elle obéit à des *règles de formation* des objets, *de formation* des modalités énonciatives, *de formation* des concepts, *de formation* des stratégies (ou choix théoriques). Chaque fois le problème archéologique se diversifie. Aussi Michel Foucault différencie-t-il ses travaux. Dans l'*Histoire de la folie*, il s'agissait d'une formation discursive aux *points de choix théoriques* facilement repérables, aux *systèmes conceptuels* relativement peu nombreux et simples, *au régime énonciatif* homogène et monotone ; seule faisait problème l'*émergence d'un ensemble d'objets* à l'enchevêtrement complexe. La description devait repérer ainsi la totalité du discours psychiatrique avec la *formation de ses objets*. Avec *Naissance de la clinique*, autre enjeu : chercher la manière dont les formes d'énonciation s'étaient peu à peu modifiées entre la fin du XVIIe siècle et le début du XIXe siècle en matière médicale. Ce n'était plus le lieu de découvrir la formation des systèmes conceptuels, ni celle des choix théoriques, mais celle du *statut*, de l'*emplacement institutionnel*, avec la délimitation sociale et juridique de la situation et des modes d'insertion du discours dans la personne du sujet discourant. Avec *Les Mots et les*

Choses, l'étude portait enfin sur l'ensemble de réseaux de concepts et sur les règles de formation de ces réseaux, moins sur le repérage des stratégies :

« Quant aux choix stratégiques, leur place et leurs implications ont été indiquées (que ce soit par exemple à propos de Linné et de Buffon, ou des Physiocrates et des Utilitaristes) ; mais leur repérage est demeuré sommaire, et l'analyse ne s'est guère attardée sur leur formation. Disons que l'analyse des choix théoriques demeure encore en chantier jusqu'à une étude ultérieure où elle pourrait retenir l'essentiel de l'attention[113]. »

On pénètre alors au cœur même de la pratique archéologique se faisant, en prenant conscience de ce qu'il reste encore à faire.

La recherche des stratégies comporte un système de règles explicites, qui visent tout d'abord « à déterminer les *points de diffraction* possibles du discours[114] ». Par là sont désignés soit des points d'*incompatibilité* (une même série d'énoncés peut inclure deux éléments contradictoires), soit des points d'*équivalence* (les éléments contradictoires ont cependant des conditions identiques), soit des points d'*accrochage d'une systématisation* (dérivation d'objets, d'énoncés, de concepts, à partir des points incompatibles ou équivalents). Au lieu de s'arrêter aux lacunes perceptibles, on découvre qu'elles engendrent des sous-ensembles discursifs :

« Par exemple, on ne considère pas, dans une analyse comme celle-ci, que l'Analyse des richesses au XVIIIe siècle, est la résultante (par voie de composition simultanée ou de succession chronologiques) de plusieurs conceptions différentes de la monnaie, de l'échange des objets, des besoins, de la formation de la valeur et des prix, ou de la rente foncière [...]. On la décrit plutôt comme une unité de distribution qui ouvre un champ d'options possibles et permet à des architectures diverses et exclusives les unes des autres d'apparaître côte à côte ou à tour de rôle[115]. »

Mais ce qui détermine la mise au jour d'une théorie

plutôt que d'une autre, c'est aussi ce que l'on peut appeler les instances spécifiques de décision : tout d'abord la *constellation discursive* dans l'économie de laquelle apparaît le nouveau discours qui peut jouer soit le rôle d'un système formel s'appliquant dans les autres discours, soit celui d'un modèle concret apporté aux autres discours, soit encore celui d'analogue, d'opposé, ou de complémentaire des autres discours : « La première analyse [l'analyse des richesses] est à la représentation du besoin et du désir ce que la seconde [l'Histoire naturelle] est à la représentation des perceptions et des jugements[116]. » Mais ces deux unités, analogues sur certains points, peuvent être opposées sur d'autres ; ensemble, elles peuvent aussi s'opposer à une troisième. Une autre instance spécifique de décision doit être vue dans la « *fonction* que doit exercer le discours étudié dans un *champ de pratiques non discursives*[117] ». Tel est le rôle joué par la Grammaire générale dans la pratique pédagogique, quant à l'Analyse des richesses, elle « a joué non seulement un rôle dans les décisions politiques et économiques des gouvernements, mais dans les pratiques quotidiennes, à peine conceptualisées, à peine théorisées, du capitalisme naissant, et dans les luttes sociales et politiques qui ont caractérisé l'époque classique[118] ». De cette instance dépend aussi *le régime et les processus d'appropriation* du discours (le droit à parler, la compétence à comprendre, surtout la capacité à investir le discours dans des pratiques relèvent souvent d'une réglementation). « Enfin cette instance se caractérise par les positions possibles du désir par rapport au discours[119] » : le discours peut être l'occasion d'une mise en scène fantasmatique, même s'il n'est pas littéraire, il occupe à son tour une position déterminée par rapport au désir.

Définir le système de formation des stratégies se déployant dans une formation discursive, c'est individualiser cette dernière par la mise en valeur du jeu de relations dont les stratégies dérivent. Une nouvelle « dialectique » doit être inventée qui mette en évidence « comment les points de diffraction du discours économique dérivent les uns des autres, se commandent et s'impliquent (comment d'une décision à propos du concept de valeur dérive un point de choix à propos des prix[120]) ». Il faudra reconnaître de quelle manière les choix effectués entrent dans la constellation générale où se découpe le discours économique, enfin il faudra connaître également la fonction du discours économique dans la pratique du capitalisme qui se l'approprie au double niveau de la théorie et du désir. Ainsi, pour ce qui a trait au discours économique, on connaîtra ses stratégies, lorsqu'on l'aura défini « par une certaine manière constante de mettre en rapport des possibilités de systématisation intérieures à un discours, d'autres discours qui lui sont extérieurs et tout un champ, non discursif, de pratiques, d'appropriations, d'intérêts et de désirs[121] ». Les stratégies ou options théoriques se rapportent aux objets du discours, aux formes d'énonciation, à la manipulation des concepts : par rapport aux objets, elles sont des manières différentes de les traiter ; par rapport aux formes d'énonciation, elles sont des manières différentes d'en disposer ; par rapport aux concepts, elles sont des manières différentes de les manipuler ; en tout cas, elles sont des manières *réglées* de mise en œuvre des discours possibles. Point important, les stratégies ne viennent pas doubler une rationalité : elles constitueraient plutôt cette rationalité elle-même : de même que la formation des objets ne se rapporte pas aux mots ni aux choses, de même que la formation des énonciations ne se rapporte pas à la forme pure de la connaissance ni au sujet psychologique, de même que celle des concepts ne se rapporte pas à la structure de l'idéalité ni à la succession des idées, pas davantage « il ne faut rapporter la formation des choix théoriques ni à un *projet* fondamental ni au jeu secondaire des *opinions*[122] ». Il importe de retenir que les options théoriques, les stratégies, ne proviennent pas d'une vision du monde pur et simple propre à tel ou tel sujet parlant. Le « sujet » s'efface derrière ce qui rend possibles les stratégies, c'est-à-dire les points de divergence dans le jeu des concepts, et pour les concepts eux-mêmes les formes de coexistence des énoncés, et pour les énoncés eux-mêmes, leurs modalités d'énonciation dépendant non pas d'un « sujet en soi » ni d'un « sujet transcendantal », mais bien de la position qu'occupe le sujet parlant par rapport aux domaines d'objets dont il parle. Ainsi, telle position du sujet est possible, tel type de coexistence entre énoncés est possible, telle stratégie discursive est possible, étant donné tel système de formation régissant les objets de telle unité discursive, excluant certaines modalités d'énonciation et en impliquant d'autres, étant donné également telles positions possibles d'un sujet discourant, excluant un certain nombre de coexistences entre les énoncés et, au contraire, en requérant d'autres. Ces différents niveaux ne sont pas indépendants : « De la différenciation primaire des objets à la formation des stratégies discursives, il existe toute une hiérarchie de relations[123]. »

Les contraintes apparentes ne viennent pas d'une pensée humaine, explicite ou non ; elles ne sont ni immobiles, ni statiques, ni irréversibles : si les stratégies dépendent de la différenciation des objets, inversement elles excluent ou impliquent à leur tour la formation de certains concepts, non qu'elles règlent cette formation mais elles la produisent par le jeu des règles spécifiques de formation des concepts et par celui des relations qu'elles entretiennent avec le niveau conceptuel. Le système de formation doit être élucidé, qu'il s'agisse des objets, des concepts, des énoncés et des théories ou des thèmes : « Par système de formation, il faut donc entendre un faisceau complexe de relations qui fonctionnent comme règle : il prescrit ce qui a dû être mis en rapport, dans une pratique discursive, pour que celle-ci réfère à tel objet, pour qu'elle mette en jeu telle ou telle stratégie[124]. » Le système de formation est donc en fait un système de transformation, puisqu'il dessine le système de règles nécessaires à la transformation de l'objet, à l'apparition d'une énonciation, à l'élaboration d'un concept, à la modification d'une stratégie. Système de transformation, le système de formation est temporel, déterminant des régularités liées à des processus temporels, posant « le principe d'articulation entre une série d'événements discursifs et d'autres séries d'événements, de transformations, de mutations et de processus[125] ». Les éléments mis en relation peuvent subir des mutations intrinsèques intégrales à la pratique discursive qui persiste à considérer les mêmes relations entre ces éléments modifiés mais en laissant apparaître de nouveaux objets, de nouvelles modalités d'énonciation, de nouveaux concepts et de nouvelles stratégies. Inversement, ces mêmes pratiques discursives ne sont pas sans effet sur les domaines mis par elles en relation. Les rapports établis par elles « s'inscrivent aussi dans les éléments qu'ils articulent les uns sur les autres. Le champ hospitalier, par exemple, n'est pas resté immuable, une fois que par le discours clinique il a été mis en relation avec le laboratoire : son ordonnancement, le statut qu'y reçoit le médecin, la fonction de son regard, le niveau d'analyse qu'on peut y effectuer se sont trouvés nécessairement modifiés[126] ». L'épistémologie archéologique en tant qu'analyse des formations discursives ne révèle nullement le jeu de la langue et de la pensée tel qu'il a été habituellement décrit, elle décrit les « systèmes qui rendent possibles les formes systématiques dernières[127] », « une épaisseur immense de systématicités, un ensemble serré de relations multiples[128] », la discursivité même du « prédiscursif ». Tandis que l'analyse habituelle à l'histoire des idées, à proprement parler, est « dissolution » : elle dissout la contradiction, l'analyse archéologique, au contraire, s'inscrit dans une épistémologie de la contradiction : « Pour l'analyse archéologique, les contradictions ne sont ni apparence à surmonter, ni principes secrets qu'il faudrait dégager[129]. » Les contradictions sont des objets à décrire ; en ce qui concerne par exemple le fixisme et l'évolutionnisme, l'analyse archéologique montre que ces points de vue contradictoires ont leur point commun dans une certaine description prenant pour objet la structure visible.

Cette remise en place des thèmes contradictoires n'opère aucun effet ni de dissolution ni de conciliation : ainsi se définit l'embranchement de l'alternative, la localisation de la divergence. La contradiction se montre dans ses différents types, dans ses différents niveaux, dans ses différentes fonctions. Il n'y a pas une unité cachée de la pensée que découvrirait l'archéologie, mais un système de formation discursive, un ensemble d'oppositions différentes aux niveaux et aux rôles différents. Le discours garde ainsi son aspérité, à l'abri du logocentrisme.

Libérant le jeu des analogies et des différences, l'épistémologie archéologique montre « comment des éléments discursifs tout à fait différents peuvent être formés à partir de règles analogues[130] » (les *isomorphismes archéologiques*) ; elle montre aussi « dans quelle mesure ces règles s'appliquent ou non de la même façon, s'enchaînent ou non dans le même ordre, se disposent ou non selon le même modèle dans les différents types de discours[131] » (le *modèle archéologique de chaque formation*) ; elle montre de même « comment des concepts parfaitement différents [...] occupent un emplacement analogue[132] » *(isotopie archéologique)* ; elle montre encore « comment une seule et même notion [...] peut recouvrir deux éléments archéologiquement distincts[133] » (les *décalages archéologiques*) ; elle montre enfin « comment d'une positivité à l'autre peuvent s'établir des relations de subordination ou de complémentarité[134] » *(corrélations archéologiques)*. Et Michel Foucault définit la configuration d'interpositivité comme n'étant pas un groupe de disciplines voisines, ni un phénomène de ressemblance, ni même le rapport de plusieurs discours à tel autre discours, mais comme la loi de leurs relations :

« Ne pas dire : parce que Rousseau et d'autres avec lui ont réfléchi tour à tour sur l'ordonnance des espèces et l'origine des langues, des relations se sont nouées et des échanges se sont produits entre taxinomie et grammaire ; parce que Turgot, après Law et Petty, a voulu traiter la monnaie comme un signe, l'économie et la théorie du langage se sont rapprochées et leur histoire porte encore la trace de ces tentatives[135]. »

Mais ce qu'il faut dire, c'est que ces trois positivités sont disposées entre elles de telle sorte que les œuvres, les auteurs, les existences individuelles présentent en effet de pareils échanges. Les « tentatives » des « auteurs » ne sont pas « causes », mais « effets » de mouvements permis par la disposition même non pas de leur « discipline » mais de ce que celle-ci cache et représente en même temps de positivités effectives ordonnées entre elles dans un certain ordre, ordre dépassant l'unité de la positivité et riche d'une complexité de relations que l'archéologue se donne la tâche de mettre au jour.

Suivons quel est le jeu du système de formation des stratégies dans l'opposition, telle que Foucault l'a étudiée, entre la médecine des espèces et la médecine de l'espace social. Des concepts s'imposent : celui de *constitution*, celui de *maladie endémique*, celui d'*épidémie*. Sydenham définit la constitution comme le complexe d'un ensemble d'événements naturels (sol, climat, saison, disette) et par des déplacements d'accent, phénomènes plus forts ou plus faibles (fièvres plus ou moins violentes, épanchements séreux plus ou moins fréquents). L'épidémie est une constitution, c'est même un mode particulier de voir la maladie : « Il suffit qu'une affection sporadique se reproduise un certain nombre de fois et simultanément pour qu'il y ait épidémie[136]. » L'épidémie, c'est la multiplication, mais pas nécessairement vue comme contagion ; on use toutefois envers elle d'une observation complexe : on transcrit l'événement de façon détaillée : « A la fin du XVIIIe siècle, on est en train d'institutionnaliser cette forme d'expérience : dans chaque subdélégation, un médecin et plusieurs chirurgiens sont désignés par l'Intendant pour suivre les épidémies qui peuvent se produire dans leur canton ; ils se tiennent en correspondance avec le médecin en chef de la généralité à propos "tant de la maladie régnante que de la topographie médicinale de leur canton" ; lorsque quatre ou cinq personnes sont attaquées de la même maladie, le syndic doit prévenir le subdélégué qui envoie le médecin pour qu'il indique le traitement que les chirurgiens appliqueront tous les jours ; dans les cas les plus graves, c'est le médecin de la généralité qui doit se rendre sur les lieux[137]. » Cette expérience est doublée d'une intervention contraignante de la police qui veille à l'emplacement des mines et des cimetières, qui contrôle le commerce du pain, du vin et de la viande. Cette médecine des épidémies s'oppose à la médecine des espèces, mais l'une et l'autre nécessitent la définition d'un statut politique de la médecine, en même temps que la constitution politique d'une conscience médicale, apte à une « tâche constante d'information, de contrôle et de contrainte[138] ». Cette nécessité est d'ailleurs à l'origine de la création de la Société royale de médecine ainsi que de l'opposition qui dressera cette dernière contre la Faculté : choc de deux institutions, la moderne et l'ancienne, choc d'une pratique ouverte et d'un savoir clos, contradiction entre la classification (travail de repérage du symptôme dans la maladie, de la maladie dans un ensemble spécifique, et de celui-ci dans le plan général du monde pathologique), et l'analyse des constitutions et des épidémies (travail de confrontations, d'observations météorologiques et climatiques et d'observations nosologiques, recherche d'un système de coïncidences). La conscience médicale apprend à se dédoubler : dans l'immédiat et dans la confrontation, et va faire de l'espace médical un espace social : on souhaite un contrôle de la santé, une information générale. Le savoir ne se forme plus dans ce jardin pathologique des espèces distribuées par Dieu. Une conscience médicale se trouve généralisée, diffuse à la fois dans l'espace et dans le temps, « ouverte et mobile, liée à chaque existence individuelle, mais aussi bien à la vie collective de la nation, toujours éveillée sur le domaine infini où le mal trahit, sous ses aspects divers, sa grande forme massive[139] ». La médecine sort de la réserve pathologique pour envisager l'homme non malade, presque l'homme modèle. Au sein de la contradiction est donc née une convergence « entre les exigences de l'*idéologie politique* et celles de la *technologie médicale*[140] ». La médecine des espèces pathologiques et la médecine de l'espace social vont coïncider dans l'hôpital : « Là, sous le regard du médecin d'hôpital, les maladies seront groupées par ordres, genres et espèces, en un domaine rationalisé qui restitue la distribution originaire des essences[141]. » Toutefois, la déshospitalisation est un projet que relance la Montagne : « L'hôpital est une solution anachronique qui ne répond pas aux besoins réels de la pauvreté, et qui stigmatise dans sa misère l'homme malade[142]. » Au moment de Thermidor, les biens des hôpitaux sont nationalisés, les corporations sont interdites, enfin sont abolies sociétés et académies : « L'Université, avec les Facultés et les Écoles de Médecine, n'existe plus[143]. »

Les mythes concernant la fragilité du théorique et la solidité du clinique font de la clinique « le temps positif du savoir » contre le temps négateur propre aux systèmes, ils sont la justification des institutions et des méthodes cliniques de la fin du XVIIIe siècle, mais masquent en fait l'histoire réelle de la clinique. La chronologie va de 1658, date à laquelle François de La Boe ouvrait une école clinique à l'hôpital de Leyden, jusqu'au Règlement de 1775 qui prévoit pour chaque année d'étude « un cours pratique et clinique des principales maladies qui règnent parmi les troupes dans les armées et garnisons[144] ». Cette proto-clinique, distincte de la première pratique spontanée et de la clinique organisée, « *doit former, constitutionnellement, un champ nosologique tout structuré*[145] » ; aussi la clinique est-elle un choix d'exemples, de maladies dont le malade n'est pas sujet mais accident. L'examen clinique y est pratiqué de telle sorte que le regard médical n'y a aucun pouvoir d'analyse ni de synthèse : il s'agit davantage d'un « décryptement » allant du regard de l'élève au savoir discursif extérieur ; de ce fait, le mouvement est celui partant du savoir vers l'ignorance : « la clinique ne concerne que cette instruction, au sens étroit, qui est donnée par le maître à ses élèves. Elle n'est pas en elle-même une expérience, mais le condensé, à l'usage des autres, d'une expérience antérieure[146]. » Toute didactique qu'elle soit, la clinique est une épreuve du savoir devant le jury des étudiants : la leçon du maître peut se retourner contre lui. Mais dès lors que le savoir se tait, la nature parle. Dénuée de dynamique propre, la clinique ne découvre pas ses propres objets, ses propres concepts, son propre discours : « Elle pousse et organise une certaine forme du discours médical ; elle n'invente pas un nouvel ensemble de discours et de pratiques[147]. » La clinique ne pourra être restructurée qu'une fois détachée du contexte théorique qui l'a fait naître. Pour cela, elle devra devenir « un moment essentiel à la cohérence scientifique, mais aussi à l'utilité sociale et à la pureté politique de la nouvelle organisation médicale[148] ». La rééquilibration de la médecine clinique s'accompagne d'un enseignement théorique élargi : le clinique ne peut donc comporter les garanties dynamiques du renouvellement du regard médical qu'en passant par le théorique. Concurremment à différents projets, celui de Cabanis, venant après une série de plans de réforme, « marque le sommet où l'Idéologie va prendre une part active et souvent déterminante dans la restructuration politique et sociale[149] ». La loi du 19 ventôse an XI n'est pas le projet de Cabanis, mais elle en a retenu les thèmes, comme elle a retenu ceux des Idéologues. On institue non le contrôle, mais le critère de la compétence : « L'acte médical vaudra ce que vaut celui qui l'a accompli ; sa valeur intrinsèque est fonction de la qualité, socialement reconnue, du producteur[150]. » La distinction des « docteurs » et des « officiers de santé » a un double caractère de ségrégation sociale et médicale : les officiers de santé soigneront le peuple dont les maladies sont considérées comme externes et simples ; la moindre qualité professionnelle est justifiée par la hiérarchie sociale : chez l'officier il s'agit d'un savoir-faire, chez le médecin « l'intégration de l'expérience se fait dans un regard qui est en même temps savoir[151] ».

Cette nouvelle compréhension de la clinique n'est pas sans supposer toute une réorganisation de l'hôpital. Les hôpitaux sont en effet communalisés par une mesure de la Convention thermidorienne : « Entre les pauvres et les riches, le système d'obligation et de compensation ne passait plus par la loi de l'État, mais par une sorte de contrat variable dans l'espace, révocable dans le temps qui, situé au niveau des municipalités, était plutôt de l'ordre du libre consentement[152]. » De même, un contrat étrange sera passé entre l'hôpital et la clinique. Le problème moral déjà posé réapparaît : « De quel droit pouvait-on transformer en objet d'observation clinique un malade que la pauvreté avait contraint de venir demander assistance à l'hôpital[153] ? » Il semble qu'on accepte alors ce contrat du malade et de la société : « Puisqu'il n'y a de malade guéri qu'en société, il est juste que le mal des uns soit transformé pour les autres en expérience[154]. » Par voie de conséquence, le riche doit venir en aide aux pauvres : « En payant pour qu'on les soigne, il paiera du fait même pour qu'on connaisse mieux les maladies dont lui-même peut être atteint[155]. » Le riche s'intéresse donc à l'hôpital ; quant à la clinique, elle constitue l'autre partie du contrat entre les pauvres et les riches : elle est l'intérêt payé par le pauvre en échange de la capitalisation hospitalière acceptée par le riche. Les thèmes prérévolutionnaires réapparaissent sous le Directoire : par exemple pour le fonctionnement de la clinique d'accouchement fondée à Copenhague en 1787, le thème fait valoir qu'on n'y reçoit qu'une certaine catégorie de femmes, non mariées, aux sentiments de pudeur moins délicats : « Ainsi cette classe moralement désarmée, et socialement si dangereuse, pourra servir à la plus grande utilité des familles honorables[156]. » Dans ces différentes analyses, on voit que Michel Foucault ne met pas entre parenthèses les éléments utilisables dans une théorie des classes sociales : l'assistance aux « pauvres » est pratiquée dans la mesure où elle implique un calcul des « riches », et ces derniers, les bourgeois, contribuent à mettre sur pied tout un système hospitalier dans la condition seule et unique qu'il permettra des observations utiles d'abord à eux-mêmes et à tous par dérivation. C'est ainsi qu'on attribue à la clinique la capacité d'estimer à loisir « les forces de la vie et l'activité des organes », selon la formule de Dumas.

La théorie du symptôme est directement solidaire de la théorie condillacienne du langage d'action. La clinique, qui permet donc de « démêler le principe et la cause d'une maladie à travers la confusion et l'obscurité des symptômes[157] », est l'institution qui supporte et justifie le médecin ; celui-ci se donne de nouveaux objets s'offrant au regard médical et le constituant. Le signe annonce l'en dessous, le symptôme restitue le phénomène. Phénomène naturel, le symptôme devient signifiant de la maladie, et quand il est signifiant par rapport à lui-même, il est doublement signifié : à la fois par le pathologique et par le non-pathologique ; comme signifié, toutefois, son sens lui est acquis dans la forme du signe. Ces ambiguïtés, en fait, ne sont autres que celles de la théorie même du signe naturel telle que Condillac l'explicite par ailleurs. Michel Foucault situe donc le symptôme par rapport au langage d'action : en effet, comme le langage d'action, le symptôme est pris « dans le mouvement général d'une nature ; et sa force de manifestation est aussi primitive, aussi naturellement donnée que "l'instinct" qui porte cette forme initiale de langage[158] ». Ce qui transformera le symptôme en signe, ce sera « un regard sensible à la différence, à la simultanéité ou à la succession, et à la fréquence[159] ». Ainsi, l'analyse permise par la clinique permet-elle la remontée à l'origine des choses, origine qui n'est que l'ordre naturel des symptômes : ceux-ci pris dans leur vérité deviennent des signes. L'expérience clinique est isomorphe de l'Idéologie par la mise en jeu fondamentale de l'acte perceptif et de l'élément du langage : « Le regard du clinicien et la réflexion du philosophe détiennent des pouvoirs analogues[160]. » En effet, ils présupposent l'un et l'autre une identique structure d'objectivité. Les manifestations de l'être sont le *signifiant-signifié* de la totalité : une identité virtuelle conjoint le visible et le manifeste. La forme rigoureuse du langage restitue tout le perçu et tout le perceptible. En outre, cette observation clinique conjugue un double avantage : elle suppose l'organisation du domaine hospitalier et celle du domaine pédagogique : d'une part, le lieu d'apparition du fait pathologique en sa qualité d'événement ; d'autre part, la sommation de l'essentiel dans la connaissance. Le regard et le langage alternent et sont en étroite corrélation : « Un regard qui écoute et un regard qui parle : l'expérience clinique représente un moment d'équilibre entre la parole et le spectacle[161]. » Le postulat de base est « que tout le *visible* est *énonçable* et qu'il est *tout entier* visible parce que tout entier énonçable[162] ». Le modèle épistémologique reste celui de Condillac dont la philosophie a été tirée d'une analyse de l'impression vers une logique opératoire des signes, de cette logique à nouveau vers la constitution et l'organisation d'un savoir : toujours langue et calcul tout à la fois. C'est là que joue la notion d'élément : « Utilisée à ces trois niveaux et à chaque fois avec des sens différents, la notion d'*élément* assurait tout au long de cette réflexion une continuité ambiguë, mais sans structure logique définie et cohérente ; Condillac n'a jamais dégagé une théorie universelle de l'élément — que cet élément soit perceptif, linguistique ou calculable ; il a hésité sans cesse entre deux logiques des opérations : celle de la genèse et celle du calcul[163]. » L'ambiguïté condillacienne, par sa double définition, génétique et quantifiable, de l'analyse, pèsera sur la méthode clinique : en effet, l'analyse doit, d'une part, réduire les idées complexes en idées simples pour suivre leur genèse, et permettre par le calcul de chercher la vérité en composant et décomposant les notions. Toutefois, la méthode clinique inverse heureusement la démarche de Condillac, en redescendant de la nécessité du calcul vers le primat de la genèse, « c'est-à-dire qu'après avoir cherché à définir le postulat d'adéquation du visible à l'énonçable par une calculabilité *universelle* et rigoureuse, elle lui donne le sens d'une *descriptibilité* totale et exhaustive[164] ». Mais les conséquences épistémologiques ne se font pas attendre, dans la mesure où le statut du langage reste opaque, chez Condillac aussi bien que dans la méthode clinique ; il se définit comme suit : 1. le mythe épistémologique concernant la structure alphabétique des maladies ; 2. l'opération de réduction nominaliste effectuée par le regard clinique (la maladie n'est qu'un nom) ; 3. l'opération de réduction de type chimique effectuée par le regard clinique (le regard comme agent séparateur des vérités) ; 4. l'identification de l'expérience clinique à une belle sensibilité (regard de corps à corps).

Dans ces conditions, le rapport entre le signe et le symptôme va s'inverser : « Dans la médecine clinique, sous sa forme première, le signe n'était pas par nature différent des symptômes[165]. » Il en ira autrement dans la perception anatomo-clinique : aucun symptôme visible ne peut indiquer avec certitude la phtisie pulmonaire. Toutefois, le symptôme sera déjoué dans son mutisme par le signe : « Il n'est plus le symptôme parlant, mais ce qui se substitue à l'absence fondamentale de parole dans le symptôme[166]. » La méthode anatomique a modifié la perception significative : le signe n'est plus le langage naturel de la maladie : « Il ne prend forme et valeur qu'à l'intérieur des interrogations posées par l'investigation médicale[167]. » A la limite, il peut être fabriqué par elle et le sera. Le regard du clinicien analysait une série, celui de l'anatomo-clinicien va devoir repérer un volume :

« Alors que l'expérience clinique impliquait la constitution d'une *trame mixte du visible et du lisible*, la nouvelle séméiologie exige une sorte de *triangulation sensorielle* à laquelle doivent collaborer des atlas divers, et jusqu'alors exclus des techniques médicales : l'oreille et le toucher viennent s'ajouter à la vue[168]. » L'anatomie clinique dépend de la structure de l'*invisible visibilité*. Or, le principe de la visibilité est en corrélation avec le principe de la lecture différentielle des cas : la maladie a une latitude d'insertion et de cheminement qui fait d'elle une perpétuelle déviation : « Il n'y a de maladie qu'individuelle : non parce que l'individu réagit sur sa propre maladie, mais parce que l'action de la maladie se déroule, de plein droit, dans la forme de l'individualité[169]. » Le langage médical en est modifié : il ne se contente plus de promouvoir le visible en lisible et de lui donner accès à l'universalité ; il entre dans un raffinement qualitatif singularisé : il ne cherche plus, dans le désordre, à lire l'ordre essentiel, mais il veut *faire voir* : « L'extraordinaire beauté formelle du texte lie, en un seul mouvement, le labeur intérieur d'un langage qui pourchasse la perception de toute la force de sa recherche linguistique et la conquête d'une individualité pathologique jusqu'alors inaperçue[170]. » Cette conquête d'une individualité, cette possibilité d'une connaissance positive de l'homme par l'homme n'est pas sans corrélat dans la poésie : quoi d'étonnant à ce que « les figures du savoir et celles du langage obéissent à la même loi profonde, et que l'irruption de la finitude surplombe, de la même façon, ce rapport de l'homme à la mort qui, ici, autorise un discours scientifique sous une forme rationnelle, et là ouvre la source d'un langage qui se déploie indéfiniment dans le vide laissé par l'absence des dieux[171] » ? Cette intervention de la qualité linguistique dépeint l'ampleur et la profondeur d'un regard qui a appris à ausculter.

1. *AS*, p. 46.
2. *AS*, pp. 46-47.
3. *AS*, p. 48.
4. *AS*, p. 238.
5. *Ibid.*
6. *AS*, p. 239.
7. *AS*, p. 245.
8. *AS*, p. 246.
9. *Ibid.*
10. *AS*, pp. 246-247.
11. *AS*, p. 247.
12. *AS*, p. 55.
13. *Histoire de la folie à l'âge classique*, nouvelle édition suivie de : *Mon corps, ce papier, ce feu*, et *La Folie, l'absence d'œuvre*, éd. Gallimard, 1972, 616 pages. Voir p. 57.
14. *HF*, p. 58.
15. *Ibid.*
16. *Op. cit., Mon corps, ce papier, ce feu*, p. 584.
17. *Op. cit.*, p. 585.
18. *Op. cit.*, p. 588.
19. *Op. cit.*, p. 589.
20. *Op. cit.*, p. 592.
21. *Op. cit.*, p. 593.
22. *Op. cit.*, p. 606.
23. *HF*, p. 157.
24. *HF*, p. 59.
25. *HF*, p. 565.
26. *HF*, p. 565.
27. *HF*, p. 573.
28. *HF*, p. 61.
29. *HF*, p. 64.
30. *HF*, p. 72.
31. *HF*, p. 106.
32. *HF*, p. 143.
33. *HF*, pp. 143-144.
34. *HF*, p. 145.
35. *HF*, p. 146.
36. *HF*, p. 147.
37. *Ibid.*
38. *HF*, p. 167.
39. *HF*, p. 168.
40. *HF*, p. 171.
41. *HF*, p. 172.
42. *HF*, p. 208.
43. *HF*, p. 207.
44. *HF*, p. 209.
45. *Ibid.*

46. *HF*, p. 244.
47. *HF*, p. 246.
48. *HF*, p. 258.
49. *HF*, p. 348.
50. *HF*, p. 360.
51. *Ibid.*
52. *HF*, p. 429.
53. *Ibid.*
54. *HF*, p. 456.
55. *HF*, p. 459.
56. *HF*, p. 477.
57. *HF*, p. 479.
58. *HF*, p. 525.
59. *HF*, p. 526.
60. *HF*, p. 529.
61. *AS*, p. 25.
62. *AS*, p. 38.
63. *AS*, pp. 38-39.
64. *AS*, p. 106.
65. *AS*, p. 107.
66. *AS*, p. 113.
67. *AS*, p. 115.
68. *AS*, p. 120.
69. *AS*, p. 121.
70. *AS*, p. 126.
71. *AS*, p. 128.
72. *AS*, p. 129.
73. *AS*, p. 130.
74. *AS*, p. 132.
75. *AS*, p. 142.
76. *AS*, p. 143.
77. *AS*, p. 145.
78. *AS*, p. 146.
79. *AS*, p. 148.
80. *AS*, p. 152.
81. *AS*, p. 153.
82. *AS*, p. 154.
83. *AS* p. 156.
84. *AS*, p. 157.
85. *AS*, p. 167.
86. *AS*, p. 170.
87. *AS*, p. 171.
88. *AS*, pp. 172-173.
89. *Naissance de la clinique,* éd. des Presses universitaires de France, 1re éd. 1963 ; 2e éd. 1972 ; voir p. VII. Abréviation : *NC*.
90. *Ibid.*
91. *NC*, p. VII.
92. *NC*, p. IX.
93. *NC*, p. XII.
94. *AS*, p. 155.

95. *NC*, p. XIII.
96. *NC*, p. XIV.
97. *AS*, p. 182.
98. *NC*, p. 4.
99. *Ibid.*
100. *NC*, p. 5.
101. *NC*, p. 6.
102. *NC*, p. 9.
103. *NC*, p. 10.
104. *NC*, p. 12.
105. *NC*, pp. 18-19.
106. *NC*, p. 19.
107. *AS*, p. 170.
108. *AS*, p. 171.
109. *Ibid.*
110. *AS*, p. 183.
111. *AS*, p. 173.
112. *AS*, pp. 92-93.
113. *AS*, p. 87.
114. *Ibid.*
115. *AS*, p. 88.
116. *AS*, pp. 88-89.
117. *AS*, p. 90.
118. *Ibid.*
119. *Ibid.*
120. *AS*, p. 91.
121. *AS*, p. 92.
122. *AS*, p. 93.
123. *AS*, p. 97.
124. *AS*, p. 98.
125. *AS*, pp. 98-99.
126. *AS*, p. 99.
127. *AS*, p. 100.
128. *AS*, p. 101.
129. *AS*, p. 198.
130. *AS*, pp. 209-210.
131. *AS*, p. 211.
132. *AS*, pp. 209-210.
133. *Ibid.*
134. *AS*, p. 211.
135. *Ibid.*
136. *NC*, p. 22.
137. *NC*, pp. 24-25.
138. *NC*, p. 26.
139. *NC*, p. 31.
140. *NC*, p. 37.
141. *NC*, p. 41.
142. *NC*, p. 43.
143. *NC*, p. 50.
144. *NC*, p. 57.

145. *NC*, p. 58.
146. *NC*, p. 60.
147. *NC*, p. 62.
148. *NC*, p. 70.
149. *NC*, p. 78.
150. *NC*, p. 81.
151. *NC*, p. 82.
152. *NC*, p. 83.
153. *NC*, p. 84.
154. *NC*, p. 85.
155. *Ibid.*
156. *NC*, p. 86.
157. *NC*, p. 87.
158. *NC*, p. 92.
159. *NC*, p. 93.
160. *NC*, p. 96. *Cf.* Jacques Lacan, *Écrits I*, coll. « Points », Éd. du Seuil, 1966, p. 80 : « Clérambault réalise, de son être du regard, de ses partialités de pensée, comme une récurrence de ce qu'on nous a décrit récemment dans la figure datée de la *Naissance de la clinique*. »
161. *NC*, p. 116.
162. *Ibid.*
163. *NC*, p. 117.
164. *Ibid.*
165. *NC*, p. 162.
166. *NC*, p. 163.
167. *NC*, p. 165.
168. *NC*, p. 166.
169. *NC*, p. 173.
170. *NC*, p. 174.
171. *NC*, p. 202.

V

LA GÉNÉALOGIE DU POUVOIR ET SA PHILOSOPHIE

1. *Questions critiques*

L'archéologie du savoir vise à constituer progressivement une « morphologie de la volonté de savoir » ; et une morphologie de la volonté de savoir met à découvert une généalogie du pouvoir. En effet, l'archéologie du savoir s'est confirmée comme « histoire générale » des pratiques discursives et non discursives, c'est-à-dire une histoire descriptive et analytique refusant la synthèse historique, mais procédant cependant à une synthèse des pratiques considérées à un certain niveau du discours archéologique : le lieu théorique de ces pratiques n'est autre que l'archéologie du savoir elle-même, fond sans limite de la description analytique des formations discursives prises dans l'épaisseur de leur positivité, coupées de tout point de vue théorique exclusif, données simplement dans leur jeu de formation et de déformation, dans ce qui constitue précisément leur relativité différentielle et seulement par le mouvement même des limites se fermant et s'ouvrant sur l'autonomie supposée du mouvement des positivités. Échappant aux cadres assignés à l'institution du savoir et révélant leurs dimensions dérivées, refusant verticalité et horizontalité propres à la grille du savoir moderne reconnu, l'archéologie du savoir a désigné ses lieux de prédilection comme étant l'à-côté, l'intersection, l'interférence et la dérivation.

Il fallait cette marginalité du point de vue et du nouveau savoir qui s'y élaborait pour atteindre le discours de la pratique discursive et l'assise fondamentale et historique du discours du savoir. Il s'agissait d'un désengagement qui se faisait engagement, d'une contestation épistémologique qui entraînait, par toujours plus de savoir, vers une évidence généalogique non dénuée de philosophie.

Les jeux de la mesure et de la démesure, pointés sur des positivités discernables, occultes mais agissantes, ont donné lieu à certaines questions critiques. En effet, à suivre obstinément le mouvement des limitations, à les effacer et les ouvrir selon une analyse radicale, quel pouvait être le dernier mot de ces flux et reflux, quel devait être le parti théorique à tirer ? A qui ou à quoi en voulait-on ? L'intrépide « conscience historique » allait-elle souffrir toutes ces ruptures sans « enchaîner » avec la continuité coutumière ? La question des débouchés théoriques et pratiques invoqués s'est soulevée. Le succès de l'analyse radicale n'allait-il pas se payer durement par un échec plus grand encore avec le recul inévitable donnant à l'institution du savoir, et de là à l'institution du pouvoir, un débouché supplémentaire ?

Les énoncés et les stratégies traités par Foucault comme des positivités se sont montrés comme étant les éléments dérivés et solidaires d'autres positivités au jeu déterminant dans la formation des discours du savoir et du pouvoir. Est-il possible d'accuser l'archéologie du savoir de n'être elle-même à son tour qu'un discours juxtaposé aux autres discours déjà institutionnalisés et autorisés ? L'archéologie n'aurait-elle pas inauguré à son tour une pratique discursive venant continuer dans sa manière discontinue les pratiques discursives existantes ? Le mystère du présent n'est pas l'objet direct de l'archéologie du savoir : elle a pris le parti délibéré de ne pas en traiter, mais, en fait, ses mises au jour, à quoi aboutissent-elles sinon à l'exercice d'une force d'impact sur la philosophie du présent saisi dans toute la concrétude sociale ?

Le rendez-vous avec Marx, tout comme le rendez-vous avec Nietzsche, a eu lieu. Et si l'œuvre de Foucault ne contredit guère celle de Nietzsche, on ne peut en dire autant de sa relation avec celle de Marx. Au point même qu'on a pu écrire de façon très pertinente que son œuvre n'explique pas, à proprement parler, le changement historique, mais qu'elle le *décrit* de telle façon que la vieille mécanique de l'explication marxiste ne peut plus fonctionner après Foucault[1]. A certains moments précis de l'analyse de l'*Histoire de la folie* et de *Naissance de la clinique*, toutefois, la leçon marxiste inspire le rapport de l'impact économique sur le traitement réservé à la folie ou à la maladie en général : mais quel historien, de nos jours, oublierait l'effectivité économique ? Toutefois, la généraliser systématiquement, ce serait invoquer de façon apriorique un principe, fût-il déterministe, alors que l'analyse radicale doit permettre, au contraire, de révéler précisément ce qui n'obéit pas au principe apriorique.

Chez Foucault le vertige de la rhapsodie prédomine au point de donner dans toute son ampleur le spectacle du concours complexe des régularités et des normes qui régissent les pratiques discursives ou non discursives. Indirectement Foucault soulève donc des questions de type marxiste, qu'il ne résout pas, puisqu'elles ne relèvent pas du souci archéologique. Ces problèmes ont été analysés et présentés de la façon suivante :

1. « Qu'est-ce qui dans le mécanisme qui règle les rapports de ces deux systèmes que sont les forces productives et les rapports de production produit la nécessité d'un système d'assujettissement idéologique ? »
2. « Selon quel processus spécifique les idéologies pratiques interviennent-elles dans la constitution et le fonctionnement des idéologies théoriques ? »
3. Le problème qui « concerne le type de rapports qui existe entre une idéologie théorique et une science[2] ».

Il ne semble pas que le refus de ces questions soit inconscient ; on peut même dire qu'il est assumé et explicitement proclamé par Foucault qui accepte de passer pour un « positiviste » : « Si, en substituant l'analyse de la rareté à la recherche des totalités, la description des rapports d'extériorité au thème du fondement transcendantal, l'analyse des cumuls à la quête de l'origine, on est un positiviste, eh bien je suis un positiviste heureux[3]. » Notons que l'analyse de la rareté, la description des rapports d'extériorité, l'analyse des cumuls, auxquelles il faut aussi ajouter leur résultat, c'est-à-dire le « déploiement de l'espace d'une dispersion[4] », tout à la fois sont caractéristiques d'une position de relative « neutralité » par laquelle un positivisme peut se définir, ainsi que d'une position forte de « marginalité » par laquelle une philosophie peut se manifester et se réaliser. Il serait naturellement abusif de conclure là-dessus que l'archéologie du savoir se sauve du matérialisme historique par une simple pirouette. Par un positivisme de méthode, Foucault s'octroie la condition de possibilité, le lieu où naît la science sur un fond de non-science, le lieu où la non-science elle-même finit par révéler ses régularités orchestrées. Certes, les régularités exhumées sont dites *a posteriori* appartenir à du « donné » — un donné d'ailleurs, remarquons-le, obtenu discursivement au moyen d'une méthode très précisément élaborée et appliquée — et jamais directement à un *effectué* au moment même où il s'effectue. De là, pourrait aussi venir le reproche, analogue, taxant Foucault non plus de « positivisme » mais de « structuralisme » : la description historique obtenue par l'archéologue, tout en n'expliquant plus l'histoire, en présente des clefs secrètes et seulement perceptibles *a posteriori*, lorsque la vie est passée, et ainsi montre effectivement des structures qui paraissent inchangeables, voire intouchables : c'est alors que l'injure n'est plus celle de « positiviste » mais de « structuraliste ». Ces termes, certes pris en mauvaise part, et donc ici relevant d'un jugement de valeur plus que d'un jugement de réalité, sentent leur idéologie à mille lieues.

En tout état de cause, on peut se demander où se situe l'intérêt de riposter, et de défendre Foucault de ces attaques qui ne sont, avec le recul, que la poussière des événements. On pourrait aligner tout ce dont on a accablé le phénomène « Foucault » en évoquant seulement toutes ces terminologies qui visent à classer pour ne pas avoir à distinguer l'originalité propre d'une personnalité, ou pis, pour la combattre sous la tyrannie de concepts détériorés par l'effet idéologique et politique.

Le reproche théorique concernerait le fait que toutes ces naissances analysées et donc dûment accomplies, Foucault nous les livre dans la dimension latérale du discours, et non dans la profondeur infrastructurelle de la « réalité » sociale. Cette « société » du discours archéologique, dans laquelle naissent les choses dites, ne serait qu'un fond de décor amorphe, atone, un magma sans frontières, mais bariolé de régularités apparemment gratuites, comme un pays des merveilles dont Alice serait l'archéologue. Ce qui est reproché, ce n'est autre que le désengagement qui est, d'ailleurs, chez Foucault, un nouvel engagement dont on ne veut rien savoir. Il n'en reste pas moins que nous devons retenir l'essentiel de l'entreprise courageuse de Foucault dans ce qu'elle nous apprend — et donc qui était ignoré — c'est-à-dire : que le savoir est le chantier épistémologique du pouvoir où les institutions alimentent leur source (que ces institutions soient sociales ou académiques) ; que ce qui caractérise telle institution sociale et juridique, ou telle science reconnue, c'est moins la vérité ainsi manifestée que plutôt la réalité ainsi réalisée, nous dirions le *nomos* (la convention humaine) prenant force et valeur de *dikè* (le droit humain). En effet, quant à nous, nous verrions volontiers l'essentiel du travail de cette pensée dans la mise en évidence de cette « mesure » triomphante conquise par *« la »* société, s'opposant à tout ce qui pour elle n'est que démesure. Et Michel Foucault, devant qui se sont dressés à la fois les « Bourgeois » et les « Prolétaires » d'accord pour le combattre, n'en a pas moins continué sa voie, tel le Chevalier intrépide de Dürer évoqué par Nietzsche, et il a ainsi poursuivi le savoir jusque dans ses derniers retranchements.

Or ceux-ci ne sont autres que les remparts du pouvoir. Mais qu'on ne s'abuse pas sur ce terme : nous ne sommes pas ici au niveau du langage commun, ce « pouvoir » n'est qu'une autre face du « savoir ». Et la « politique » exprimée par ce terme n'a aucun rapport avec les discours politiques : si l'archéologie implique une philosophie politique, ce n'est pas dans le sens où l'entendent nos politiciens. Depuis 1968, les philosophes eux-mêmes ont souvent cru qu'il s'agissait de crier pour penser, et que leur propre pensée pouvait transformer le monde, confondant « vitesse » et « accélération » ; car il s'agit bien, à ce propos, de « temps » et de parcours accomplis, mais comme si l'on procédait à un tir sans pouvoir déterminer la cible, et que cependant on continue à tirer ! Il suffit de voir avec Foucault que la science en tant que discours autorisé est à la fois, comme nous le disions, *nomos* et *dikè*, qu'elle « se localise dans un champ du savoir et [qu']elle y joue un rôle[5] ». De plus, ce rôle est effectivement « à envergure variable » pour ainsi dire, puisque les formations discursives et les pratiques non discursives qui les occasionnent ou qui sont par elles occasionnées, non seulement varient, mais ne peuvent jamais s'isoler totalement, tant leur action et interaction est multiple et intense.

Ainsi, au contraire d'une épistémologie pure et simple, l'archéologie ne s'arrête pas aux contours précis qui délimitent académiquement la science, du savoir — et l'on sait qu'il n'y a pas un seul discours autorisé hors du domaine scientifique qui ne comporte peu ou prou sa teneur en savoir. La science elle-même est freinée par un autre savoir dont l'efficace est reconnue lui en imposer. Et Michel Foucault nous apprend aussi, grâce à son positivisme précisément, que l'idéologie a prise sur le discours scientifique lui-même, effet que le marxisme n'ignore pas et qui réapparaît révélé par la tâche archéologique localisant la science au sein du savoir, et plus précisément au sein du *pouvoir-savoir* (un pouvoir déterminant un savoir, fût-il erroné, ou un savoir né corrélativement à un pouvoir et le justifiant). Cette localisation de la science dans le savoir, opérée grâce à l'archéologie du savoir qui met au jour les règles précises des formations discursives, nous apporte l'évidence qu'il « existe » un ensemble de réalités, sans doute dépendantes des forces productives et des rapports de production (sur quoi le silence foucaldien n'est pas aussi complet qu'on veut l'admettre), mais des réalités se présentant sous l'analyse comme des régularités : telle est l'originalité du travail archéologique qu'il mette en jeu des relations différentielles, des inter-relations déterminantes au niveau du discours, niveau élu par ce travail archéologique, mais qui n'exclut pas le système des volontés sous-jacentes. D'ailleurs, déjà le plan du discours a permis de laisser transparaître une réalité autre que nous nommerons avec Foucault « matérialité », ou si l'on veut « réalité sociale », et que le mépris ni l'inconscience de certains discours non scientifiques n'ignorent pas puisqu'ils tablent sur elle et n'ont d'autre fondement qu'elle.

L'archéologie serait-elle alors la nouvelle idéologie de la science et du savoir, c'est-à-dire le discours des interstices localisant le savoir selon une étude de la loi de déplacement dont le théâtre serait encore et définitivement l'archéologie du savoir ? Mais, s'il n'y a plus de « cogito », ni d'auteur, ni d'œuvre, ni d'unité de discours, en quoi la notion d'idéologie peut-elle encore être utilisable dans une explication scientifique, sinon dans le sens de représentation non scientifique, auquel sens il conviendrait encore mieux de substituer le sens de pratique discursive non scientifique, savoir d'un pouvoir, ou bien ce que nous désignions à l'instant comme le pouvoir-savoir ?

Si l'archéologie opère cette conversion, nous retrouverons tout d'abord la première des trois questions que nous évoquions : elle est manifestement posée à partir d'un autre discours qui ne rencontre pas le terrain archéologique : ce n'est pas étonnant, puisque le terrain de l'archéologie du savoir est bien le *no man's land* de tous les discours. En effet, le premier « problème marxiste » que ne résout pas l'archéologie appartient au discours marxiste, non au discours archéologique, lieu en perspective des discours. Et l'assujettissement idéologique entre nécessairement sous forme de discours dans un discours archéologiquement analysable, et dont il est possible d'étudier les régularités, elles-mêmes solidaires d'autres régularités de discours auxquelles elles s'opposent. C'est, d'ailleurs, à la notion de représentation que s'adresse la question du second « problème marxiste » posant la difficulté de la représentation intermédiaire entre l'idéologie pratique et l'idéologie théorique. Même et surtout si la représentation est criticable du point de vue marxiste, le problème demeure d'expliquer comment a lieu la représentation de l'idéologie pratique par l'idéologie théorique, et d'expliquer ainsi comment s'engendre le représentable. Mais, à travers Marx lui-même n'est-il pas possible de s'en remettre au langage, puisque le langage est « la conscience réelle, pratique, existant aussi pour d'autres hommes, existant donc alors seulement pour moi-même[6] » ? La conscience étant un « produit social » et le demeurant « aussi longtemps qu'il existe des hommes[7] », l'analyser sous la forme du langage, dans les pratiques linguistiques, c'est une manière d'aborder objectivement l'idéologie, à condition de s'imposer une méthode rigoureuse à l'instar de celle de Foucault, qui n'a pas recours, quant à lui, à la bipartition, épistémologiquement inopérante, de l'idéologie du point de vue théorique et de l'idéologie du point de vue pratique.

Quant au troisième « problème marxiste » qui a été avancé, il semble que Foucault l'ait, sinon posé dans les mêmes termes, du moins assez aperçu pour lui donner une réponse explicite justifiant l'idéologie définie selon un certain nombre de repères positifs : 1. « l'idéologie n'est pas exclusive de la scientificité[8] » ; 2. « l'analyse de ce fonctionnement [idéologique] doit se faire au niveau de la positivité et des rapports entre les règles de formation et les structures de la scientificité[9] » ; 3. « un discours ne dénoue pas [...] son rapport à l'idéologie[10] » ; 4. « s'attaquer au fonctionnement idéologique d'une science [...] c'est la reprendre comme pratique parmi d'autres pratiques[11] ». Ce qui est clair, c'est que le problème des rapports entre une idéologie théorique et une science, tel qu'il est posé et proposé par le marxisme, ne semble guère soluble : la seule solution qui soit valable pour Foucault consiste à mettre tous les éléments au même dénominateur des pratiques discursives. Par là se résout aussi le problème précédent concernant le rapport des idéologies pratiques et des idéologies théoriques, et cela par la recherche du jeu différentiel des pratiques discursives et des pratiques non discursives. Seule demeure entrevue la « matérialité » des rapports des « deux systèmes que sont les forces productives et les rapports de production[12] », à propos desquels il faudrait étudier la « nécessité d'un système d'assujettissement idéologique[13] » : problème marxiste qui implique un éclaircissement du concept de « matérialité » au sein même du marxisme.

Les différents points de repère que nous évoquions à propos de l'idéologie dans son rapport à l'archéologie du savoir n'ont pu être eux-mêmes repérables et énonçables que par un effet de fusion ou de confusion (terme pris ici en bonne part, mais bel et bien dans son opposition à ce que le terme de distinction pouvait dénoter dans la perspective cartésienne) méthodique et de principe qui caractérise l'archéologie. Ce sont : 1. l'absence de limite ; 2. un pur et simple jeu de rapports différentiels ; 3. la régulation du mélange ; 4. le commun dénominateur de la pratique dans sa positivité discursive.

L'absence de limite s'explique par l'analyse minutieuse de la nature particulière de la mesure laissant apparaître à sa lisière la démesure ; mais appréhender cette dernière n'entre pas dans le propos de l'archéologie — et, pour ce faire, encore faudrait-il inventer une autre mesure : *La Naissance de la tragédie* développait, d'ailleurs, assez ce rapport parfaitement saisi par Nietzsche, puisque le Dionysos de la démesure ne pouvait apparaître sans l'Apollon de la mesure, formant entre eux l'opposition duelle désormais classique de l'*ubris* et de la *dikè*. La leçon de l'archéologie s'en tient à celle de Nietzsche, puisque Foucault pas plus que Nietzsche n'invente une nouvelle mesure. Et s'il est vrai que toute destructuration implique une nouvelle restructuration, on chercherait en vain cette dernière aussi bien chez Nietzsche que chez Foucault ; elle est absente chez l'un et l'autre, car s'ils démontent à loisir les structures pour en permettre la connaissance, dans les deux cas on suspecterait en vain la « neutralité » et l'« objectivité ». On taxera, au besoin, leur entreprise de « nihilisme », ou, comme nous l'avons déjà vu, de « positivisme » ou de « structuralisme », selon les cas et les temps. Dans les deux entreprises, tout effort d'assimilation à une théorie générale ou à un système politique est erroné, car il s'agit, pour Nietzsche comme pour Foucault, d'opérations stratégiques visant à la prise de conscience à travers la rupture avec l'ordre ancien. Qu'on puisse ramener à un « perspectivisme » le parti pris d'une relativité quasi mécaniste dans l'observation des rapports divers, notés selon des points de vue volontairement sans thèse et sans souci de « fondement », cela est acceptable. L'absence de critère fixe de l'observation — dont le seul parti pris soit celui de la non-détermination — n'implique, certes, plus de « sujet » ; mais cette constatation ne doit pas être prise pour en faire le bénéfice d'une réalité sociale effective, telle la classe sociale, ou encore les forces productives, ou les rapports de production. Ce qui peut apparaître comme un effacement complet de la « matérialité » n'est, en fait, que le symptôme de ce qui se passe réellement, et qui est une opération de mélange, volontairement effectuée, dans et par laquelle les positions différentes se réduisent à n'être que des domaines et des objets archéologiquement inventoriés, que ce soit l'*asile* ou la *prison*.

Peut-on alors affirmer comme illusoire le commun dénominateur de la « pratique », généralisant l'idéologie à ce pouvoir-savoir, à la fois pratique et théorique, et réduisant ainsi toute « matérialité » à devoir s'aligner en tant que pratique non discursive avec toute pratique discursive ? Le caractère même d'effectuabilité qui a été reconnu par Wittgenstein dans les mathématiques elles-mêmes définit ce « donné », qui est le résidu de l'analyse, comme un « effectué », c'est-à-dire ce qu'il ne semblait pas devoir être tout d'abord, et même, pourrait-on dire, comme une « cause effectrice » pour ceux qui ne peuvent se déprendre de la « *causalité* ».

A travers la normativité du discours d'une époque, prise et démontrée dans les formes de normalisation du savoir, l'effectuabilité, c'est-à-dire la pratique praticable inhérente à la pratique discursive, et aussi l'acceptabilité scientifique proposée par un Chomsky — c'est-à-dire la pratique théorique inhérente également à la pratique discursive — concourent à produire dans notre système de pensée des éclatements affectant le niveau de la pratique théorique ; ceux-ci ne peuvent pas ne pas exercer leur effet au niveau de la pratique en général.

2. *Questions de méthode*

Il est indéniable que de nouvelles voies se sont ouvertes avec Foucault ; et, comme chaque fois que pareille aventure se produit, des réticences se sont fait sentir. Partie de sa propre métaphore, qu'elle a voulue radicale et sise dans le domaine médical, l'entreprise foucaldienne s'est donné l'accès à un mode de développement original lui permettant de mettre au jour la notion et la réalité de pouvoir-savoir qui s'est avérée être un *bio-pouvoir*, puisque fondé sur un savoir de la vie : le pouvoir-savoir nous responsabilise et nous subjectivise sur la polarité de la vie. Et, comme nous l'avions parfaitement discerné dans une approche antérieure, cherchant quelle métaphore originale était à l'œuvre, nous avions repéré le modèle d'investigation sous-tendant l'entreprise entière — et elle s'imposait, d'ailleurs, à notre demande, dans l'œuvre la plus épistémologique de Foucault : il s'agit de la métaphore ou du modèle de l'*anatomo-clinique*. C'est, en effet, la clinique du scalpel et de la dissection, à la recherche des régularités du mystère du corps humain, qui inspirait de part en part l'archéologie foucaldienne. L'appartenance épistémologique peut se trouver validée, si l'on reconnaît cette homologie et surtout si l'on en voit la confirmation dans la méthode ; celle-ci ne part-elle pas de la couche de surface, la peau seule visible à l'œil nu, et ne progresse-t-elle pas en interrogeant les couches sous-jacentes rencontrées, et cela sans jamais parvenir à entrer dans le secret dernier des dieux sur le ressort profond et dialectique de la vie de ce système de vie. La méthode anatomo-clinique livre périodiquement, et selon les couches mises au jour, les traces de la vie, toutes les choses dites et mortes, tous les discours retombés comme les membranes, les fibres, les enveloppes, les tissus de ce système vivant qui est encore le nôtre, puisque nous nous y alimentons fondamentalement. Cette vie maintenue dans l'archive conservée est toujours du ressort de notre système de vie. Refusant délibérément de viser les finalités de présumées « totalités », Foucault prend donc fermement ses distances par rapport à ce que la catégorie de la vie inspire à un Dilthey, c'est-à-dire la

« compréhension » d'une globalité ; mais, précisément comme Dilthey, Foucault discerne un enchevêtrement de systèmes dont chacun possède ses lois intérieures propres à conditionner la structure des systèmes. Le propos foucaldien doit donc fondamentalement au projet diltheyen de constituer une histoire des sciences humaines ; et c'est Dilthey qui écrit : « Les bibliothèques sont nos archives : ce sont elles qui conservent la totalité des documents qui intéressent l'histoire des sciences. Si les archives permettent d'embrasser du regard une affaire politique dans ses différentes phases, comme un drame avec ses scènes et ses actes — à l'exclusion, hélas ! de ce qui se passe dans les coulisses — les bibliothèques permettent de reconnaître les divers stades d'un événement scientifique qui a pour résultat l'apparition d'un ensemble de vérités[14]. » « Le rapport entre les concepts et les préceptes qui se sont formés dans l'art politique de la grande époque créatrice des cités grecques, entre l'esprit qui animait leurs États et leurs ligues et, d'autre part, les résultats obtenus par les plus anciens constituera une partie importante des premières recherches historico-critiques que nous aurons à exposer à partir du droit naturel des sophistes[15]. »

Déjà, à l'occasion de l'édition du texte de Binswanger, *Le Rêve et l'Existence*, Foucault avait pressenti la nécessité d'une analyse anthropologique du rêve découvrant plus de couches que ne l'impliquait encore l'analyse freudienne n'explorant que la dimension symbolique de l'univers onirique lui-même. Si Freud avait su dégager la fonction sémantique du rêve, il n'avait cependant atteint ni sa structure morphologique ni sa structure syntactique — cette dernière, évoquée par Freud, demeure analogique[16]. Foucault très justement écrivait : « La psychanalyse n'a donné du rêve d'autre statut que celui de la parole ; elle n'a pas su le reconnaître dans sa réalité de langage[17]. » La nécessité du recours au procédé linguistique est confirmée par l'épreuve qu'un Jean-Jacques Rousseau s'inflige dans les *Dialogues* que présente Foucault : « Il s'agit, dans un seul mouvement de pensée, de fonder l'inexistence et de justifier l'existence [...]. L'existence n'est jamais qu'une innocence qui ne parvient pas à être vertueuse, et l'inexistence, sans cesser d'être illusion, s'obscurcit, s'épaissit dans une essentielle méchanceté. Ce double mouvement n'est jamais porté jusqu'à l'extrême de l'incompatibilité, parce qu'intervient le langage qui détient une double fonction : exprimer l'innocence et la lier par sa sincérité[18]. » Ainsi le procédé linguistique purifie les choses en les manipulant par la médiation des mots ; il permet encore de dire deux choses avec le même mot, à tel point que Roussel choisira de « construire un discours que chaque mot qu'il fait naître abolit[19] ». Ce langage de langage peut passer « au filtre des sonorités élémentaires[20] », l'oreille, mais encore l'œil ou la bouche peuvent mener le jeu pour Roussel, tandis que pour Brisset ce n'est que l'oreille à partir de laquelle il pratique l'à-peu-près dans une multitude d'énoncés. Ainsi, couches phonétiques, couches oniriques, niveaux différents de langage — chez un Flaubert : « A partir du lecteur réel, on a donc cinq niveaux différents, cinq "régimes" de langage marqués par les chiffres *bis*, livre, théâtre, texte sacré, visions et visions des visions[21] » : Foucault reconnaît chaque fois les stratifications signifiantes. Dans le domaine du rêve et de la fiction, les monuments sont inhérents aux énoncés, dont le traitement seul, quel qu'il soit, et aussi variable soit-il, détermine la « réalité » de l'auteur et lui donne en fin de compte son statut propre, tout comme la transgression originaire donna son statut à un auteur originaire qui la paya sans doute de sa vie. Tel est l'enseignement généalogique. Et que le discours scientifique soit dans l'ordre des lois et pure affaire d'institution, que l'énoncé de la fiction se crée ses propres lois transgressives pour former un langage à lui seul, et « cachant ce qu'il donne à voir, dérobant au regard ce qu'il se proposait de lui offrir[22] », on peut dire chaque fois que la place faite au discours l'honore en même temps qu'elle le désarme. Foucault décrivant le discours comme objet appréhendé de l'extérieur en montre le caractère, encore impénétré, de singularité redoutable et maléfique, de solennité silencieuse et ritualisée, d'apparition au pouvoir conféré selon des ritualités.

De l'*Histoire de la folie* (1961) à *Surveiller et punir*

(1975), il est facile de distinguer le véritable aboutissement des premières recherches et de la méthode archéologique exacte qui s'en est dégagée. Cette « histoire » pratiquée par Foucault, loin d'être sans effet « réel », se révèle critique, dirigée vers les racines de nos institutions et des lois qui les conditionnent et les protègent. Du même coup, le problème lui-même est en pleine évolution : posé au départ dans les termes d'une recherche de la morphologie du savoir, qui a permis de mettre en évidence les transformations des pratiques discursives de la « volonté de savoir » et leur liaison à des modifications souvent extérieures aux pratiques discursives elles-mêmes (formes de production, rapports sociaux, institutions politiques[23]), le problème, en effet, s'est considérablement singularisé dans celui d'une recherche de la « formation de certains types de savoir à partir des matrices juridico-politiques qui leur ont donné naissance et qui leur servent de support[24] ».

Récapitulons dans ce sens les trois parties de l'*Histoire de la folie*. La première montre comment, la lèpre disparue, le monde médiéval est prêt à chercher le relais ; les maladies vénériennes qui s'imposent à l'examen seront bientôt reléguées au rang des maladies courantes. Le phénomène de la « folie » va prendre la relève de la lèpre : la Nef des fous en est le symbole errant. Peu à peu, le partage rituel va trouver ancrage dans un enclos fixe. Mais le « fou » est entré dans le discours de la raison, comme il l'était aussi de la fable, si bien que folie et raison deviennent relatives l'une à l'autre dans une dialectique de la réciprocité, et l'une et l'autre s'affirment et se nient. La barque va devenir hôpital et la folie sera désormais cernée, incluse-exclue. Du renfermement à la correction, bientôt le pas est franchi : le peuple des insensés est né ! La seconde partie de l'*Histoire de la folie* découvre les différents modes de la conscience sous lesquels le phénomène nouveau est appréhendé : une conscience *critique* de la folie — elle est ressentie comme opposition —, une conscience *pratique* de la folie — elle est pensée comme différente de la raison et fondera le départage de la raison —, une conscience *énonciative* de la folie — elle est enfin « indiquée » —, une conscience *analytique* de la folie — elle est différenciée dans toutes ses formes déployées. Avec la troisième partie, Foucault nous fait assister à la naissance de l'asile, qui libère le fou de l'animalité dans laquelle le « savoir » le tenait enchaîné, pour l'intégrer à l'humanité sous l'espèce du type social par « la libération dans l'internement », qui « dans la mesure où elle est réédification d'une société sur le thème de la conformité aux types, ne peut pas manquer de guérir[25] ». Tel est donc l'aboutissement discursif de l'aliénation et ensuite de sa suppression, car la folie, disait-on, « est vice, violence, méchanceté » ! Cependant est à l'œuvre ce que Foucault appelle « le cercle anthropologique » : désignant la liberté du fou, l'internement la fait disparaître ; aussi le projet sera-t-il, au cours du XIXe siècle, de traquer le concept de cette liberté qui retient le fou en sa vérité, en même temps qu'éloigné d'elle, et aliéné.

L'expérience classique qui faisait de la folie l'instantané du non-être de l'erreur laisse place enfin, moyennant le passage par la négativité, à la nécessité d'une positivité : de l'homme à sa vérité le chemin obligé passe dès lors par la folie ! Comme on le voit, les raisons invoquées se trouvent par là même dénoncées. Alors, le savoir du pouvoir se confirme comme fragile en sa vérité, mais il manifeste en faveur d'un autre savoir possible. *Surveiller et punir* nous montre sous cet angle la naissance de la prison à travers les étapes du supplice, de la punition, et de la discipline : de la peine corporelle atroce à une nouvelle économie politique du pouvoir de punir, et de celle-là à la discipline avec les techniques inventoriées de la clôture et du quadrillage, avec la règle des emplacements fonctionnels, et enfin sous la dominance du rang pour réaliser la surveillance hiérarchique aidée d'un jeu de passages, d'ouvertures, et de transparences se substituant à la lourde architecture faite de murs épais et de portes, qui retombent sur l'enfermement pur et simple. Le panoptisme va régner partout où il sera jugé efficace : dans « la production manufacturière, la transmission des connaissances, la diffusion des aptitudes et des savoir-faire, l'appareil de guerre[26] ». Ainsi, la prison a transformé la procédure punitive en technique pénitentiaire. Ce qui est à remarquer derrière les descriptions de Foucault, c'est que la technique pénitentiaire, dérivant de l'institution pénale, s'est finalement transportée « au corps social tout entier[27] ». L'humanité même se trouve ainsi centralisée et comprise dans le concept et la réalité du « carcéral », avec tous ses dispositifs sensibles au signifié commun qu'il a établi entre la moindre irrégularité et le dernier des crimes. Tel est le décor sévère et historique que Foucault avait fini de planter aux diverses études qu'il annonçait devoir développer dans la même ligne sur « le pouvoir de normalisation et la formation du savoir dans la société moderne[28] ».

Nous devons constater qu'avec cette armature idéologique et institutionnelle reconstituée historiquement, qui devait être le fond du tableau du pouvoir de normalisation propre à la formation du savoir, Foucault faisait entrer en ligne de compte un aspect essentiel de son travail : la méthode, celle de l'archéologie du savoir, sans laquelle il n'aurait guère été possible d'atteindre aux effets de savoir, ni de découvrir ce qui opère ces effets mêmes, c'est-à-dire la loi de normalisation ou bien encore de légitimation (ou, comme nous le considérons, pour notre part, de « symbolisation ») à l'œuvre, et pourtant encore inconnue pour la plupart des cas. L'entreprise épistémologique et archéologique de Foucault reçoit un éclairage accru sous l'effet de nouvelles évidences : nous pensons à celles d'un René Thom réfléchissant sur l'impasse épistémologique des sciences physiques, pourtant réputées les plus solides.

Par *Les Mots et les Choses*, l'histoire de la pensée occidentale s'est trouvée ramenée à quelques fonctions centrales déterminantes, dont la plus fondamentale était bien celle de « représenter » sur la base des quatre opérations : l'*analyse* — compte tenu de l'ordre, de l'identité, et de la série des différences —, la *mise en catégories* articulant dans sa totalité le domaine étudié, la *comparaison*, l'*énumération*. A partir de cette pure représentation, et hors de son espace, les savoirs se sont distribués dans le trièdre formé de la vie, de la production, et des langages, laissant les sciences humaines vaquer dans les interstices de ces différents savoirs — situation à la fois mineure et privilégiée, instable et dérivée, faisant courir au savoir (étant donné la visée universelle des sciences de l'homme) le risque dit d'« anthropologisation ». Mais, dans l'état actuel du savoir, s'agit-il encore d'un « risque », ou tout simplement du nouveau mode d'appréhension du savoir, ainsi qu'il apparaît à qui connaît les perspectives ouvertes aussi bien par un Feyerabend que par un Holton[29] ? Sur ces larges délimitations des savoirs présents et passés, il fallait se tourner muni d'une méthode explicite d'approche du savoir qui fût la pensée limite des jeux de langage des différents discours scientifiques. Et ce fut l'œuvre de Foucault.

Le recours à la méthode s'imposait non pas pour trouver la vérité dans les sciences, à l'instar de Descartes, mais pour dévoiler la vérité de la vérité scientifique, pour s'attaquer à l'objet au-dessus de tout soupçon qu'est, par principe, le savoir constitué, les sciences achevant de se constituer, et, à plus forte raison, pour s'attaquer aux sciences se cherchant encore dans le jeu de la vérité.

Depuis la parution de l'*Archéologie du savoir*, d'autres philosophes comme Habermas[30] ont mis en avant le problème de la constitution du savoir. Notons que nous pourrions amplement développer cette même application chez Auguste Comte, pour les six sciences fondamentales et surtout pour la dernière, la sociologie (ce qui restituerait une généalogie inaperçue encore dans les diverses traditions philosophiques). Dès 1973, Jürgen Habermas était parti du concept de crise dans les sciences sociales, qu'il attribuait à la difficulté présentée par le « système » dans sa fonction d'intégration. Il développait ainsi une théorie des systèmes sociaux qu'il rattachait à une théorie du capitalisme avancé, mais il posait un problème dont il remarquait déjà le concept posé par Max Weber, le problème de la légitimation. L'*Archéologie du savoir* n'apporte, au contraire, aucune théorie de la société, mais, suivant un principe initialement historique, elle permet de mesurer les pouvoirs de tous les hommes qui ont concrètement vécu et pensé, et, dans cette perspective, elle propose un moyen d'approche rigoureux. Au fait des techniques de l'histoire nouvelle, l'archéologie offre un ensemble organisé de moyens d'analyse des discours et, en particulier, d'analyse des énoncés.

Défaisant les régularités discursives là où elles s'étaient constituées par l'impact de cette loi de normalisation (ou de « légitimation », ou de « symbolisation ») en unités de discours, *a priori* douteuses, Foucault analyse les énoncés et surtout les relations entre les énoncés. Ce qui importe, c'est donc moins la rubrique sous laquelle on les trouve, que la relation de ces formes énonciatives et de leurs teneurs comparées. Mais, par-dessus tout, ce qui importe, c'est — étant donné la difficulté des approches et des choix — de discerner la formation discursive et surtout les règles de formation. Si l'on pense à la formation des objets, par exemple, il faudra repérer « les surfaces premières de leur émergence », les « instances de délimitation », les « grilles de spécification », toutefois en retenant que ces objets ne se présenteront pas tout armés ou instaurés à l'avance. Car « on ne peut pas parler à n'importe quelle époque de n'importe quoi[31] ». De plus, les relations que l'objet de discours permet d'établir ne se trouvent pas dans l'objet, mais sont à découvrir entre des institutions, des processus sociaux, des comportements, des systèmes de normes, des types de classification. Donc, les relations discursives « ne sont pas internes au discours ». Foucault propose une entreprise qui commande des précautions de méthode, car ce n'est pas le « fond des choses » qui pourra se porter garant de la définition de l'objet mais plutôt l'ensemble des règles qui ont permis de le former. Quant aux modalités énonciatives, elles ne sont pas une seule ! Elles émanent, de plus, d'emplacements institutionnels différents. La formation des concepts exige autant de circonspection. C'est au niveau du discours que la question se pose, et ce discours n'est pas traduction extérieure, mais bien lieu propre du concept, indépendant de l'horizon d'idéalité ou même seulement du cheminement empirique des idées.

Enfin, les réseaux de concepts, ou bien les choix théoriques, ou encore les formes d'énonciation, ici ou là, se présentent en formations stratégiques dont on ne peut préjuger de rien, et qu'il faut bien s'attendre à reconnaître. C'est en définissant le système de formation des différentes stratégies se déployant dans une formation discursive qu'on pourra individualiser celle-ci.

Nous avons parlé d'énoncé. L'énoncé, est-ce la phrase ? Est-ce l'identité d'une proposition sous l'unité d'une formulation ? Est-ce le fameux *speech act*, ou acte illocutoire, étudié par Austin et Searle, et qui est « ce qui s'est produit par le fait même qu'il y a eu énoncé[32] » ? Ni la grammaire ni la logique ni l'Analyse ne permet d'individualiser l'énoncé dont traite Foucault. Pour l'archéologue, il peut y avoir énoncé sans structure propositionnelle légitime, sans phrase, et il peut y avoir plusieurs énoncés dans l'acte de langage. L'énoncé est la condition *sine qua non* — ni à proprement parler linguistique, ni à proprement parler matérielle — pour qu'on puisse dire qu'il y a eu proposition, phrase, ou acte de langage : c'est une fonction s'exerçant verticalement par rapport à ces diverses unités. Non pas une structure, mais une fonction, l'énoncé permet de savoir si les signes font sens. On parlera plus précisément de fonction énonciative indissociable d'un domaine approprié, d'un champ de coexistence : l'énoncé sera identifié par sa possibilité de réinscription et de transcription, par sa place dans une constellation d'autres énoncés ; il sera caractérisé par sa capacité de variation et de répétition.

3. *Le pouvoir-savoir ou la matérialité du discours*

A partir du repérage des énoncés, l'archéologie permet d'inventorier et de répertorier les éléments d'analyse qu'elle est à même de décrire, de comparer, dont elle peut suivre la série des transformations, sensible qu'elle est à la répétition et au changement.

Bien loin d'avoir failli devant le devoir de reconnaître la matérialité, Foucault a prouvé une nouvelle forme de son « existence » : celle de la « redoutable matérialité » de la « production du discours[33] », du « caractère d'événement[34] » du discours mettant en question notre volonté de vérité et la souveraineté du signifiant. Ainsi

Foucault énonçait-il les trois décisions prises au seuil du Collège de France : « remettre en question notre volonté de vérité ; restituer au discours son caractère d'événement ; lever enfin la souveraineté du signifiant[35]. » Ces tâches constituent ni plus ni moins que la généalogie du pouvoir mise en place par la Leçon inaugurale, c'est-à-dire le texte publié sous le titre : l'*Ordre du discours*.

D'archéologique, la méthode devient généalogique ; cette dernière ne rompt pas avec les principes de l'archéologie, mais les principes prédominent sur les procédures elles-mêmes ; d'abord : un principe de *renversement* qui contrarie la tendance positive à chercher l'auteur, la discipline, la volonté de vérité, et lui substitue la reconnaissance attentive des pratiques discontinues souvent ignorantes les unes des autres, exclusives les unes des autres, ce qui met en jeu un second principe : de *discontinuité*. A interpréter ces pratiques, il ne faut surtout pas imaginer que notre connaissance soit prête : il faut plutôt se méfier d'une providence prédiscursive qui nous ferait comprendre ces discours, d'où la nécessité d'un troisième principe : de *spécificité*. Au lieu d'aller vers un sens intérieur, il faut plutôt aller, au contraire, vers l'extérieur du discours à appréhender : grâce à un principe d'*extériorité*. Ces quatre principes impliquent quatre notions décisives : la notion d'événement, la notion de série, la notion de régularité, la notion de condition de possibilité, quatre notions s'opposant respectivement aux notions de création, d'unité, d'originalité et de signification. Ainsi, au lieu de la création, de l'unité, de l'originalité et de la signification, qui ont jusqu'à présent dominé l'histoire des idées, ce qui donc va émerger, c'est l'événement, la série, la régularité, et enfin la condition de possibilité. Du point de vue du travail historique, la généalogie historique de Foucault met en lumière la nécessité de considérer un événement avec la série, dûment définie, à laquelle il appartient selon l'analyse utilisée, compte tenu de la connaissance de la régularité à laquelle il est soumis, et compte tenu de la détermination des conditions dont dépendent ses variations, et ses inflexions. La finalité de l'étude de l'historien d'aujourd'hui n'étant plus d'expliciter l'ancienne causalité historique, encore moins les structures antérieures ou étrangères à l'événement, Foucault l'explicite comme étant d'« établir les séries diverses, entrecroisées, divergentes souvent mais non autonomes, qui permettent de circonscrire le "lieu" de l'événement, les marges de son aléa, les conditions de son apparition[36] ». Éloignées, les notions de conscience, de continuité, de signe, de structure, à leur place s'imposent désormais l'événement, la série ; ce qui nécessite que soit défini l'événement : Foucault énumère ce que l'événement n'est pas, « ni substance ni accident, ni qualité ni processus[37] ». L'événement n'est pas « corporel », et pourtant il n'est pas « immatériel ». Il n'y a pas d'événement sans matérialité : « il se produit comme effet clef et dans une dispersion matérielle[38]. » Et Foucault invoque une position apparemment paradoxale qui est celle d'un « matérialisme de l'incorporel[39] ».

Des séries discontinues les unes par rapport aux autres désormais nécessiteraient « une théorie des systématicités discontinues[40] » n'impliquant ni le recours à l'instant ni le recours au sujet. La régularité de ces séries discursives, homogènes et discontinues, rend inutile l'établissement des liens de causalité ou de nécessité. La régularité autorise l'aléa de la production des événements, d'où cette autre nécessité d'« une théorie permettant de penser les rapports du hasard et de la pensée[41] ». Foucault voit s'introduire dans la pensée même tout à la fois hasard, discontinu et matérialité. Ainsi se trouvent mises en péril, non seulement la fameuse philosophie de la représentation, mais encore toute philosophie de l'histoire quelle qu'elle soit. Cette histoire généalogique pratiquée par Foucault permet de constituer des séries homogènes d'événements discursifs, éminemment matériels. L'*histoire des systèmes de pensée* — telle fut la rubrique générale du cours de Michel Foucault au Collège de France — entre donc légitimement dans la pratique des historiens.

Ces principes étant adoptés, quelle sorte de travaux allaient être rendus possibles ? Entre la somme de ses travaux archéologiques déjà accomplis, et celle de ses travaux à venir, Foucault intercale donc son programme de recherches ; celui-ci comprend une double orientation. Une première orientation va englober un ensemble critique appliquant le principe de renversement mettant à découvert toutes les formes de l'exclusion. Une seconde orientation appliquera les trois autres principes et c'est l'ensemble généalogique. Tandis que l'ensemble critique manifeste les systèmes de contraintes, l'ensemble généalogique montre la formation des séries à partir de ces systèmes de contraintes. Relèvent de l'ensemble critique toutes les analyses portant sur les fonctions d'exclusion : partage entre folie et raison à l'époque classique, qui a fait l'objet de l'*Histoire de la folie* ; analyse d'un système d'interdit du langage, et en particulier celui de la sexualité depuis le XVIe siècle jusqu'au XIXe siècle — analyse qui sera entamée avec le premier volume de l'*Histoire de la sexualité : la Volonté de savoir*[42]. C'est à l'opposition du vrai et du faux que Foucault annonce être sur le point de se consacrer dans cette perspective critique, et selon trois moments de notre volonté de savoir : celui de Socrate et de la dichotomie *discours vrai/discours faux*, celui de la science de l'observation au XVIIe siècle en Angleterre, celui de la science moderne au XIXe siècle alors que se forme la société industrielle et que se développe l'idéologie positiviste. Et, dès le cours de la première année au Collège de France, en 1970-1971, Foucault étudiera quelques modèles théoriques de la volonté de savoir : le modèle aristotélicien et le modèle nietzschéen. Utilisant le modèle d'une connaissance intéressée produit par Nietzsche, Foucault en cherche et en trouve des exemples dans la Grèce archaïque avec la pratique du serment, allant du serment-défi au serment assertorique, avec la recherche d'une juste mesure dans les échanges commerciaux et dans la cité par le moyen de la monnaie, avec la recherche du *nomos* de la cité, analogue à l'ordre du monde. La forme de la justice est liée à un savoir, posant visiblement la vérité constatable et mesurable. *L'ordre du discours*, d'avance, souligne et découvre un angle entre vérité et justice qui se signalera dans le système pénal, alors que l'étude de la pénalité, à laquelle le séminaire de la même année est consacré, concerne spécialement la France au XIXe siècle. Donc se met en place ce que Foucault appelle « l'analyse des instances du contrôle discursif[43] ».

Tandis que la critique archéologique analyse les processus de raréfaction, de regroupement et d'unification des discours, « la généalogie étudie leur formation à la fois dispersée, discontinue et régulière[44] ». Mais il n'est guère possible de séparer ces deux tâches : la procédure de contrôle peut se trouver intégrée dans la formation régulière du discours. Tandis que la part critique de l'analyse recherche comment le discours répond aux principes d'ordonnancement, d'exclusion, de rareté du discours, sa part généalogique recherche les séries de la formation discursive effective, constituant des domaines d'objets donnant lieu à des propositions vraies ou fausses : d'un côté, « désinvolture studieuse », recommande Foucault, pour l'analyse critique, de l'autre « positivisme heureux » pour l'analyse généalogique.

D'abord une analyse de la *mesure* en tant que forme du pouvoir-savoir de la cité grecque, ensuite une étude de l'*enquête* en tant que moyen de l'État médiéval naissant pour imposer certains faits et produire des savoirs empiriques d'une part et des sciences de la nature d'autre part, enfin une investigation de l'*examen* en tant que forme du pouvoir-savoir des sociétés industrielles et de leurs formes de contrôle, d'exclusion et de punition, ont successivement permis de dégager les modes de naissance des méthodes et pratiques scientifiques à partir de pratiques discursives et non discursives liées à la mise en place d'un pouvoir politique, et seulement ensuite progressivement décantées comme pratiques scientifiques, des deux points de vue théorique et pratique. Après la *mesure* et l'*enquête*, l'*examen*, qui est donc la troisième forme évoquée du pouvoir-savoir par le cours de l'année 1971-1972, a concerné directement la modernité, sous l'espèce de la prison et de l'asile en tant que fait majeur mis en évidence comme enfermement dans *Histoire de la folie* et *Naissance de la clinique* et ensuite dans *Surveiller et punir*. L'histoire des rapport entre psychiatrie et justice pénale se concrétise : l'affaire Pierre Rivière illustre un cas de psychiatrie pénale richement documenté de trois rapports médicaux différents dans l'analyse, dans les conclusions, dans le statut propre à chacun des signataires au sein de l'institution médicale, également d'un ensemble de pièces judiciaires, témoignages de témoins et de voisins du criminel, enfin du mémoire de l'accusé lui-même expliquant l'assassinat de sa mère, de sa sœur et de son frère. On voit alors comment le savoir psychiatrique, la jurisprudence du parricide, toutes les strates documentaires repérées dans les témoignages, dans les procès-verbaux, dans les consultations, représentent une masse d'énoncés multiples et divers d'une réalité faite de tous les ressentiments sociaux assumés individuellement par un seul vengeur, l'auteur circonstancié d'un discours et d'un crime s'entremêlant. Discours précédant le crime, discours oublié s'effaçant devant le crime, discours écrit après le crime. Ainsi, le geste et la parole de Pierre Rivière s'inscrivaient dans un espace déterminé : à la fois, un certain type de discours, un certain type de savoir, mais également « la campagne, univers silencieux de malheur[45] » : « [...] pour la mémoire populaire [...] le meurtre est l'événement par excellence. Avec lui se pose sous une forme absolument dépouillée le rapport du pouvoir et du peuple : ordre de tuer, interdiction de tuer ; se faire tuer, être exécuté ; sacrifice volontaire, châtiment imposé ; mémoire, oubli[46]. »

Ces constatations sont là pour achever de nous convaincre que l'archéologue ne visait pas purement et simplement une épistémologie, fût-elle d'un genre tout à fait nouveau, mais plus précisément une généalogie du pouvoir des discours : de l'*asile* comme de la *prison*, une mainmise domine que ce soit sur l'âme ou que ce soit sur le corps. Une psychologie du sujet émane donc, déjà, de la prison, puisque, ainsi que l'écrit Foucault, « la prison a l'avantage de produire de la délinquance, instrument de contrôle et de pression sur l'illégalisme, pièce non négligeable dans l'exercice du pouvoir sur les corps, élément de cette physique du pouvoir qui a suscité la psychologie du sujet[47] ». De même, l'asile va cerner, avec la réalité de la maladie mentale, un discours scientifique acceptable : « Le pouvoir du médecin lui permet de produire désormais la réalité d'une maladie mentale dont le propre est de reproduire des phénomènes entièrement accessibles à la connaissance. L'hystérique était la malade parfaite, puisqu'elle donnait à connaître : elle retranscrivait elle-même les effets du pouvoir médical dans des formes que le médecin pouvait décrire dans un discours scientifiquement acceptable[48]. »

Cette double conclusion aux enquêtes archéologiques a pu susciter des réactions nées de la méconnaissance du parcours des strates et des couches de l'archive, comme du réseau serré des rencontres sur le terrain du pouvoir-savoir. Élargissant l'enquête amorcée dans la deuxième dissertation de *La Généalogie de la morale*, dans laquelle Nietzsche démystifie la « mauvaise conscience », le « sentiment de la faute », la « conscience morale », et toute la psychologie du sujet, Foucault reprend l'examen du châtiment là où Nietzsche l'avait laissé. L'utilité définie « après coup » a souvent suffi pour justifier le bien-fondé des institutions tout comme toute histoire, nécessairement écrite « après coup », justifie *a posteriori* ce qui a immanquablement eu lieu. Selon Nietzsche : « [...] on a cru voir à toute époque dans la finalité démontrable, dans l'utilité d'une chose, d'une forme, d'une institution également les raisons de leur naissance, l'œil aurait été fait pour voir, la main pour saisir. On s'est de même représenté le châtiment comme s'il avait été inventé pour châtier. Tout but, toute utilité ne sont que des symptômes d'une volonté de puissance qui a maîtrisé quelque chose de moins puissant et lui a imprimé, de son propre fait, le sens d'une fonction ; et toute l'histoire d'une "chose", d'un organe, d'un usage peut être de cette manière une chaîne continue de signes prêtant toujours à de nouvelle interprétations et à de nouvelles adaptations, dont les causes ne nécessitent pas même d'être liées entre elles, mais selon les circonstances par un pur hasard se succèdent les unes les autres et se séparent » (*La Généalogie de la morale*, 12).

Ainsi, Nietzsche distinguait-il, d'une part, une procédure pratique, d'autre part, un sens pratico-théorique, ou, pour emprunter la terminologie foucaldienne, une pratique non discursive et une pratique discursive, les deux n'étant pas liées indissolublement, une nouvelle pratique discursive pouvant rejoindre et accompagner une ancienne pratique non discursive, le sens ne restant pas identique pour une référence identique. Une succession de phénomènes n'adopte pas aux yeux de Nietzsche le sens d'une finalité, et celle-ci n'est attribuée qu'après coup ou par anticipation selon les intérêts de l'histoire d'une société. La distinction majeure et fondamentale de la généalogie nietzschéenne est celle qui s'établit entre le *Was* (Quoi ?) et le *Warum* (Pourquoi ?) ou le *Wofur* (En vue de quoi ?). En général, une interprétation se greffe sur une procédure existante : les pratiques précédent souvent leurs théories. C'est, semble-t-il, en référence à ces présupposés nietzschéens que Foucault a dressé l'inventaire des procédés de la société punitive et qui consistent soit dans l'exil, l'interdiction, l'expropriation (la suppression partielle du pouvoir civique et économico-juridique), soit dans la conversion du délit en une dette (la suppression partielle du pouvoir économico-juridique), soit dans la marque douloureuse ou dans la souffrance pure et simple (la dette est alors payée dans la chair et le sang, avec la suppression partielle ou totale du pouvoir juridique et civique). Pour Nietzsche, toutes ces formes sont des modes de paiement de la dette (en allemand : *Schuld*, signifiant aussi « faute[49] »). Le paiement de la dette est donc bien pour Nietzsche la forme généalogique du châtiment, celui-ci étant le processus instauré par la relation primitive juridique et sociale que constitue la relation maître/esclave, et qui équivaut à la relation économique créancier/débiteur.

Dans *Surveiller et punir*, l'enfermement est un objet essentiel, non pas comme procédure primitive, mais au contraire comme procédure récente. Il est, d'ailleurs, facilement reconnaissable en tant que l'équivalent du fruit de l'antique rapport créancier/débiteur. Comme l'établit Foucault, il ne fut au XVIIe et au XVIIIe siècle (c'est-à-dire avant la naissance de la prison) qu'un enfermement-gage ou qu'un enfermement-substitut[50]. La pratique de la prison, dont la référence est celle de l'enfermement, tout comme l'asile et l'hôpital, s'est imposée de l'extérieur et n'a trouvé sa justification qu'après coup, comme il fallait s'y attendre. Nietzsche se trouve confirmé par Livingstone justifiant après coup l'institution, en « disant que la prison a le quadruple avantage de pouvoir se diviser en autant de degrés qu'il y a de gravité dans les délits ; d'empêcher la récidive ; de permettre la correction ; d'être suffisamment douce pour que les jurés n'hésitent pas à punir ; et pour que le peuple ne se révolte pas contre la loi[51] ». Cela en 1820. Notons la remarque intéressante de Foucault, et qui se rattache indirectement à la relation primitive créancier/débiteur sous une forme capitaliste : « La forme-prison de la pénalité correspond à la forme-salaire du travail[52]. » L'ordre, la loi, le pouvoir règnent également dans l'asile idéal qui vise ni plus ni moins qu'à réprimer la force : la force pure de la manie furieuse, la force des instincts dans la manie sans délire, la force appliquée de la manie ou « mélancolie ». L'aliéné est subjugué par la pratique médicamenteuse ou par le traitement moral.

C'est pourquoi, dans les travaux de l'année 1973-1974, Foucault a posé le problème de l'analyse des rapports de pouvoirs, en tant que producteurs d'un certain nombre de vérités. Des notions nouvelles s'avèrent les instruments épistomologiques utiles dans cette optique : ce sont la « microphysique du pouvoir », la « stratégie de ces rapports de pouvoir et de leurs affrontements », enfin la « tactique du pouvoir ». Aussi, ce qui apparaît désormais nécessaire, dans le mouvement propre à la méthode archéologique, c'est donc de faire surgir la microphysique des pouvoirs, avant même l'analyse de l'institution. Ce que propose alors Foucault, c'est de s'attacher à l'histoire des scènes psychiatriques elles-mêmes. La scène de la folie de George III n'est autre qu'une scène d'affrontement entre le pouvoir souverain et un autre pouvoir anonyme dont l'hypothèse est avancée : le pouvoir disciplinaire. Or, qu'est-ce que la maladie mentale, et même le malade mental lui-même, sinon le résidu de toutes les disciplines précisément destinées à les récupérer. Ensuite, la discipline utilise l'instrument de l'écriture pour consigner tous les faits, pour transmettre l'information selon les nécessités de la hiérarchie : le réseau de l'écriture aboutit à l'individu dans sa virtualité sociale et fonctionnelle, et, tout d'abord, au jeune individu « à coloniser ». Dans ce cas, le pouvoir disciplinaire prend en charge le corps singulier et le contrôle dans les lieux institutionnels que sont l'école, l'hôpital, l'usine, la prison, l'asile.

Abordée obliquement comme l'institution, selon un nouveau progrès de la méthode archéologique, la famille joue le rôle capital de relais : elle est aussi du côté du système disciplinaire épinglant les individus, et les mettant en circulation. Forte dans un système où le pouvoir s'exerce à travers un dispositif de souveraineté, elle n'y a cependant pas de rôle spécifique ; au contraire, dans nos sociétés, loin d'être dissoute, elle est concentrée, nantie d'une souveraineté dont l'a dotée le Code civil. En cas de défaillance de la famille, on assiste à la mise en place d'un système se substituant à elle, et calqué sur son modèle disciplinaire. Ainsi le fonctionnement spécifique de l'asile a un rapport avec la famille à laquelle il se substitue. L'asile est en outre le lieu de formation d'un certain type de discours de vérité qui étaie la famille, tout comme la famille l'étaie. Les regards sur l'interné sont hiérarchisés : la surveillance centrale et pyramidale enserre l'isolé dans sa cellule qui, avant le XIXe siècle, était soumis à toute une technologie du corps : appareils divers de répression (par exemple, la ceinture de chasteté), appareils à arracher la vérité, appareils de marquage par la lettre de feu, et même instruments « orthopédiques ». La science psychiatrique, développée en tant que discours scientifique, va constituer le pouvoir psychiatrique, « supplément de pouvoir », chargé d'imposer la « vérité » à la « folie ». Et, pour échapper à la vérité du pouvoir psychiatrique, le « fou » va simuler. Tel est entre autres, le ressort de l'hystérie qui, en tant que simulation, est selon Foucault « l'envers militant d'un pouvoir ». C'est aussi, d'après Ronald Laing, le cas de la démence précoce, instituée en Allemagne par Kraepelin dont Laing expose les méthodes dans *Le Moi divisé*[53] ; ce qui fait dire à un autre psychiatre : « J'ai réussi à me convaincre que Kraepelin a bien inventé la démence précoce. Le mécanisme de création consista à imposer inconsciemment, dès le début des troubles, ces signes d'asilisme qu'il avait décelés chez des chroniques. Ce faisant, j'ai découvert que ses "malades" n'étaient pas des révolutionnaires mais des révoltés qui avaient eu la faiblesse de se mettre en cause et de le consulter[54]. » En France, la Salpêtrière était l'un des foyers vivants de la simulation. La « vérité » qui est celle du médecin est la seule réalité à laquelle doive se soumettre le « malade ». Et, si celui-ci veut manifester sa toute-puissance en se prenant pour un roi, il faudra, à une époque, lui opposer une plus grande puissance encore, l'intimider. Ainsi la violence est-elle au cœur du problème, selon le mot de Cooper[55].

Rien d'étonnant, ensuite, de voir les réactions des spécialistes devant ce courant de pensée allant de Foucault à Cooper. Il suffit, pour en juger, de lire *L'Évolution psychiatrique* de janvier-juin 1971, reproduisant le colloque tenu à Toulouse les 6 et 7 décembre 1969 sur la conception « idéologique » de Foucault à travers son livre *Histoire de la folie*. Journées auxquelles Foucault était absent. Les constats s'y accumulent : la remarque de la contestation de la psychiatrie dans ses méthodes, dans ses intentions, dans son objet (Dr Laboucarié) ; l'accusation de « psychiatricide » (Dr Ey) ; le reproche d'une constante confusion entre « folie », terme vulgaire, et « troubles mentaux », objet réel de la fonction psychiatrique (Dr Daumézon) ; l'incrimination de « nihilisme » à propos de l'« absence d'œuvre » ; la critique concernant l'absence de références aux histoires existantes de la psychiatrie ; le désaveu d'une conclusion qui reprendrait les prémisses telles quelles. Aux critiques viennent toutefois se joindre des approbations sur la qualité de certains chapitres de l'ouvrage, consacrés à l'« exposé énumératif des médications, des théories ou des systèmes nosographiques » (*op. cit.*, p. 233) ; de même, quant à la juste mise en cause de la dégénérescence du système asilaire, quant au fait attesté qu'il y avait encore des chaînes en 1949 à l'asile de Saint-Dizier. En tout cas, nul ne contredirait le Dr Ey affirmant que la psychiatrie est la « pathologie de la liberté ».

On peut dire que jusqu'à l'*Histoire de la sexualité*, et depuis le début de sa recherche approfondie, Foucault a entrepris une histoire de la vérité : qu'elle soit « vérité démonstrative », c'est-à-dire la nôtre, née d'une technologie de la vérité faisant corps avec la recherche scientifique, ou qu'elle soit une « vérité-événement », recouverte par la première, et qui a ses messagers exclusifs, ses lieux et ses temps, comme l'oracle de Delphes. Cette dernière vérité, sans méthode, est douée néanmoins d'une stratégie ; elle est « production », et c'est elle qu'il faut retrouver à l'origine de notre vérité démonstrative, car la démonstration est aussi un rituel. L'archéologie vise donc à déjouer la tyrannie d'une vérité démonstrative cachant son socle, qui est la vérité-événement se perpétuant dans les procédures. Une généalogie de la connaissance déjouerait la colonisation que la vérité démonstrative a imposée à la vérité-événement, et ainsi mettrait les différents savoirs au même dénominateur d'une généalogie du pouvoir.

NOTES

1. *Cf. University Publishing*, Summer 1984, 13, « Michel Foucault » by Michael Ignatieff, p. 2. (University of California Press, Berkeley.)

2. Dominique Lecourt, *Pour une critique de l'épistémologie*, éd. Maspero, Paris, 1972, voir pp. 128, 130. Sur *L'Archéologie du pouvoir*, pp. 98-133.

3. *L'Archéologie du savoir*, pp. 164-165.

4. *AS*, p. 19.

5. *AS*, p. 241.

6. Marx, Engels, *L'Idéologie allemande*, Éd. sociales, 1968, p. 43.

7. *Op. cit.*, p. 44.

8. *AS*, p. 242.

9. *AS*, p. 243.

10. *Ibid.*

11. *Ibid.*

12. D. Lecourt, *op. cit.*, p. 128.

13. *Ibid.*

14. Dilthey, *Le Monde de l'esprit*, trad. M. Rémy, 2 tomes, Aubier Montaigne, Paris, 1947. « De l'étude des sciences humaines, sociales et politiques », *op. cit.*, pp. 45-46.

15. *Op. cit.*, p. 69.

16. *Cf.* Freud, *L'Interprétation des rêves*, trad. par I. Meyerson, nouv. éd. augmentée et entièrement révisée par Denise Berger, Presses Universitaires de France, Paris, 1973. Freud évoque la possibilité pour le rêve d'exprimer une relation causale : « Les relations causales sont représentées dans le rêve par deux procédés qui sont au fond le même procédé.

Quand les pensées du rêve s'expriment ainsi : telle chose étant ainsi, telle autre chose devait arriver, la proposition subordonnée apparaît comme rêve-prologue et la proposition principale s'y ajoute ensuite comme rêve principal. Si mon interprétation est juste, la succession dans le temps peut être aussi renversée ; la proposition principale correspond toujours à la partie du rêve la plus développée » (p. 271).

17. L. Binswanger, *Le Rêve et l'Existence,* trad. de l'allemand par J. Verdeaux, introduction et notes de Michel Foucault, Desclée de Brouwer, 1954, voir introduction, p. 21.

18. *Rousseau juge de Jean-Jacques*, texte présenté par Michel Foucault, Libr. A. Colin, Paris, 1962, voir présentation, p. XV.

19. Michel Foucault, *Raymond Roussel*, Gallimard, Paris, 1963, p. 165.

20. Jean-Pierre Brisset, *La Grammaire logique,* précédé de *Septième Propos sur le 7e ange*, par Michel Foucault, éd. Tchou, 1970.

21. G. Flaubert, *La Tentation de saint Antoine*, préface de Michel Foucault, coll. « Le Livre de Poche », Gallimard, 1971, voir pp. 16-17.

22. *Roussel*, p. 172.

23. *Cf. Annuaire du Collège de France*, 71e année, voir cours annoncé, pp. 244-249.

24. *Cf. Annuaire du Collège de France*, 72e année, titre du cours : « Théories et institutions pénales », p. 283.

25. *Histoire de la folie*, p. 500.

26. *Surveiller et punir. Naissance de la prison*, Gallimard, 1975, p. 212.

27. *Op. cit.*, p. 305.

28. *Op. cit.*, p. 315, note 1.

29. *Cf.* Paul Feyerabend, *Contre la méthode, Esquisse d'une théorie anarchiste de la connaissance*, Éd. du Seuil, 1979 ; Gerald Holton, *L'Invention scientifique*, collection « Croisées », Presses Universitaires de France, 1982 ; *id.*, *L'Imagination scientifique*, Gallimard, 1981.

30. *Cf.* Jürgen Habermas, *Raison et légitimité. Problèmes de légitimation dans le capitalisme avancé*, Payot, 1978. Jean-François Lyotard, *La Condition post-moderne*, Les Éditions de Minuit, 1979. Nous avons posé les bases d'une nouvelle interrogation de la constitution du savoir avec *La Symbolicité*, Presses Universitaires de France, 1982.

31. *AS*, p. 61.

32. *AS*, p. 110.

33. *L'Ordre du discours*, Gallimard, 1971, pp. 10-11.

34. *AS*, p. 53.

35. *Ibid.*

36. *Cf. OD*, p. 58.

37. *OD*, p. 59.

38. *Ibid.*

39. *OD*, p. 60.

40. *OD*, p. 60.

41. *OD*, p. 61.

42. *Cf. Histoire de la sexualité. 1. La volonté de savoir*, Gallimard, 1976.

43. *OD*, p. 67.

44. *Ibid.*

45. *Moi, Pierre Rivière, ayant égorgé ma mère, ma sœur et mon frère*, coll. « Archives », p. 249 (Jean-Pierre Peter, Jeanne Favret, *L'animal, le fou, la mort*).

46. *Op. cit.*, p. 271. *Cf.* M. Foucault, *Les Meurtres qu'on raconte.*

47. *Annuaire du Collège de France*, 73e année, p. 267.

48. *Annuaire du Collège de France*, 74e année, p. 295.

49. *Cf.* Angèle Kremer-Marietti, « Nietzsche et la vengeance comme restitution de la puissance », in *La Vengeance dans la pensée occidentale*, éd. Cujas, 1984.

50. *Annuaire du Collège de France*, 73e année, p. 256.

51. *Op. cit.*, p. 261.

52. *Op. cit.*, p. 266.

53. R. Laing, *Le Moi divisé*, trad. par C. Elsen, éd. Stock, 1970.

54. Harold Heyward, *Une Antipsychiatrie ?*, coll. Psychothèque, Éditions universitaires, 1971, p. 42.

55. D. Cooper, *Psychiatrie et Antipsychiatrie*, trad. par Braudeau, éd. du Seuil, 1970, p. 33.

VI

LA GÉNÉALOGIE DE LA MORALE MODERNE : PÉNALITÉ ET SEXUALITÉ

A travers *Surveiller et punir* et l'*Histoire de la sexualité*[1], ce qui s'offre à voir, c'est, après une généalogie de la connaissance, et sur son présupposé, une généalogie de la morale moderne.

Certes, les deux approches concernent le pouvoir de normalisation et de la formation du savoir de la société moderne, ainsi qu'il est annoncé, du moins, à la dernière page et dans une note de *Surveiller et punir*, et même si l'*Histoire de la sexualité* inaugure une approche nouvelle dans laquelle on a cru devoir reconnaître une herméneutique[2]. Car, avec cette histoire aussi, Foucault a cherché à rapprocher « pouvoir » et « discours », et à les mettre dans leurs rapports effectifs, tels qu'ils ont joué dans l'histoire occidentale. Une généalogie de la morale moderne peut nous éclairer sur nos pratiques morales et juridiques, elle nous fait découvrir en tout cas nos véritables notions morales et juridiques : procédure indispensable à la réflexion, dans le sens d'un savoir de soi, ou d'un savoir d'elle-même de la modernité. Or, celle-ci se situe elle-même, non seulement au moyen de ses références avouées, mais encore par ses rejets et ses oppositions, voire ses impossibilités. Comment pourrait-on aujourd'hui seulement envisager une réforme du droit pénal et du droit en général, en laissant les analyses de *Surveiller et punir* pour « lettre morte » ? Quant aux analyses des trois tomes de l'*Histoire de la sexualité : la Volonté de savoir, l'Usage des plaisirs,* et *le Souci de soi*, elles éclairent sur ce phénomène *moderne* qu'est la sexualité, déjà affrontée par Freud mais posée comme énigme muette par Charcot, sourd au récit sexuel de l'hystérique précisément alors qu'il venait de mettre en scène l'hystérie comme « maladie normale ».

1. *La pénalité*

Nous avons explicité ce « matérialisme de l'incorporel » dont fait état Foucault, et qui, par exemple, faisait acquérir réalité à la folie, par le détour de l'hôpital psychiatrique. Foucault a analysé les techniques de ce qu'il appelait « l'épreuve de réalité » en psychiatrie : 1. l'interrogatoire, à l'aspect disciplinaire, avec sa finalité, l'aménagement de l'aveu central ; 2. la drogue, à usage disciplinaire, qui permet la reproduction naturelle et artificielle de la folie ; 3. l'hypnose et le magnétisme, renforçant l'effet du pouvoir du médecin en déplaçant la crise (effet disciplinaire). A travers ces pratiques psychiatriques, la maladie se réalise dans le langage (par l'interrogatoire), dans le corps (par la drogue et l'hypnose), ou atteint le corps. Et tout ce pouvoir-savoir se donne pour *telos* la « vérité » dans le cadre de l'enfermement. Parallèlement, la prison devient « la forme générale de pénalité » aussitôt que se manifestent les monuments classiques du droit criminel avec Serpillon, Jousse, Muyart de Vouglans[3]. Après les gibets, les roues, les potences et les piloris, l'emprisonnement dénote un souci « moral » surtout s'il s'accompagne de l'obligation de travail — *cf.* P. Rossi en 1829[4]. Il n'y avait donc pas de rapport direct entre la théorie pénale et la prison. Celle-ci permettait la distribution spatiale des individus en sanctionnant au niveau infra-pénal des comportements ou des projets, enfin elle était un moyen d'empêcher l'arbitraire de la lettre de cachet. L'enfermement vient après l'exil, la confiscation des biens, l'obligation de rachat, la marque, il n'était donc pas inhérent au système pénal avant les réformes des années 1780-1820.

Le passage à l'étude de la pénalité s'est fait chez Foucault par l'intermédiaire de l'étude de la psychiatrie pénale à l'époque de la Restauration[5]. Le présupposé méthodologique de Foucault est que le pouvoir-savoir ne peut se comprendre comme la jonction de deux instances séparées, avec d'un côté le savoir et de l'autre le pouvoir, ou la connaissance d'un côté et la société de l'autre : un savoir ne peut se former sans un système de communication qui est en lui-même une forme de pouvoir, et inversement un pouvoir retient à lui, extrait, distribue toujours un savoir. Qu'il s'agisse de pouvoir ou de savoir, et surtout de pouvoir-savoir, Foucault se donne ici encore pour tâche de « remettre en question notre volonté de vérité ; restituer au discours son caractère d'événement ; lever enfin la souveraineté du signifiant[6] ». Et même si l'on peut distinguer, comme A.-J. Arnaud, un « avant-dire-droit » et un « dire-droit[7] » articulant le processus effectif de la juridicité, le pouvoir de punir, inhérent au droit pénal — et même le phénomène de pénalisation du droit tout entier — non seulement a ses fondements philosophiques, chez Sénèque, Aristote et Grotius, mais encore a ses assises successives dans les formes politiques de gouvernement. Et, comme l'écrit Alexandre Kojève dans son *Esquisse d'une phénoménologie du droit*[8], toutes les classes de phénomènes juridiques sont concernées par le droit pénal. La notion juridique de peine est donc la base de toutes les descriptions de Foucault dans *Surveiller et punir* : seul fait question le *comment* de cette peine : le supplice, la punition, la discipline, la prison.

Foucault, pour parler à l'imagination, montre, plutôt qu'il ne commente, d'une part, le récit du supplice du « régicide » Damiens en 1757, et l'empoi du temps des jeunes détenus de la Maison de Paris, moins d'un siècle plus tard. Entre-temps, la justice pénale européenne avait été réformée. La « fête punitive » commença à s'éteindre. La punition se passerait désormais de spectacle, effaçant la violence faite au crime ; avec elle s'effacerait également la douleur. La nouvelle morale allait s'orienter vers la « stricte exécution capitale[9] ». Cette exécution va se faire publiquement, mais on ne verra plus la face du condamné, voilée de noir ; et la lecture publique de l'arrêt de condamnation sera faite par huissier. La prise sur le corps est-elle toutefois abolie ? Non, puisque, excepté la technique de souffrance, on la retrouve dans le travail forcé, dans le rationnement alimentaire, la privation sexuelle et aussi les coups et le cachot. Le postulat demeure : « Il est juste qu'un condamné souffre physiquement plus que les autres hommes[10]. » Mais, là même où la peine sera dite atténuée, on retrouve un simple « déplacement dans l'objet même de l'opération punitive[11] ». On suivra le mot de Mably : « Que le châtiment, si je puis ainsi parler, frappe l'âme plutôt que le corps[12]. » Que juge-t-on ? Certes, des objets juridiques définis par le Code, mais encore ce qui n'est pas juridiquement codifiable, comme des passions, des instincts, des anomalies, des infirmités, des inadaptations, des effets héréditaires et sociologiques, en un mot « l'âme des criminels[13] ». Pouvait-on être « coupable et fou » ? Non, en vertu de l'article 64 du Code, mais l'article ne fut pas appliqué strictement avant 1832, date de l'introduction des circonstances atténuantes, dont Foucault analyse les effets : « Tout crime maintenant et, à la limite, toute infraction portent en soi, comme un soupçon légitime, mais aussi comme un droit qu'ils peuvent revendiquer, l'hypothèse de la folie, en tout cas de l'anomalie[14]. » Le juge fait alors autre chose que de juger, et il n'est plus le seul à juger. Aussi bien, ce qui apparaît, c'est la requalification par le savoir, qui est désormais le lot de la justice criminelle. Sur cette constatation de base, Foucault donne à son livre l'objectif de produire la généalogie du complexe scientifico-judiciaire du pouvoir actuel de punir. Cette histoire de l'âme moderne proposée par Foucault obéit à quatre règles de méthode : centrer la punition sur une fonction sociale complexe ; suivre les techniques punitives dans la perspective d'une tactique politique ; chercher la matrice commune de l'histoire du droit pénal et de l'histoire des sciences humaines ; chercher le nouvel investissement du corps par les rapports du pouvoir.

Les auteurs de *Punisnment and Social Structures*[15] permettent quelques points de repères que retient Foucault : se défaire d'une illusion concernant la pénalité, à savoir qu'elle vise à réprimer les délits ; analyser plutôt et étudier les systèmes punitifs concrets en eux-mêmes. C'est dire que l'auteur se tiendra également éloigné des développements moraux et juridiques. En outre, Foucault avance une visée méthodologique déjà aperçue dans l'*Archéologie du savoir*, et qui consiste à pratiquer l'à-côté, l'intersection, l'interférence et la dérivation ; ce qui va permettre de voir que « si les châtiments légaux sont faits pour sanctionner les infractions, on peut dire que la définition des infractions et leur poursuite sont faites en retour pour entretenir les mécanismes punitifs et leurs fonctions[16] ». On retrouve, à propos des infractions et des mécanismes punitifs, ce que Foucault avait mis en évidence à propos de la folie et des techniques inhérentes à la fonction psychiatrique : « Tout cela avait pour fonction de faire du personnage médical le "maître de la folie" : celui qui la fait apparaître dans sa vérité (lorsqu'elle se cache, lorsqu'elle reste enfouie et silencieuse) et celui qui la domine, l'apaise et la résorbe après l'avoir savamment déchaînée[17]. » Rusche et Kircheimer ont montré, en outre, la relation des systèmes punitifs avec les systèmes de production : « Ainsi dans une économie servile, les mécanismes punitifs auraient pour rôle d'apporter une main-d'œuvre supplémentaire et de constituer un esclavage "civil" à côté de celui qui est assuré par les guerres ou par le commerce[18]. » Plus que le rapport à l'économie politique de la société, Foucault considère, pour sa part, surtout le rapport à une certaine économie politique du corps.

On voit maintenant ce qui peut rapprocher les travaux de Foucault sur la pénalité, de ses travaux sur la sexualité : le rapport au corps, à son histoire, et même à son histoire économico-politique, du fait de l'emprise qu'exerce sur lui le pouvoir politique en général. D'abord, le corps est utilisé économiquement comme force de production ; mais la force de travail qu'il représente échapperait au pouvoir, s'il n'était investi de rapports de pouvoir et de domination. L'assujettissement du corps est nécessaire à son utilisation économique. Violent ou subtil, cet assujettissement dépend d'un « savoir » du corps : la technologie politique du corps. C'est là que réapparaît la « microphysique du pouvoir » déjà considérée. La connaissance du prétendu « sujet de connaissance », tout comme lui-même, tout comme l'objet à connaître, sont constitués par les effets du pouvoir-savoir, et par les effets des transformations de ce dernier. Une idéologie ne se reconnaîtrait plus elle-même au niveau où est sise l'analyse de Foucault : celle d'une technologie du pouvoir sur le corps[19]. Or, ce pouvoir sur le corps n'a été reconnu que lorsque les traitements n'étaient plus seulement dirigés vers l'effet de souffrance, mais précisément lorsqu'ils avaient pour finalité de soigner ou de prévenir, voire de guérir ; les révoltes dans les prisons se sont manifestées dès le moment que le régime a atténué sa sévérité. Car, en fait, « il s'agissait bien d'une révolte, au niveau des corps, contre le corps même de la prison[20] ».

Le corps atteint par la pénalité, ce fut d'abord le corps supplicié, autrement dit le corps soumis à une peine douloureuse, « plus ou moins atroce[21] ». Le supplice, nous dit Foucault, est « une technique et il ne doit pas être assimilé à l'extrémité d'une rage sans loi[22] ». Ainsi, la mort ne peut être considérée comme supplice que dans la mesure « où elle est l'occasion et le terme d'une gradation calculée de souffrance[23] » : décapitation, écartèlement, pendaison, bûcher, roue. Avec le supplice, nous avons le contre-pied du plaisir : *Surveiller et punir* traite donc de l'art de faire souffrir, tandis que *Le Souci de soi* et *L'Usage des plaisirs,* au contraire, traiteront de l'art de ménager les plaisirs, même si ces plaisirs sont « retenus » et pour ainsi dire « contrôlés ». Rétrospectivement, *Surveiller et punir,* après la publication des deux derniers titres, reçoit un éclairage braqué plus directement sur le corps. Il s'y trouvait déjà, certes, dès le départ, mais il gagne ainsi après coup un « effet de sens » accru non négligeable. Alors, le corps supplicié ne l'est pas seulement pour la jouissance de faire souffrir, à laquelle Nietzsche fait très justement allusion à propos de la vengeance, que la victime peut assumer à partir du corps de l'auteur du dommage ou du crime. Le corps supplicié entre dans un cérémonial qui n'est pas étranger à une fête barbare, mais qui a été mis en place dans la relation à la forfaiture et à sa sanction. Or, celle-ci est corrélative à l'établissement de la vérité. La vérité dépend de la démonstration pénale : à la base de la démonstration se tient l'information pénale. Mais l'aveu demeure une pièce maîtresse sans être toutefois *evidentia rei*. Le corps souffrant n'est plus qu'une articulation entre l'enquête secrète de l'autorité judiciaire et l'acte accompli par l'accusé : la torture classique est donc une épreuve, le défi physique qui va déterminer la manifestation de la vérité. En même temps, cette torture est déjà aussi instruction et punition. L'exécution de la peine met, à nouveau, en avant le corps du supplicié en tant qu'il est désormais le corps du condamné. Le corps exhibé, pour ainsi dire, va attester la vérité exhumée. Et cette vérité devenue le châtiment, se trouvera confirmée, instaurée par le supplice même, transformée en la vérité d'une agonie. Ce qui se montre dans le supplice judiciaire n'est autre qu'un rituel politique, dans lequel le pouvoir se démontre avec faste. Dans sa fonction juridico-politique, le supplice fait donc partie du cérémonial destiné à reconstituer la souveraineté lésée, à consommer le triomphe de la loi armée, à déployer la victoire après la lutte par l'effacement du corps détruit et pulvérisé. Outre le symbole et la conclusion du pouvoir, le supplice donne à voir l'affrontement du bourreau s'en prenant au corps patient. L'exécuteur est l'agent de la violence appliquée à la violence du crime. Toute infraction étant un crime contre la majesté, le supplice est l'opérateur politique logique, inscrit dans le système punitif, et son spectateur idéal est le peuple.

Les grands réformateurs, tel Beccaria, proposèrent une proportion entre le crime et la punition, préconisant un châtiment sans supplice. Il faut dire, d'après les analyses de Foucault, que la population criminelle a changé, que « les délits contre la propriété paraissent prendre la relève des crimes violents[24] ». La critique des réformateurs s'en prend moins à la cruauté des tortures qu'à une mauvaise économie du pouvoir, à un dysfonctionnement, non sans rapport avec le surpouvoir monarchique ; le roi, en effet, vend les offices de justice pour des raisons de trésorerie, et multiplie les offices qu'il vend, multipliant de la sorte les conflits de pouvoir. Aussi, les réformes seront moins dues à une nouvelle sensibilité qu'à une nouvelle politique à l'endroit de l'illégalisme. En effet, l'illégalisme était le fait de toutes les couches sociales, sous la forme d'une exemption régulière, ou d'une inobservation massive, allant, dans certains cas, jusqu'à la criminalité. C'est le nouveau statut de la propriété qui va déterminer un changement : « L'illégalisme des droits qui assurait souvent la survie des plus démunis tend, avec le nouveau statut de la propriété, à devenir un illégalisme de biens. Il faudra alors le punir[25]. » L'infracteur deviendra l'ennemi public, et le droit de punir sera alors compris comme venant de la société tout entière d'où sa force accrue. Rousseau inspirera les membres de l'Assemblée constituante demandant un système de peines très rigoureux. Et si la torture devient généralement intolérable, c'est du point de vue des yeux et de l'âme du spectateur. Si celui-ci, autrefois, pouvait puiser des avertissements devant le supplice public, ou tout au contraire une source d'enthousiasme et de révolte, maintenant il ne supporte plus ces spectacles et l'opinion générale est que la punition doit être « juste ce qu'il faut » pour prévenir : comme si l'efficacité préventive était plus grande devant un spectacle moins atroce. C'est pourquoi Foucault relève alors un ensemble de règles effectivement pratiquées : la règle de la quantité minimale, ainsi que nous venons de l'exposer ; la règle de l'idéalité suffisante (il y a passage à la peine issue de l'*idée* de la peine) ; la règle des effets latéraux (ce qui compte le plus, c'est l'effet de la peine sur qui en est informé plutôt que sur le coupable) ; la règle de la certitude parfaite : notion qu'on retrouve actuellement dans notre droit pénal, et dont nous voyons déjà l'apparition chez Francis Bacon[26] ; la règle de la vérité commune : « La vérification du crime doit obéir aux critères généraux de toute vérité[27] », la règle de la spécification optimale : c'est la perspective du classement de toutes les infractions et la nécessité d'un code. Quel est l'effet de ces nouvelles perspectives ? Tout simplement la généralisation de la fonction punitive.

La peine de l'*idée de la peine* met en cause, non plus la brutale « émotion d'échafaud », mais seulement la représentation ; aussi l'art de punir reposera-t-il sur une technologie de la représentation. Beccaria lui-même n'écrit-il pas : « Que l'idée du supplice soit toujours présente au cœur de l'homme faible et domine le sentiment qui le pousse au crime. » L'arsenal des peines devient un ensemble de signes-obstacles qui doivent avant tout « être aussi peu arbitraires que possible[28] » ; « mordre sur la mécanique des forces[29] » ; être limités dans le temps : « Une peine qui n'aurait pas de terme serait contradictoire[30]. » Mais celui qui, malgré ces signes d'injonction, se fait néanmoins malfaiteur, voit la loi se reformer et reprendre place à côté du forfait ; quant à lui, il est puni publiquement et se trouve contraint de se séparer de la communauté des citoyens. Dès le Code de 1810, la détention devient la forme essentielle de la peine : la loi de détention punit toute infraction, à l'exception de celles qui se soldent par la peine de mort. Cachot, gêne, prison proprement dite : au lieu d'assurer le rapport entre délits et peines, la détention répond à tous les problèmes moraux et politiques. Et, finalement, la pénalité n'est autre que la prison, qui conclut souvent tous les abus de pouvoir. En Pennsylvanie, les principes de Beccaria et de Montesquieu ont force d'axiomes : ce qui compte c'est de « ramener à la vertu et au bonheur la part la plus vicieuse de l'humanité et [...] extirper une partie du vice qui est dans le monde[31] ». Aussi c'est bien à travers la représentation que les réformateurs ont prise sur l'individu : « représentation de ses intérêts, représentation de ses avantages, des désavantages, de son plaisir, et de son déplaisir[32] ». A la fin du XVIIIe siècle, le pouvoir de punir s'organise de trois façons : la première est analogue à celle que ménageait l'ancien droit monarchique, les deux autres relèvent d'une conception préventive, utilitaire et corrective ; l'une par sa procédure requalifie l'individu comme « sujet de droit », l'autre est une technique de coercition par l'institution carcérale. Foucault résume ces trois attaques par « la marque, le signe, la trace[33] ».

Le corps discipliné prend la relève du corps supplicié selon le principe d'une anatomie politique qui obéit à la loi de répartition, mettant en jeu la clôture, l'emplacement fonctionnel, l'organisation d'un espace sériel. La *discipline* implique le contrôle de l'activité : l'emploi du temps, l'élaboration temporelle de l'acte, la mise en corrélation du corps et de l'acte, l'articulation corps-objet, l'utilisation exhaustive (assimilation de la faute morale et de la malhonnêteté économique). La pratique pédagogique prend la même voie de décomposition du temps et de parcours des séries. A l'opposé, les forces, elles, se composent entre elles. Le corps singulier s'articule aux autres dans un ensemble ; par l'ajustement des temps des uns et des autres, une quantité maximale se combine dans un résultat optimal. Le commandement scande et soutient l'activité de l'individu : son effectivité ne va pas sans des formules claires et brèves qui sont autant de signaux destinés à déclencher l'exécution. Les corps disciplinés sont donc des corps dociles, qui relèvent de l'éducation, de l'armée, de la politique, enfin de la justice : tout se confond, au point que Guibert en 1772 proposa déjà de rendre la discipline nationale[34] — Walhausen avait déjà conçu en 1615 un *art militaire pour l'infanterie*[35].

Dans ces perspectives, naît une architecture nouvelle : tout un calcul d'ouvertures, de pleins et de vides, de passages et de transparences, qui va livrer l'accès à l'inquisition du regard. Ce projet se réalisera avec l'hôpital-édifice s'organisant comme instrument d'action médicale. De même, l'école-bâtiment devient un opérateur de dressage, véritable machine pédagogique appelée à dresser des corps vigoureux, à former des militaires obéissants, tout en prévenant débauche et homosexualité. Mais encore, l'École militaire en tant que telle devient un appareil à surveiller doué d'une machinerie de contrôle, véritable microscope de la conduite. D'un point central, un seul regard couvre tout. L'exemple en est donné par la saline de Chaux, entre Arc et Senans, construite par Claude-Nicolas Ledoux et dont le projet fut accepté en 1774 par Louis XV : cœur d'une ville idéale qui ne vit pas le jour, l'usine est composée sur un véritable cercle dans lequel on entre par un portique à colonnes doriques ; quatre bâtiments incurvés, occupant, de part et d'autre du portique, les arcs de la demi-circonférence, sont affectés aux ouvriers de l'usine ; au centre, se dresse la maison du directeur, un « temple » à colonnes ; quant aux bâtiments des sels, à côté de ce pseudo-temple, ils forment le diamètre du cercle ; trois autres pavillons complètent l'ensemble : deux d'entre eux situés aux extrémités du diamètre sont réservés aux commis, le troisième se trouve derrière la maison du directeur et abrite les écuries de ce dernier. L'architecture de Ledoux veut prouver une volonté économique, politique et technique, privilégiée par le moyen des oculaires. Ce triomphe de l'architecture circulaire est lié à une certaine utopie politique. Outre le cercle, la pyramide forme un réseau sans lacunes d'échelons : ateliers et usines seront ainsi soumis à un contrôle continu, car la hiérarchisation de la surveillance procède d'un pouvoir multiple et rationnel. Alors, la prise sur les corps s'effectue selon les lois de l'optique. De plus, la régularité de l'apprentissage se dédouble de la régularité disciplinaire des châtiments conçus comme essentiellement correctifs. Ainsi, partout les corps se trouvent régis par un art de punir fondé sur une conception de la pénalité perpétuelle normalisant tout. Sur le modèle de la surveillance généralisée, l'examen des écoles s'apparente à ces dispositions générales : « l'examen intervertit l'économie de la visibilité dans l'exercice du pouvoir[36] » ; il « fait entrer l'individualité dans un champ documentaire[37] ». Enfin, il fixe et ritualise les différences singulières et fonde les catégories professionnelles.

Mais le panoptisme a son apogée avec le *Panopticon* de Bentham[38]. « A la périphérie un bâtiment en anneau — explique Foucault — ; au centre une tour ; celle-ci est percée de larges fenêtres qui ouvrent sur la face intérieure de l'anneau ; le bâtiment périphérique est divisé en cellules, dont chacune traverse toute l'épaisseur du bâtiment ; elles ont deux fenêtres, l'une vers l'intérieur, correspondant aux fenêtres de la tour ; l'autre, donnant sur l'extérieur, permet à la lumière de traverser la cellule de part en part[39]. » Son effet majeur sur le détenu consiste dans la conscience qu'il a, désormais, d'*être vu sans voir*, et d'être maintenu sous une surveillance permanente. Avant Bentham, Le Vaux avait conçu une ménagerie d'un nouveau modèle, avec, en son centre, un pavillon orthogonal, donnant lieu à une observation individualisante ouvrant sur la caractérisation et le classement. Ménagerie humaine, le Panopticon apporte le redoutable pouvoir de faire œuvre de naturaliste.

On peut donc considérer que la discipline se manifeste doublement et différemment : soit comme discipline-blocus, clôture établie dans les marges, soit comme panoptisme améliorant l'exercice du pouvoir. La stratégie progresse, d'une première intention de neutraliser les dangers, vers un essaimage de tous les nouveaux mécanismes disciplinaires à base optique : c'est la voie ouverte aux procédés souples de contrôle dont la mécanique va s'étatiser par sa reprise entre les mains de la police. L'expérimentation sur les hommes est ouverte : « Le Panopticon fonctionne comme une sorte de laboratoire de pouvoir[40]. »

Le condamné, le fou, l'ouvrier, l'écolier sont similairement sous l'emprise d'une « maison de certitude », surface d'application du pouvoir sur un champ de visibilité. Julius, dans ses *Leçons sur les prisons*[41], faisait du panoptisme un véritable événement dans l'histoire de l'esprit humain, s'accomplissant dans une société de surveillance : le personnage napoléonien « surplombe tout d'un seul regard[42] ». Et rien n'échappe à ce regard. Aussi la tâche d'ajustement de la discipline est-elle poussée jusqu'à résoudre de nouveaux problèmes que ne résolvait pas l'ancienne économie du pouvoir : entre autres, surtout, « réduire ce qui s'oppose à l'utilisation de chacun de ses éléments et de leur somme[43] ». Parallèle à l'accumulation des capitaux, l'accumulation des hommes fait que le décollage économique est redoublé d'un décollage politique, et cela par un mécanisme d'objectivation. Ce que Foucault découvre — et qui doit changer essentiellement notre attachement aux idéologies du XIXe siècle — c'est que précisément, du fait de la croissance d'une économie capitaliste, les régimes politiques divers et les institutions diverses ne peuvent plus échapper à la

« modalité spécifique du pouvoir disciplinaire[44] » qui, selon ses formules générales, l'emporte sur toutes les formes politiques et institutionnelles qu'elle domine indéniablement. Pourtant, les disciplines constituent un infra-droit, et même un contre-droit ; en effet, les panoptismes de tous les jours que sont les disciplines « ont été, dans la généalogie de la société moderne, avec la domination de classe qui la traverse, la contrepartie politique des normes juridiques selon lesquelles on redistribuait le pouvoir[45] ». Les sciences humaines elles-mêmes « ont leur matrice technique dans la minutie tatillonne et méchante des disciplines et de leurs investigations[46] ». Et si les rigueurs de l'école sont corrigées par la psychologie scolaire, comme la discipline du travail est corrigée par l'entretien médical, il ne faut voir là que le remplacement d'une instance disciplinaire par une autre.

Tandis que l'âge classique a enfermé les disciplines en des lieux précis tels que casernes, collèges, ateliers, Bentham a « désenfermé » les disciplines et imaginé d'en faire un réseau de dispositifs traversant la société entière. En fait — et c'est l'une des originalités de *Surveiller et punir* — Foucault met ainsi l'accent sur ce contre-droit sévissant dans nos sociétés, où il crée un rapport de contraintes entre les individus, « entièrement différent de l'obligation contractuelle[47] », et caractérisé par l'introduction de dissymétries insurmontables. Ces dispositifs de pouvoir viennent s'ajouter au pouvoir juridique pour constituer à eux seuls un pouvoir disciplinaire. Celui-ci est un pouvoir diffus fonctionnant désormais partout, soit enveloppé du pouvoir juridique, soit séparé du droit et concurremment à la loi. Cette observation met à découvert un rouage infrastructurel de notre société moderne et contemporaine ; ces « disciplines infimes », ces « petits procédés de la discipline » ne sont pas sans importance : « De là sans doute l'importance qui est attachée depuis si longtemps aux petits procédés de la discipline, à ces ruses de peu qu'elle a inventées, ou encore aux savoirs qui lui donnent un visage avouable ; de là la crainte de s'en défaire si on ne leur trouve pas de substitut ; de là l'affirmation qu'elles sont au fondement même de la société, et de son équilibre, alors qu'elles sont une série de mécanismes pour déséquilibrer définitivement et partout les relations de pouvoir ; de là le fait qu'on s'obstine à les faire passer pour la forme humble mais concrète de toute morale, alors qu'elles sont un faisceau de techniques physicopolitiques[48]. » Il n'y a donc pas une seule et unique logique « du » pouvoir ; et celui-ci, loin d'être strictement localisable, multiplie ses bases et ses stratégies, ainsi que ses formes d'existence ; il crée ce qu'il prétend néantiser, et lui-même est difficilement attaquable : il renaît chaque fois de ses cendres.

Entre le pouvoir de punir et le pouvoir de surveiller, entre le code et la discipline, la technologie de la prison fondée sur le panoptisme — et non, comme on pourrait le croire, la « conscience universelle de la loi dans chacun des sujets de droit[49] » — est cela même qui généralise le pouvoir de punir : le « sujet » responsabilisé ne l'est pas directement par la loi, mais par le contre-droit ou l'infra-droit de la discipline. Le sujet de droit s'efface derrière l'individu disciplinaire : « La mise "en observation" prolonge naturellement une justice envahie par les méthodes disciplinaires et les procédures d'examen[50]. » L'idéologie pénale du XIXe siècle voit dans la prison une « évidence » : comme privation de liberté, elle est la peine par excellence. De plus, elle est supposée redresser l'individu : le « supplément correctif » est compris dans la notion de prison-châtiment ; « l'emprisonnement pénal, dès le début du XIXe siècle, a couvert à la fois la privation de liberté et la transformation technique des individus[51] ». Mieux encore la « réforme » de la prison est contemporaine de la prison, nullement ultérieure à sa création. La *Société pour l'amélioration des prisons* date de 1818. Le livre *De la réforme des prisons* de Lucas date de 1838. L'isolement est supposé restituer au criminel une sociabilité, ou, quand il est absolu, un changement moral profond. Le travail pénal a été défini sous la Restauration : on en a discuté la rémunération ; on s'est demandé si une prison-atelier ne deviendrait pas bientôt un hôpital général susceptible d'accueillir les mendiants et les chômeurs ; mais le rôle correcteur a dominé dans la conception du travail pénal et Foucault cite Danjou : « Lorsque le corps s'agite, lorsque l'esprit s'applique à un objet déterminé, les idées importunes s'éloignent, le calme renaît dans l'âme[52]. » Toutefois, il ne s'agit pas, dans ce travail, de l'acquisition d'une habileté manuelle, mais plutôt de « la constitution d'un rapport de pouvoir exercé sur le prisonnier[53] ». Enfin, la prison joue un rôle modulateur eu égard à la peine : la rigueur punitive varie non seulement avec le délit mais encore avec le comportement du détenu et sa correction progressive. D'où l'idée d'une autonomie du carcéral par rapport au judiciaire : « La grande machinerie carcérale est liée au fonctionnement même de la prison[54]. » Le « pénitentiaire » n'est autre que ce supplément disciplinaire par rapport au juridique. Alors que la justice pénale punit l'infracteur de la privation de liberté, l'appareil pénitentiaire traite le délinquant qu'il a créé. En quelque sorte le corps du prisonnier se double de l'individualité de délinquant : « La délinquance, c'est la vengeance de la prison contre la justice[55]. » C'est le pouvoir disciplinaire qui est à l'origine de la prison et du délinquant, et ce dernier est pour ainsi dire le résultat d'approches différentes : ethnographiques (« les condamnés sont... un autre peuple dans un même peuple[56] ») avec Marquet-Wasselot, typologiques avec Ferrus[57], « architectonographiques » avec Baltard[58].

Foucault relève que les principes de la condition pénitentiaire n'ont pas changé depuis cent cinquante ans ; ils sont les suivants : 1. fonction essentielle de la détention pénale : la transformation de comportement de l'individu, donc *principe de la correction* ; 2. répartition des détenus selon la gravité pénale, l'âge, les techniques de correction, donc *principe de la classification* ; 3. réajustement des peines à la conduite du détenu, donc *principe de la modulation des peines* ; 4. *principe du travail comme obligation et comme droit* ; 5. *principe de l'éducation pénitentiaire* ; 6. *principe du contrôle technique de la détention* ; 7. prévision de mesures de contrôle et d'assistance, d'où *principe des institutions annexes*. Par rapport à la privation de liberté, qui est juridique, le système carcéral est un surpouvoir conjuguant dans la même discipline tout à la fois « des discours et des architectes, des règlements coercitifs et des propositions scientifiques, des effets sociaux réels et des utopies invincibles, des programmes pour corriger les délinquants et des mécanismes qui solidifient la délinquance[59] ». Ces mêmes principes renouvelés n'en sont pas moins là pour confirmer l'échec de la prison, à moins, pense Foucault, que la raison ne soit un succès, celui qui a consisté à stabiliser, fixer l'illégalisme, en le localisant, l'enfermant, et l'organisant « comme un milieu relativement clos mais pénétrable[60] ». Ainsi, la prison peut-elle être vue comme ce qui « dessine, isole et souligne une forme d'illégalisme qui semble résumer symboliquement toutes les autres, mais qui permet de laisser dans l'ombre celles qu'on veut ou qu'on doit tolérer[61] ». Or, cette forme symbolique n'est autre que la délinquance proprement dite, produite par le système carcéral dans un mécanisme de « punition-reproduction ». En quoi un tel illégalisme peut-il être utile ? D'abord, il est contrôlable, et ensuite, il est orientable. Mais aussi, pense Foucault, « la délinquance [...] bloque ou du moins maintient à un niveau assez bas les pratiques illégalistes courantes [...], un peu comme si l'effet d'exemple qu'on demandait autrefois à l'éclat des supplices, on le cherchait maintenant moins dans la rigueur des punitions, que dans l'existence visible, marquée, de la délinquance elle-même : en se différenciant des autres illégalismes populaires, la délinquance pèse sur eux[62] ». De plus, cette délinquance n'est pas sans jouer un tout autre rôle de réserve : « Elle est aussi un instrument pour l'illégalisme qu'appelle autour de lui l'exercice même du pouvoir[63]. » Et Foucault évoque les mouchards, les indicateurs et provocateurs de tout acabit, utilisés depuis longtemps dans les polices politiques.

Enfin, Foucault découvre une relation étroite entre les trois termes que sont la police, la prison et la délinquance : un circuit se forme et ne s'interrompt plus, puisque les infracteurs que la police fournit à la prison sont par cette dernière transformés en délinquants, tout à la fois les auxiliaires et la cible, à nouveau, du contrôle policier. La justice, dans tout cela, est une caution, débordée qu'elle est par la police, tenue à l'écart par l'institution carcérale. La justice pénale répond à la demande d'un appareil de contrôle et ses juges contribuent indirectement au système carcéral en aidant « à la constitution de la délinquance, c'est-à-dire à la différenciation des illégalismes, au contrôle, à la colonisation et à l'utilisation de certains d'entre eux par l'illégalisme de la classe dominante[64] ». Tel est le processus des quarante premières années du XIXe siècle. A cette époque également, on note une utilisation des faits divers à des fins politiques ; toutefois, tel n'est pas le cas de *la Phalange* des fouriéristes : « Elle analyse les affaires pénales comme un affrontement codé par la "civilisation", les grands crimes non point comme des monstruosités mais comme le retour fatal et la révolte de ce qui est réprimé, les petits illégalismes non point comme les marges nécessaires de la société mais comme le grondement central de la bataille qui s'y déroule[65]. »

La question fondamentale que pose Foucault à propos de la généralité carcérale est celle-ci : « Comment a-t-on fait pour que les gens acceptent le pouvoir de punir, ou tout simplement, étant punis, tolèrent de l'être[66] ? » Certes, la théorie du contrat apporte en réponse la « fiction d'un sujet juridique donnant aux autres le pouvoir d'exercer sur lui le droit qu'il détient lui-même sur eux ». Cette cession métaphysique du droit de punir s'est dédoublée matériellement dans le système carcéral, renouvelant l'économie du pouvoir dans la *norme*, que Foucault reconnaît pour être un mixte de légalité et de nature ; cette nouvelle forme de loi entraîne la dislocation interne du fonctionnement du pouvoir judiciaire. Juger devient difficile et se complique d'une volonté de reconnaître le normal et le pathologique, et d'une volonté de médicaliser rendant plus difficile encore de condamner. Les juges de normalité universalisent la norme auquel sont soumis les corps, les gestes, les comportements. Aussi le grand problème qui s'impose maintenant à nous est-il « la grande montée de ces dispositifs de normalisation et toute l'étendue des effets de pouvoir qu'ils portent, à travers la mise en place d'objectivités nouvelles[67] ». La répartition des stratégies, leurs règles, leurs « savoirs », leurs techniques, surplombent désormais l'étude possible de la *norme*.

2. *La sexualité*

Le premier volume de l'*Histoire de la sexualité* annonce un plan de travail qui se promet « d'interroger le cas d'une société qui depuis plus d'un siècle se fustige bruyamment de son hypocrisie, parle avec prolixité de son propre silence, s'acharne à détailler ce qu'elle ne dit pas, dénonce les pouvoirs qu'elle exerce et promet de se libérer des lois qui l'ont fait fonctionner[68] ». Et, contre toute attente, ce n'est pas l'ordre bourgeois qui sera inventorié en tant que porteur de la répression sexuelle, ni même le développement du capitalisme tout particulièrement ; mais ce qui se présentera à l'analyse, ce seront des discours, une volonté qui les anime et enfin des stratégies à mettre au jour. La question ne porte donc pas sur la répression elle-même, mais sur le fait que nous *disons* que nous sommes réprimés. Aussi Foucault parlera-t-il de « l'hypothèse répressive », sur laquelle il émet trois doutes : 1. d'abord sur la fameuse « évidence historique » selon laquelle un régime de répression sexuelle se serait instauré depuis le XVIIe siècle ; 2. ensuite, sur la mécanique du pouvoir : est-elle répressive sous les formes de l'interdit, de la censure, et de la dénégation ? ; 3. enfin, sur le discours critique lui-même : est-il opposé à ce qu'il critique ou bien ne participe-t-il pas, insidieusement, de ce à quoi il prétend s'opposer ? Donc, Foucault pose trois questions : la première est proprement historique, la seconde est historico-théorique, et la troisième est historico-politique. Il s'agit, par ces voies, non pas de montrer que l'hypothèse répressive est fausse, mais de la replacer « dans une économie générale des discours sur le sexe à l'intérieur des sociétés modernes depuis le XVIIe siècle[69] ». Les différents points ainsi retenus concernent : le *fait* qu'on parle du sexe, *ceux* qui en parlent, les *lieux* où on en parle, de quels *points de vue* on en parle, les *institutions* qui entretiennent ce discours ; car il s'agit du « "fait discursif" global[70] ». Le « pouvoir » se fraie un chemin à travers des techniques polymorphes qu'il utilise jusqu'à parvenir à toutes les formes de désir, porté qu'il est par une « volonté de savoir » qui lui est tout à la fois « support » et « instrument ». Surtout, Foucault élimine toute prétention à faire de l'interdit du sexe « l'élément fondamental et constituant à partir duquel on pourrait écrire l'histoire de ce qui a été dit à propos du sexe à partir de l'époque moderne[71] ».

Cette recherche des « instances de production discursive[72] », ou de celles ménageant la production du pouvoir et du savoir, débouche sur l'évidence que le sexe a bien été mis en discours, et, depuis la fin du XVIe siècle, que ce discours sur le sexe n'a fait que s'amplifier ; que les techniques du pouvoir qui maîtrisaient ce discours ont agi sur la sexualité non pas avec l'effet de la restreindre, mais de telle sorte qu'elle s'est enrichie de formes nouvelles, au point qu'à des techniques polymorphes du pouvoir ont correspondu des sexualités polymorphes ; enfin que cette « volonté de savoir » tend et réussit à constituer une science de la sexualité. Là-dessus, Foucault étudie l'hypothèse répressive, puis la science de la sexualité obtenue, puis le dispositif même de la sexualité, enfin ce qu'il appelle le bio-pouvoir. Nous reviendrons sur toutes ces analyses. A ce premier volume intitulé *La Volonté de savoir*, publié en 1976, devaient succéder quatre autres volumes que nous ne lirons peut-être jamais fût-ce sous forme d'ébauches ; leurs titres figurent à la quatrième page de couverture de *La Volonté de savoir* ; ce sont : 2. *La chair et le corps* ; 3. *La Croisade des enfants* ; 4. *La femme, la mère et l'hystérique* ; 5. *Les pervers* ; 6. *Population et races*. On peut imaginer le programme prodigieusement étendu, prenant appui sur les documents modernes et contemporains nous concernant directement. Les deux volumes qui parurent en 1984 ne sembleraient pas changer le projet, sinon qu'ils le prendraient « plus haut » dans le temps de la civilisation occidentale. Mais, ce qui s'est produit alors, c'est que la « sexualité » supposée de cette « histoire » ne pouvait plus présenter la même spécificité que celle qui est l'objet constant de notre « volonté de savoir ». La « problématisation morale des plaisirs[73] » concerne *aussi*, certes, le plaisir sexuel, que nous « prêtons » aux « Grecs » plus que nous ne le découvrons chez eux. Et l'éthique du « souci de soi », qui peut, à la rigueur, nous faire rêver, pouvons-nous la pratiquer aisément à la veille de l'an 2000 ? Enfin

— et cette découverte n'est pas la moindre — nous constatons que les méthodes d'approche nécessairement diffèrent quand il s'agit d'inventorier l'Antiquité : certes, il y a des textes à lire, mais l'hypothèse féconde du pouvoir-savoir ne joue plus guère, encore moins celle d'une « volonté de savoir » dynamisant un « pouvoir » aboutissant à ses fins propres, aveugles à lui-même et pourtant se concrétisant dans une « *scientia sexualis*[74] ».

Les méthodes, archéologique et généalogique, pratiquées par Foucault, en fait, nécessitaient sans doute qu'il remontât le plus loin dans le temps historique, mais le temps évoqué n'est pas en continuité avec le nôtre : nous le savions déjà ; et l'étude qu'en donne Foucault déplace tout à la fois le problème et ses enjeux. Ce qui surgit en dernier ressort, c'est la question même d'une éthique à laquelle nous consacrerons les dernières pages de notre examen.

L'hypothèse répressive est donc bien ouvertement une hypothèse moderne et même surtout contemporaine. Foucault va inventorier d'abord son point d'ancrage dans le XVIIe siècle. Au lieu d'un mutisme et même d'un interdit qui ne nommerait pas ce qu'il interdit, que trouve Foucault ? « Une véritable explosion discursive[75] », certes codifiée à travers une « rhétorique de l'allusion et de la métaphore[76] ». Les règles de décence ont dû se concrétiser dans une police des énoncés inspectant des régions mises ainsi sous contrôle : régions du *où* et du *quand* ne pas parler du sexe, régions de l'interlocution même et de ses circonstances, régions de l'inter-relation sociale ainsi établie. Le code de la non-communication à propos du sexe a donné lieu à une économie restrictive, s'intégrant à une « politique de la langue et de la parole[77] », mi-spontanée, mi-concertée. Une fois cette police mise en place selon ce que Foucault appelle les « redistributions sociales de l'âge classique[78] », qu'en est-il des discours eux-mêmes lorsqu'ils sont autorisés ? Ils prolifèrent, et ils redoublent d'effervescence avec le XVIIIe siècle, sans compter les discours non autorisés ; les explosions de l'insulte ou de l'attentat à la pudeur sont pour ainsi dire revalorisées sous l'application de la règle de décence. Là où s'exerce le pouvoir, les discours sur le sexe se multiplient sous l'incitation institutionnelle. A commencer par les manuels de confession rédigés après le concile de Trente (1545-1563), si on remarque que les questions se font plus voilées qu'au Moyen Age, nombreuses sont encore celles qui n'ont pas été atténuées. Et même si la discrétion est recommandée, il reste quelque chose des détails énoncés par les Sanchez et Tamburini. Un Segneri prescrira d'éviter la souillure des mots eux-mêmes, et un Alphonse de Liguori d'user de questions vagues[79]. Avec cette discrétion, l'aveu de la chair n'en est pas moins prononcé sous l'effet de la Contre-Réforme qui accélère le rythme des confessions. Si les questions sont moins concrètes, plus psychologiques, elles tendent par leur raffinement même à un examen de soi très délié : si le sexe n'est plus directement nommé, ses corrélats sont bien présents. L'acte est déplacé vers le trouble qui l'annonce et le suit ; c'est le désir qui entre en scène et qui doit être traqué, repéré et perçu, enfin *formulé*. L'introspection de l'examen de conscience a pour objet le désir au cœur des facultés de l'âme, au cœur des sens, des pensées, des paroles, des actions, et même des rêves. Ce qu'il faut donc, c'est faire comparaître « cette matière si chatouilleuse et si périlleuse[80] » pour considérer toute son importance à la surface des péchés. La pénitence est de *dire* ce « jeu des plaisirs » de la chair en pensée et en action, et même surtout en pensée pour faire, de son désir même, un discours.

Les *Préceptes sur le sixième commandement* abondent en injonctions[81], car il faut tout dire : regards impurs, pensées consenties, etc. La pastorale chrétienne, à l'insu de ses zélateurs, se continuera dans la littérature. Le devoir de tout dire dans l'optique de la pénitence a pour effet de rendre « moralement acceptable et techniquement utile[82] » ce « dire » lui-même. Certes, lorsque la littérature scandaleuse, à son tour, voudra aussi tout dire, sa retranscription des traités de direction apparaîtra clairement dans sa recherche des « détails les plus grands et les plus étendus[83] ». Et souvent le libertinage se doublera d'une intention éducatrice. L'application à mettre le désir en discours est alors commune à la pastorale chrétienne et à *My secret life* dont l'auteur anonyme du

XIXe siècle, comme Sade, écrit toutefois pour le plaisir. Les perspectives, certes, de la pastorale sont la maîtrise à travers les tentations, la reconversion du péché. L'entreprise était de parler pour se libérer, mais la parole approfondissait l'objet, le faisait être, analysait et multipliait aussi les effets de désir. Foucault note tous ces phénomènes « de déplacement, d'intensification, de réorientation, de modification, sur le désir[84] ». Mais d'autres mécanismes vont s'ajouter et relancer les effets de la pastorale chrétienne, comme ceux de l'économie personnelle des plaisirs : le sexe sera pris en compte par un « discours de raison[85] ». Ni la philosophie ni la médecine ne se hasarderont, mais la police du sexe le fera dans le sens d'une réglementation, à travers les problèmes de population que sont la natalité, la morbidité, la longévité, la fécondité, la santé, l'alimentation, l'habitat. Donc, une réflexion sur le sexe entre dans les affaires publiques à travers le problème économique et politique ; comme l'écrit Foucault, « il faut analyser le taux de natalité, l'âge du mariage, les naissances légitimes et illégitimes, la précocité et la fréquence des rapports sexuels, la manière de les rendre féconds ou stériles, l'effet du célibat ou des interdits, l'incidence des pratiques contraceptives — de ces fameux "funestes secrets" dont les démographes, à la veille de la Révolution, savent qu'ils sont déjà familiers à la campagne[86] ». Le fond du problème économique et politique deviendra le problème de l'usage du sexe, et avec ce problème se formera une grille d'observations. Le comportement sexuel du couple entre ainsi dans la conduite économique et politique d'un pays. Il n'y a pas de théorie générale de la sexualité, mais des analyses, des comptabilités, des classifications, des spécifications, qui permettent de développer un discours public, finalisé sur la réglementation du sexe.

Autre aspect, sinon autre discours, de la sexualité : ce sont les collèges d'enseignement du XVIIIe siècle qui assumeront la sexualité éventuelle de l'enfant, car il n'en sera pas ouvertement question, mais tout l'indiquera. Les dispositifs architecturaux, les règlements de discipline, l'organisation intérieure des collèges, en effet, tout manifeste une alerte permanente de la part des éducateurs. L'article 67 du *Règlement de police pour les lycées*, de 1809, exprime cette même inquiétude d'une prudente permanence d'un « maître d'étude surveillant l'extérieur, pour empêcher les élèves sortis pour des besoins, de s'arrêter et de se réunir[87] ». Le constat de cette sexualité se fait donc : de la part des médecins, des pédagogues, des maîtres, des politiciens du XVIIIe siècle. Le mouvement philanthropique allemand proposait une véritable « orthopédie discursive ». Foucault cite l'exemple de la fête du *Philanthropinum* de mai 1776, qui donna lieu au premier « discours raisonnable » sur le sexe adolescent[88]. Les formes de discours se développeront et se multiplieront « autour d'un faisceau de relations de pouvoir[89] ». *La Volonté de savoir* aurait pu déployer tous les textes et tous les documents, tout comme *Surveiller et punir* les donne à voir, mais Foucault pratique ici ce qu'on pourrait appeler l'ellipse, on peut les consulter : ils existent.

L'anecdote significative de l'ouvrier agricole du village de Lapcourt, signalé, dénoncé, inculpé, pour s'être laissé aller à des privautés à l'égard d'une petite fille, est là comme pièce à conviction d'un nouveau comportement, en 1867, en ce qui concerne la sexualité villageoise. L'intolérance collective et l'action judiciaire se sont mises en branle, entraînant pour lui un examen clinique attentif : soumis à des mensurations de sa boîte crânienne, à des questionnaires, cet homme fut jugé digne de vivre sous observation à l'hôpital de Maréville, et devint l'objet d'une analyse détaillée, qui fut publiée. Cette avancée du savoir vers le domaine de la sexualité impliquait en contrepartie son recul dans le domaine de la vie quotidienne, son effacement ou seulement son étouffement : « ne plus parler de toutes ces choses à voix haute[90] ». Foucault rapproche ces deux expériences contemporaines, celle de l'auteur de *My secret life* et celle de ce simple d'esprit, et il en tire l'évidence d'un lien profond : « le sexe est devenu quelque chose à dire[91] ». L'existence discursive du sexe est donc le fait même du pouvoir ; mieux, la prolixité de ce discours polymorphe semble être la caractéristique de notre société.

Au XIXe siècle, après la grande unité du discours du Moyen Age sur le sexe, il est frappant de constater non seulement sa prolixité, mais encore la multiplicité de ses formes, sa dispersion, sa décomposition. Maintenant, il est question de sexe dans la démographie, la biologie, la médecine, la psychiatrie, la psychologie, la morale, la pédagogie, la critique politique. Toutefois cette croissance discursive n'a pas été continue : les mises en discours sont diversifiées, « spécifiques et coercitives[92] ». Loin d'une censure massive, et d'une répression, ce qui apparaît, c'est une « incitation réglée et polymorphe aux discours[93] ». Contre le thème fréquent « que le sexe est hors discours[94] », Foucault a des arguments inattendus : dire qu'il est hors discours, cela même « ne fait-il pas partie de l'injonction par laquelle on suscite le discours[95] ? » Ce « secret », cette « inquiétante énigme », en fait, ce n'est autre, pour Foucault, que ce « qui fait partie de la mécanique de ces incitations[96] ». L'exigence d'en parler passe par cette illusion indispensable. A l'objection qui s'élèverait et qui montrerait que la multiplicité des discours correspond à la multiplicité des condamnations judiciaires, à l'annexion de certains comportements à la maladie mentale, à l'édification de normes allant de l'enfance à la vieillesse, etc., à cela Foucault répond par la constatation concurrente d'une prolifération de formes disparates de la sexualité : « Notre époque a été initiatrice d'hétérogénéités sexuelles[97]. » En effet, les grandes instances qu'ont été le droit canonique, la pastorale chrétienne, et la loi civile, faisaient un partage du licite et de l'illicite, mais selon leur manière propre. Règles et contraintes concernaient surtout le sexe des conjoints. Hors du mariage, il n'y avait plus de recommandations, car c'était déjà le domaine du condamnable. Tout étant centré sur l'alliance légitime, vouée d'ailleurs à la discrétion, il se produisit une interrogation active du côté de la sexualité des enfants, du côté des fous et des criminels, du côté de « ceux qui n'aiment pas l'autre sexe[98] », enfin du côté des manies et des rages. Même si toutes ces sexualités périphériques sont condamnées, elles n'en sont pas moins admises dans le discours. La figure et le prestige de Don Juan s'expliquent : ce « voleur de femmes, séducteur des vierges, honte des familles, et insulte aux maris et aux pères[99] » cache sous le libertin le pervers. Reste la question de savoir « s'il était homosexuel, narcissique ou impuissant[100] ». Dès lors, et même si c'est lentement, matrimonialité et sexualité prennent deux voies différentes, du moins ne partagent-elles plus les mêmes lois : « Tout un petit peuple naît, différent, malgré quelques cousinages, des anciens libertins[101]. »

Jusqu'à nos jours, une sexualité plurielle, polymorphe, marginale, se développe : vice ou délit, relevant de la pathologie ou de la pénalité. La perversion se découvre et se dit : « Enfants trop éveillés, fillettes précoces, collégiens ambigus, domestiques et éducateurs douteux, maris cruels ou maniaques, collectionneurs solitaires, promeneurs aux impulsions étranges : ils hantent les conseils de discipline, les maisons de redressement, les colonies pénitentiaires, les tribunaux et les asiles[102]. » Peut-on dire que la règle n'est plus aussi stricte ? En tout cas, apparemment les codes sont plus indulgents : s'agit-il d'une attention redoublée ? La médecine prend souvent la relève de la justice. C'est maintenant elle qui tend à s'immiscer dans les plaisirs du couple et à en gérer non seulement la pathologie, mais encore les incomplétudes, les perturbations, en classant et recommandant. Les nouvelles opérations du pouvoir ne relèvent pas de l'interdit pour Foucault. Ce sont : 1. l'interdit des incestes et le contrôle de la sexualité enfantine ; le premier vise un objectif précis, tandis que le second va devenir un support, un appui au long duquel, écrit Foucault, « le pouvoir avance, multiplie ses relais et ses effets[103] » dans un dispositif de barrage qui s'inverse en aménagement progressif ; 2. à quoi aboutit cette chasse aux sexualités périphériques, sinon à une *incorporation des perversions* et une *spécification nouvelle des individus*[104] » ? C'est depuis l'article de Westphal sur les « sensations sexuelles contraires[105] » que l'homosexualité s'est constituée psychologiquement, médicalement, et d'un point de vue psychiatrique. Tout en les pourchassant, la mécanique du pouvoir constitue ces sexualités dans une « réalité analytique, visible et permanente[106] » ; 3. l'insolite sexuel sera médicalisé ; mais cette médicalisation est en même temps effet et instrument : « Le pouvoir fonctionne comme un mécanisme d'appel[107]. » Pouvoir et plaisir s'affrontent et se renforcent réciproquement ; 4. d'où l'établissement de « dispositifs de saturation sexuelle[108] » : Foucault repère les lieux de relations plaisir-pouvoir, à commencer par la famille. Des polarités multiples s'y constituent entre adultes et enfants, entre chambre des parents et chambre des enfants, également une ségrégation des garçons et des filles. Autres lieux : les institutions scolaires ou psychiatriques avec des espaces tels que « la salle de classe, le dortoir, la visite ou la consultation[109] ». Les sexualités disséminées se sont fixées sur l'avancée des pouvoirs et leur prolifération est fonction de l'extension du pouvoir. Il ne s'agit donc pas d'une répression exercée sur le sexe par les sociétés modernes ; elles ont créé, tout au contraire, des formes de plaisir qui leur sont spécifiques. Cette analyse de Foucault est originale et rejoindrait, mais sur un ton plus optimiste, celle de Freud présentant la notion de « relations libidinales réciproques[110] ».

Foucault ne pense donc pas qu'il y ait, à proprement parler, répression. Ce qui caractérise nos sociétés, c'est plutôt le discours sur le sexe. En effet, alors que nous tendons à croire que le pouvoir supprime le sexe, il en crée des modes d'approche nouveaux et disparates, ce que Foucault résume par l'expression « plaisir-pouvoir ». Ce plaisir-pouvoir est possible à partir d'un plaisir-savoir[111]. Mais le plaisir-savoir ne produit pas une *scientia sexualis* comparable pour la scientificité à la biologie de la reproduction qui lui est pourtant contemporaine dans le courant du XIXe siècle. A propos du sexe, la « volonté de savoir » est, en fait, une « volonté obstinée de non-savoir[112] », mais « ne pas vouloir reconnaître, c'est encore une péripétie de la volonté de vérité[113] ». Et les analyses de Charcot montrent ces mécanismes de la méconnaissance qui fonctionnent dans l'entreprise de « dire la vérité du sexe[114] ». L'aveu est au cœur de cette entreprise déjà ancienne, laquelle n'a fait que se confirmer en se transformant. Foucault constate que l'aveu est une forme de production de la vérité qui joue dans de nombreux domaines : justice, médecine, pédagogie, famille, relations amoureuses, vie quotidienne, rites solennels[115] ; que cet aveu soit spontané, imposé, extorqué : « l'aveu est un rituel de discours où le sujet qui parle coïncide avec le sujet de l'énoncé[116] ». Depuis les confessions et les premiers interrogatoires de justice et de médecine, comment maintenant peut-on voir à l'œuvre le mécanisme d'extorsion de l'aveu sexuel ? D'abord par un « faire-parler » codifié cliniquement, par le présupposé du caractère causal polymorphe du sexe, par la reconnaissance d'un principe de latence intrinsèque à la sexualité, par une méthode interprétative, et enfin par la médicalisation : le sexe ne relève plus seulement du registre du péché, mais encore de celui du normal et du pathologique. Ainsi Foucault met-il sur pied dans *La Volonté du savoir,* non une « théorie du pouvoir », comme on l'a trop souvent dit, mais une analytique du pouvoir[117]. Et c'est pour lui l'occasion de dissiper — dans ce qui devait être son « premier parcours » de la question de la sexualité — une représentation tenace mais fausse : celle d'un pouvoir compris comme juridico-discursif avec une relation négative entre pouvoir et sexe.

Pénalité et sexualité ont cela en commun qu'elles sont traitées selon les nouveaux procédés de pouvoir : non pas selon le droit, mais selon la technique, non pas selon la loi, mais selon la normalisation, non pas selon le châtiment, mais selon le contrôle ; pénalité et sexualité, comme le constate Foucault, « débordent l'État et ses appareils[118] ». En effet, aussi bien à travers ses études de la pénalité (ouvrages et cours) qu'à travers le premier volume de l'*Histoire de la sexualité*, Foucault forge une analytique du pouvoir qui devrait, pense-t-il, nous faire abandonner une théorie du pouvoir diffuse et persistante relevant du pouvoir monarchique fondé sur le droit et la loi, et représentant un pouvoir pauvre dans ses ressources, économe dans ses procédés, monotone dans les tactiques qu'il utilise, incapable d'invention et comme condamné à se répéter toujours lui-même[119] ». Ce pouvoir n'aurait que la puissance du « non », et Foucault le voit comme « anti-énergie » visant simplement et uniquement l'obéissance. A l'opposé de cette représentation négative du pouvoir, qui enserre le politique dans le juridique, il décrit, au contraire, les mécanismes de pouvoir qui subrepticement ont pénétré cette véritable monarchie juridique, qui, aujourd'hui encore, est la nôtre. Ainsi, pour s'affranchir de l'image du pouvoir-loi, il faut accepter d'apercevoir la technologie positive de ces fameuses « disciplines », selon le terme que Foucault leur donnait dans *Surveiller et punir*. Et pour traiter de la résultante des discours sur le sexe — qui n'est autre que la sexualité, le « corrélatif de cette pratique discursive[120] » —, il décide de pratiquer une méthode qui consiste à penser « le sexe sans la loi, le pouvoir sans le roi[121] ». Ce sera une méthode susceptible de mettre en évidence « la multiplicité des rapports de force[122] » que constituent effectivement le pouvoir, ses stratégies, et ses effets périphériques. De même que la sexualité est le corrélatif d'une pratique discursive, de même le pouvoir est un nom prêté « à une situation stratégique complexe dans une société donnée[123] ». C'est dire que ce que Foucault va dégager comme étant les *quatre règles de sa méthode*, ce seront moins des impératifs que des prescriptions, ou tout simplement des règles de prudence épistémologique, ainsi qu'un certain nombre de propositions.

Quatre règles donc. La *règle d'immanence*[124] consiste à admettre les relations de pouvoir qui ont institué la sexualité comme objet possible à connaître et les procédures de discours qui ont pu l'investir. Les *règles des variations continues* permettent de chercher le « schéma des modifications que les rapports de force impliquent par leur jeu même[125] », car le pouvoir-savoir établit des relations qui sont ce que Foucault appelle des « matrices de transformation ». La *règle du double conditionnement*[126] renvoie à une stratégie d'ensemble dont les tactiques sont spécifiques et ces tactiques ne fonctionnent que dans l'enveloppe spécifique. La *règle de la polyvalence tactique des discours*[127] affirme que le discours sur le sexe n'est pas purement et simplement la surface de projection des mécanismes du pouvoir, mais qu'il est réellement le point d'articulation entre pouvoir et savoir ; aussi le repérage du départage entre discours dominants et discours dominés est-il à abandonner. Foucault innove en proposant de décrire un discours comme une multiplicité d'éléments discursifs dans des stratégies diverses, en repérant les séries de segments discontinus. Car, dès le départ, le discours n'est pas pour ou contre le pouvoir : il peut être aussi bien instrument et effet de pouvoir. C'est donc la répartition des stratégies diverses qu'il faut restituer, avec leurs énonciations, leurs déplacements, la réutilisation des mêmes formules pour des objectifs *autres*. Et si, en effet, une objection a été faite à Foucault de n'avoir pas suffisamment développé sa « théorie du pouvoir » jusqu'à considérer les modes éventuels de résistance susceptibles de se produire efficacement contre le discours et le pouvoir, et contre le pouvoir-savoir[128], c'est sans doute faute pour son auteur de n'avoir pas suffisamment tenu compte de ce que Foucault a explicité dans *L'Ordre du discours* comme étant le « matérialisme de l'incorporel[129] », lequel s'est prononcé à propos de la pénalité, et se prononce de la même façon à propos de la sexualité. Foucault n'évoque-t-il pas l'efficacité d'un « discours "en retour"[130] » ? En fait, « les discours sont des éléments ou des blocs tactiques dans le champ des rapports de force[131] ». C'est pourquoi l'interrogation porte non pas sur une idéologie qui serait sous-jacente au discours, mais sur le double niveau de la productivité tactique et de l'intégration stratégique de la pratique discursive. Dans l'approche de la sexualité mise au point par Foucault, la considération de la stratégie l'emporte sur celle du droit, tout comme la norme carcérale l'emportait sur la loi de justice dans son approche de la pénalité.

De grandes stratégies ont développé des dispositifs spécifiques de savoir et de pouvoir en ce qui concerne le sexe. Et, tout d'abord, l'hystérisation du corps de la femme ; en effet, à l'analyse, ce corps a été perçu comme « saturé de sexualité[132] », donc à intégrer dans la pratique médicale et, dès lors, voué à ses différents rôles sociaux : génésique, familial, pédagogique, se résumant dans l'image positive de la Mère, à laquelle s'oppose l'image négative de la « femme nerveuse[133] ». Ce que Foucault appelle ensuite la « pédagogisation du sexe de l'enfant[134] » évoque, d'une part, l'éventuelle ou supposée activité sexuelle des enfants, et, d'autre part, la représentation des dangers qu'elle comporterait : deux pôles d'une supputation constituant le discours pédagogique sur le sexe de l'enfant, que tiennent aussi bien familles, éducateurs, médecins, psychologues. La socialisation des conduites procréatrices[135] s'est produite à partir de deux points de vue : 1. d'un point de vue politique par la responsabilisation des couples relativement au corps social dans son ensemble ; 2. d'un point de vue économique par l'incitation ou le freinage de la fécondité du couple ; 3. d'un point de vue médical concernant la valeur pathogène des pratiques contraceptives. Autre stratégie, la « psychiatrisation du plaisir pervers[136] » s'est confirmée à travers l'analyse clinique de formes d'anomalie dont pouvait être atteint « l'instinct sexuel » dûment isolé et défini. Foucault résume ces quatre stratégies par les quatre figures qui les représentent : la femme hystérique, l'enfant masturbateur, le couple malthusien, l'adulte pervers. Mais, plutôt qu'une lutte contre la sexualité, ou qu'un masque destiné à la déguiser, il faut voir dans les stratégies décrites le travail de production de la sexualité elle-même. En effet, loin d'être une donnée de la nature, la sexualité est une production culturelle qui s'effectue à travers de telles stratégies. Que l'on considère maintenant le dispositif d'alliance ou le dispositif de sexualité que Foucault examine pour les confronter, il est clair que le premier a atténué son efficacité dans nos sociétés occidentales. Il tend à s'effacer devant le dispositif de sexualité. Tandis que le système d'alliance comporte effectivement un système de règles délimitant ce qui est permis et ce qui est défendu. Le système de sexualité est le fait de nouvelles techniques de pouvoir, polymorphes et conjoncturelles. Tandis que le dispositif d'alliance vise sa reproduction, le dispositif de sexualité aboutit à la prolifération et à l'innovation de formes et de domaines à soumettre à un contrôle global. C'est dire que des dispositifs de pouvoir toujours nouveaux montrent la sexualité qu'ils mettent au jour comme étant assujettie à des rapports de pouvoir et comme devenant, par intensification et valorisation, objet digne de savoir.

De nouveau, Charcot se trouve au cœur du problème,

puisqu'il a séparé pour l'analyser (et peut-être aussi la prévenir et la « guérir » ?) la sexualité hors du domaine de la famille. Dans cet espace ouvert, la psychanalyse est venue se loger en le développant avantageusement. Foucault se proposait donc, dans les volumes ultérieurs de son *Histoire de la sexualité*, de travailler sur ce dispositif de sexualité, selon les stratégies évoquées et selon les règles de méthode énoncées. Déjà le survol fort approfondi, qu'en donne Foucault, permet d'apprécier l'autonomisation du sexe par rapport au corps, impliquée dans ce dispositif de sexualité formé « à partir de la chair chrétienne[137] ». Contre l'hypothèse répressive, l'hypothèse de Foucault — étant donné que l'interdit n'est pas au premier plan dans cette histoire — est bien plutôt celle d'une production de la « sexualité[138] ». L'autonomisation du sexe — et non plus sa répression pour raison économique — s'est rendue manifeste en 1846 par la publication de la *Psychopathia sexualis* de Heinrich Kahn[139], mais il faut remonter à la fin du XVIIIe siècle pour voir naître la technologie nouvelle du sexe dissociée de l'institution ecclésiastique, et définie par l'institution médicale. Même Freud apporte une volonté normalisatrice, puisque « la psychanalyse se donne pour tâche de lever, chez ceux qui sont en position d'avoir recours à elle, les effets de refoulement qu'elle peut induire ; elle leur permet d'articuler en discours leur désir incestueux[140] ». L'administration du sexe entreprise par la médecine, et développée sur la base de la théorie de la dégénérescence, va contribuer à la technologie du sexe de la seconde moitié du XIXe siècle : « Toute une pratique sociale, dont le racisme d'État fut la forme à la fois exaspérée et cohérente, a donné à cette technologie du sexe une puissance redoutable et des effets lointains[141]. » Par rapport à ce système, la psychanalyse a opéré une rupture. Plutôt qu'un ascétisme, ce qu'il faut voir dans cette histoire de la sexualité, c'est une « intensification du corps[142] », une volonté de maximalisation de la vie.

3. *Le bio-pouvoir ou le corps dans tous ses états*

Le droit de mort remonte très loin : dans la *patria potestas* de la famille romaine dont le père était le souverain et telle est sans doute le fondement archéologique qui présida pour nos sociétés à la « peine capitale ». Le « corps supplicié », privilège du roi, manifeste un degré supérieur de ce droit (archaïque, si l'on en juge des travaux anthropologiques dont ne fait pas état Foucault, mais qui pourraient confirmer ses propres études : on pense à toute la bibliographie anthropologique, sur laquelle s'appuie Albert H. Post[143]). En effet, le supplice, c'est plus que la mort, celle-ci intervient comme « l'occasion et le terme d'une gradation calculée de souffrances[144] ». Le souverain moderne « ne marque son pouvoir sur la vie que par la mort qu'il est en mesure d'exiger[145] ». Le corps social, pour assurer sa vie, prendra à son compte le droit de mort : celui-ci, qu'on veuille l'appeler « pouvoir de mort », ne s'en donne pas moins pour le complément d'un pouvoir s'exerçant positivement sur la vie, la gérant, la majorant : « on dresse des populations entières à s'entre-tuer réciproquement au nom de la nécessité pour elles de vivre[146] ». C'est le pouvoir de la vie qui entraîne aujourd'hui la perspective de la mort d'une population, le génocide. Et Foucault constate « qu'au vieux droit de *faire* mourir ou de *laisser* vivre s'est substitué un pouvoir de *faire* vivre ou de rejeter dans la mort[147] ». L'administration des corps, qui peut entraîner à cette extrémité de la mort, relève d'une *bio-politique* de la population — un ensemble des contrôles régulateurs — ou d'une *anatomo-politique* du corps humain — procédures de pouvoir caractérisant ce que Foucault appelle les « disciplines ». Ce qui va s'instituer dans l'école ou l'armée, c'est-à-dire dans les disciplines, ce qui va participer de la régulation (démographie, circulation des richesses), c'est le *bio-pouvoir* par lequel l'Occidental « apprend peu à peu ce que c'est que d'être une espèce vivante dans un monde vivant, d'avoir un corps, des conditions d'existence, des probabilités de vie, une santé individuelle et collective, des forces qu'on peut modifier et un espace où on peut les répartir de façon optimale[148] » C'est ainsi que le biologique est intégré au politique : l'entrée de la vie et des mécanismes vitaux dans les calculs politiques — c'est-à-dire la *bio-politique* — et l'interférence des mouvements propres à la vie avec les processus historiques — c'est-à-dire la *bio-histoire* — sont des éléments proprement modernes : « L'homme moderne est un animal dans la politique duquel sa vie d'être vivant est en question[149]. »

Les jeux de la norme, que nous avons vu se développer à propos de la pénalité et que nous remarquons à propos de la sexualité, deviennent prépondérants par rapport au système juridique constitué et fondé sur la loi. La loi se réfère au glaive, écrit Foucault[150]. Tandis qu'un pouvoir qui prend la vie en charge troque les armes contre les mécanismes de la régulation et de la correction, contre une technologie normalisatrice, tournant autour de la vie, et faisant régresser le juridique. Les Codes et les Constitutions ne sont plus alors à envisager que comme des moyens de faire accepter un pouvoir centré sur la normalisation. Le droit lui-même sert à formuler les droits à la vie, à la santé, et même au bonheur. D'où l'importance particulière du sexe compris comme « sexualité », appartenant aux disciplines du corps, en même temps qu'à la régulation des populations. A travers le contrôle de la sexualité, c'est un micro-pouvoir qui s'organise et s'exerce sur le corps, sur tous les corps vivants formant le corps social, et sur la vie elle-même du corps social. Comme on est passé du supplice à la discipline carcérale — avec le contrôle qu'elle implique —, on est passé au niveau de la population politique « d'une *symbolique du sang* à une *analytique de la sexualité*[151] ». Or, « la sexualité, elle, est du côté de la norme, du savoir, de la vie, du sens, des disciplines, et des régulations[152] ». Certes, il y a souvent encore imbrication de l'analytique de la sexualité et de la symbolique du sang : le racisme biologisant, ainsi que le nazisme en ont été des témoins évidents. Loin d'éluder le corps, l'analyse de la sexualité montre quels dispositifs de pouvoir s'articulent sur lui, et comment. Plus les technologies modernes se développent, plus grande est la complexité de la liaison du biologique à l'historique. Dans cette nouvelle « histoire des corps » que nous propose Foucault, le sexe apparaît comme une « idée » formée dans les stratégies de pouvoir, et dans lesquelles elle a joué un rôle défini. En fait, le « sexe » est ce qui joue « au jeu du tout et de la partie, du principe et du manque, de l'absence et de la présence, de l'excès et de la déficience, de la fonction et de l'instinct, de la finalité et du sens, du réel et du plaisir[153] ». Le terme lui-même regroupe en tant que signifiant tout un ensemble unique et en tant que signifié tout un contenu universel : « des éléments anatomiques, des fonctions biologiques, des conduites, des sensations, des plaisirs[154] », comme principe causal, comme sens secret et omniprésent. En dernier ressort, le « sexe » « n'est sans doute qu'un point idéal rendu nécessaire par le dispositif de sexualité et par son fonctionnement[155] ».

NOTES

1. Il s'agit, non seulement du tome I, *La Volonté de savoir*, mais encore des deux plus récents volumes, tome 2, *L'Usage des plaisirs*, et tome 3, *Le Souci de soi*, parus aux éditions Gallimard en 1984.

2. Dans *Michel Foucault. Un parcours philosophique* (Gallimard, 1984), les auteurs Hubert L. Dreyfus et Paul Rabinow écrivent qu'ils ont un moment pensé donner à leur ouvrage le sous-titre « du structuralisme à l'herméneutique » ; ensuite, ils ont pensé que Foucault, tenté par le structuralisme, n'a été ni structuraliste, ni même herméneuticien puisqu'il « se situe au-delà de l'herméneutique tout en ressentant pour elle une certaine attraction » (*op. cit.*, p. 10). S'il n'y a pas une herméneutique, les auteurs trouvent néanmoins chez Foucault une « analytique interprétative » : forme d'exégèse que les auteurs rapprochent eux-mêmes de ce que Ricœur, par ailleurs, appelle, « l'herméneutique du soupçon » (*op. cit.*, p. 181) : « Celle-ci considère que les actants n'ont pas directement accès au sens de leur discours ou de leurs pratiques et que notre connaissance des choses, telles que nous les appréhendons dans la vie quotidienne, est superficielle et déformée » *(ibid.)*. Mais la critique de cette herméneutique, comme étant trop superficielle, met Foucault à pied d'œuvre dans une « interprétation » qui se distancie des pratiques néanmoins partagées par l'interprète aussi (*op. cit.*, p. 182).

La question du sens à propos de Foucault a été encore l'objet d'une étude comparative fort intéressante, *Die Grenze von Sinn (La Frontière du sens)*, qui a été faite par Jochen Köhler (« Symposium », Verlag Karl Alber, Freiburg/München, 1983), et dans laquelle l'auteur cherche à mesurer une nouvelle détermination — de type structural — de la relation homme-nature. Foucault, tout en refusant une totalité du sens comme principe spirituel d'une histoire, n'en pense pas moins que l'histoire révolue comporte un sens et que le sens est, en effet, une fonction d'ordre. Or, Foucault dirige sa critique du sens contre le modèle d'ordre que représente le langage (*op. cit.*, p. 228). Et la question de Jochen Köhler est la suivante : « Mais s'il en est ainsi que, derrière toute relation de pouvoir, apparaissent des intentions et des orientations, pourquoi n'y aurait-il aucune cohérence de sens globale derrière la stratégie globale du pouvoir ? » (*Op. cit.*, p. 228.) Il y aurait d'après Foucault un décalage entre le plan de la rationalité et celui de l'exercice du pouvoir, du fait des fonctions diverses du sens entraînant leur séparation les unes des autres. Pourtant, la polyvalence du discours, que postule Foucault, entre dans la stratégie tactique des constellations de forces sociales, à laquelle correspond l'immanence de l'ordre. Et l'ordre lui-même est le résultat de la systématique secondaire d'une « situation complexe » (*op. cit.*, p. 229).

3. *Cf.* F. Serpillon, *Code criminel*, 1767 ; D. Jousse, *Traité de la justice criminelle*, 1771 ; P.F. Muyart de Vouglans, *Les Lois criminelles de France*, 1780 ; cités par Foucault, *SP*, pp. 120, 221, 56, 52.

4. P. Rossi, *Traité de droit pénal*, 1829 ; cité par Foucault, *SP*, p. 234.

5. *Cf.* le séminaire de Michel Foucault au Collège de France, année 1970-1971.

6. *OD*, p. 53.

7. *Cf.* A.J. Arnaud, *Essai d'analyse structurale du code civil français*, L.G.D.J., 1973 ; et *id.*, *Critique de la raison juridique*, L.G.D.J., 1981.

8. Alexandre Kojève, *Esquisse d'une phénoménologie du droit*, Gallimard, 1981. *Cf.* A. Kremer-Marietti, « Les Fondements philosophiques du droit pénal » in *Le Droit en procès*, P.U.F., Paris, 1983, pp. 107-112.

9. *SP*, p. 18.

10. *SP*, p. 21.

11. *SP*, p. 22.

12. *Cf.* G. de Mably, *De la législation, Œuvres complètes*, 1789, t. IX, p. 326 ; cité par Foucault, *SP*, p. 22.

13. *SP*, p. 24.

14. *SP*, p. 25.

15. G. Rusche et O. Kirschheimer, *Punishment and Social Structures*, 1939 ; cité *SP*, p. 29.

16. *Ibid.*

17. Annuaire du Collège de France, 74e année.

18. Cité, *SP*, p. 29.

19. *SP*, p. 35.

20. *Ibid.*

21. *SP*, p. 37 : *cf.* l'article « Supplice » de l'*Encyclopédie*, rédigé par Jaucourt.

22. *Ibid.*

23. *SP*, pp. 37-38.

24. *SP*, p. 77.

25. *SP*, p. 87.

26. Voir, de Francis Bacon, *Essai d'un traité sur la justice universelle*, que nous publions aux éditions Klincksieck.

27. *SP*, p. 99.
28. *SP*, p. 106.
29. *SP*, p. 108.
30. *SP*, p. 109.
31. *SP*, p. 130.
32. *SP*, p. 131.
33. *SP*, p. 134.
34. *Cf. Essai général de tactique*, 1772 ; cité, *SP*, p. 150.
35. J.J. Walhausen, *L'Art militaire pour l'infanterie*, 1615 ; cité, *SP*, p. 172.
36. *SP*, p. 189.
37. *SP*, p. 191.
38. *Cf.* J. Bentham, *Panopticon, Works*, éd. Bowring, t. IV ; *Postscript to the Panopticon*, 1791 ; cités, *SP*, pp. 202, 203.
39. *SP*, p. 201.
40. *SP*, p. 206.
41. N.H. Julius, *Leçons sur les prisons*, trad. française, 1831 ; cité, *SP*, p. 218.
42. *SP*, p. 219.
43. *SP*, p. 221.
44. *SP*, p. 223.
45. *SP*, p. 225.
46. *SP*, p. 227.
47. *SP*, p. 224.
48. *SP*, p. 225.
49. *Ibid.*
50. *SP*, p. 229.
51. *SP*, p. 235.
52. *SP*, p. 245.
53. *SP*, p. 246.
54. *SP*, p. 251.
55. *SP*, p. 259.
56. *SP*, p. 256. *Cf. L'Ethnographie des prisons*, 1841.
57. *SP*, p. 258. *Cf. Des prisonniers*, 1850.
58. *SP*, p. 238. *Cf. Architectonographie des prisons*, 1829.
59. *SP*, p. 276.
60. *SP*, p. 281.
61. *Ibid.*
62. *SP*, p. 283.
63. *SP*, p. 285.
64. *SP*, p. 288.
65. *SP*, p. 296.
66. *SP*, p. 310.
67. *SP*, p. 313.
68. Voir *La Volonté de savoir*, p. 16. Sigle *VS*.
69. *VS*, p. 19.
70. *VS*, p. 20.
71. *Ibid.*
72. *VS*, p. 21.
73. Titre de la première partie de *L'Usage des plaisirs*.

74. Titre de la troisième partie de *La Volonté de savoir.*
75. *VS*, p. 25.
76. *VS*, p. 26.
77. *Ibid.*
78. *Ibid.*
79. *Cf.* A. de Liguori, *Pratique des confesseurs* (trad. française, 1854), ouvrage cité, *VS*, p. 27 comme il en va également de l'ouvrage de P. Segneri, *L'Instruction du pénitent* (trad. française, 1695).
80. *VS*, pp. 28-29, *cf.* P. Segneri, *op. cit.*
81. Ouvrage d'Alphonse de Liguori, cité *VS*, p. 30.
82. *VS*, p. 30.
83. *Ibid.*
84. *VS*, p. 33. On peut comparativement rapprocher ces mêmes termes des termes identiques et proches utilisés par Freud au sujet de la compulsion du désir sur un autre registre.
85. *VS*, p. 34.
86. *VS*, p. 36.
87. *VS*, p. 39, note 1.
88. *VS*, p. 41.
89. *VS*, p. 42.
90. *VS*, p. 44.
91. *VS*, p. 45.
92. *VS*, p. 47.
93. *Ibid.*
94. *VS*, p. 48.
95. *Ibid.*
96. *Ibid.*
97. *VS*, p. 51.
98. *VS*, p. 53.
99. *VS*, p. 54.
100. *VS*, p. 55.
101. *Ibid.*
102. *Ibid.*
103. *VS*, p. 58.
104. *VS*, pp. 58-59.
105. Article paru dans *Archive für Neurologie*, 1870, cité, *VS*, p. 59, note 1.
106. *VS*, p. 60.
107. *VS*, p. 61.
108. *VS*, p. 62.
109. *VS*, p. 64.
110. En effet, dans *Malaise dans la civilisation*, Freud évoque le combat entre l'Eros et l'instinct de mort, caractérisant le processus culturel, et il se décide pour une formulation qui puisse le satisfaire, et qui est la suivante : « Le processus de civilisation répondrait à cette modification du processus vital subie sous l'influence d'une tâche imposée par l'Eros et rendue urgente par Anankè, la nécessité réelle, à savoir l'union d'êtres humains isolés en une communauté cimentée par leurs relations libidinales réciproques » (trad. de l'allemand par Ch. et J. Osier, Presses Universitaires de France, 1971, 5e éd., 1976, p. 100). Ces « relations libidina-

les réciproques » qui cimentent une communauté, qui ne pourrait s'en passer, n'en sont pas moins confisquées au développement individuel, et donc soumises à restriction. Le rapprochement avec ce qu'avance Foucault est sans doute assez ténu, mais nous le voyons rendu possible par le fait que le processus de civilisation, d'une part, est fondé sur la libido, et, d'autre part, détourne et restreint celle-ci à son profit : un pouvoir civilisateur repère le désir et assimile celui-ci à ses propres mécanismes de domination.

111. *VS*, pp. 101-102. *Cf. VS*, p. 97 : « Beaucoup plus que d'un mécanisme d'exclusion ou de rejet, il s'agit de l'allumage d'un réseau subtil de discours, de savoirs, de plaisirs, de pouvoirs ; il s'agit, non d'un mouvement qui s'obstinerait à repousser le sexe sauvage dans quelque région obscure et inaccessible ; mais au contraire, de processus qui le disséminent à la surface des choses et des corps, qui l'excitent, le manifestent et le font parler, l'implantent dans le réel et lui enjoignent de dire la vérité : tout un scintillement visible du sexuel qui renvoie la multiplicité des discours, l'obstination des pouvoirs et les jeux du savoir avec le plaisir. »

112. *VS*, p. 74.

113. *Ibid.*

114. *VS*, p. 76.

115. *VS*, p. 79.

116. *VS*, p. 82.

117. *VS*, p. 109.

118. *VS*, p. 118.

119. *VS*, p. 112.

120. *VS*, p. 91.

121. *VS*, p. 120.

122. *VS*, p. 121.

123. *VS*, p. 123.

124. *VS*, p. 129.

125. *VS*, p. 131.

126. *Ibid.*

127. *VS*, p. 132.

128. Michael Ignatieff écrit dans l'article que nous avons déjà cité (*University Publishing*, 13, Berkeley) l'importance de la découverte de Foucault : « cette théorie d'une nouvelle forme de pouvoir échappant à la souveraineté des institutions et des intentions humaines » ; l'auteur pense cependant qu'il manque à la théorie du pouvoir de Foucault un complément sur la dialectique du pouvoir et de la résistance, ainsi que sur les conflits se révélant au sein des familles, dans l'État également. Michael Ignatieff très justement remarque que Foucault nous fait comprendre pourquoi le pouvoir moderne est si difficile à changer.

129. *OD*, p. 60.

130. *VS*, p. 134.

131. *Ibid.*

132. *VS*, p. 137.

133. *Ibid.*

134. *Ibid.*

135. *VS*, p. 138.

136. *Ibid.*

137. Foucault se proposait initialement de traiter les deux thèmes de la *chair* et du *corps* dans le second volume de son *Histoire de la sexualité*.

138. *Cf. VS*, pp. 19, 21, 57, 59, 60, 65, 66, 76, 91, 92, 96, 137, 138, 139, 142, 151.

139. *VS*, p. 155.

140. *VS*, p. 171.

141. *VS*, p. 157.

142. *VS*, p. 162.

143. Nous renvoyons à l'étude que nous avons publiée, « Nietzsche et la vengeance comme restitution de la puissance », *op. cit.*

144. *SP*, pp. 37-38.

145. *VS*, p. 178.

146. *VS*, p. 180.

147. *VS*, p. 181.

148. *VS*, p. 187.

149. *VS*, p. 188.

150. *VS*, p. 189.

151. *VS*, p. 195.

152. *Ibid.*

153. *VS*, p. 203.

154. *VS*, p. 204.

155. *VS*, p. 205. Foucault évoque « le point fictif du sexe » (p. 206), « cet élément imaginaire qu'est le "sexe" » (p. 207) ; il remarque que le sexe n'est pas « du côté du réel » (p. 207) mais qu'il exerce cependant une « austère monarchie » (p. 211).

VII

L'ÉTHIQUE COMME RAPPORT À SOI

1. *La généalogie de l'éthique*

Ce que Foucault nous a fait découvrir au point d'arrivée de son analyse de la « sexualité » de 1976, c'est toute une complexité de dispositifs du pouvoir s'articulant sur le corps ; quant au « sexe », il n'est alors plus rien d'autre qu'une « idée » nécessaire au fonctionnement du dispositif sexuel ainsi objectivement établi. Le terme même de « sexualité » est tout récent, il date selon Foucault du début du XIXe siècle[1]. Pourtant, le comportement sexuel fait déjà l'objet d'une préoccupation morale dans la culture gréco-latine, et l'expérience de la chair introduira les premiers siècles du christianisme au jeu de l'herméneutique du désir se purifiant. Foucault n'aura pas eu le temps de publier le livre annoncé qu'il avait intitulé *Les Aveux de la chair*, mais avec les deux volumes, *L'Usage des plaisirs* et *Le Souci de soi*, il a effectivement apporté une toute nouvelle dimension en ouvrant son œuvre à la perspective d'une éthique conçue comme le rapport à soi.

Après les discours et les actes dont est constitué le corps social, Foucault va donc analyser une relation, pour ainsi dire, intimiste. Que le sujet moral soit le produit non seulement de la loi mais encore des normes, n'exclut pas cette relation de soi à soi, qui vient donc au premier plan — et pas seulement parce qu'elle apparaît *in coda* d'une destinée. Le rapport à soi, qui est l'*éthique* pour Foucault, a sa propre généalogie. Après les disciplines socio-historiques, nous sommes conduits derrière lui à aborder la discipline de soi — qu'il nomme les « techniques de soi » —, dont il trouve la généalogie à partir de l'usage des plaisirs de l'homme de désir. La problématisation de l'activité sexuelle, telle qu'elle a été imposée par les philosophes et les médecins, est ainsi le sujet des deux livres pris dans la chronologie depuis le IVe siècle avant J.-C. jusqu'aux deux premiers siècles de notre ère.

L'originalité du point de vue de Foucault sur la « sexualité » tient au fait qu'il ne donne pas à voir en celle-ci un « invariant » dans le rapport à une forme générale d'interdit, mais qu'il permet de chercher les formes historiques singulières à travers l'*analyse* de la formation des savoirs se référant à la « sexualité », comme à travers celle des formes de pouvoir destinées à en régler la conduite. Discours et stratégies avaient donc été abordés et traités jusque-là : il va maintenant innover avec l'étude des formes d'existence, à travers lesquelles les individus vont être amenés à se reconnaître comme sujets sexuels : cette nouvelle généalogie se présente donc comme une étude historique et critique du sujet désirant.

Aussi s'agit-il moins de travailler à une herméneutique du désir[2] que de chercher comment « les individus ont été amenés à porter attention à eux-mêmes, à se déchiffrer, à se reconnaître et à s'évaluer comme sujets de désir », et « comment [...] [ils] ont été amenés à exercer sur eux-mêmes, et sur les autres, une herméneutique du désir dont leur comportement sexuel a bien été sans doute l'occasion, mais n'a certainement pas été le domaine exclusif[3] ». Donc, à l'occasion du comportement sexuel, mais pas exclusivement, les hommes ont pu se créer une herméneutique du désir et Foucault détermine très clairement que les conditions de possibilité dépendent d'un ensemble de préoccupations parmi lesquelles se reconnaissent les préoccupations se référant à ce que nous appelons la « sexualité », mais dont l'importance n'était pas telle qu'elle constituât en soi un objet de référence. Pour comprendre l'éthique comme rapport à soi, il faut du coup remonter à ce qui a conduit l'homme occidental à se reconnaître comme sujet de désir[4]. Le projet initial de Foucault s'est donc reformé à travers le prisme de cette herméneutique de soi sur laquelle les deux volumes que sont *L'Usage des plaisirs* et *Le Souci de soi* donnent une ouverture — la constitution du sujet de désir, et même la constitution de soi-même comme sujet dans le rapport de soi à soi, n'est autre pour Foucault que le « souci éthique », distinct de l'« attention morale[5] ».

Il faut considérer que « le souci éthique concernant la conduite sexuelle n'est pas toujours [...] en relation directe avec le système des interdits[6] ». Foucault corrige par là même une opinion fausse, mais assez généralement établie de nos jours. Ce qui l'intéresse au premier chef c'est l'histoire de la vérité et, en particulier, le pourquoi et le comment de la « problématisation morale », qu'il distingue de l'« interdit » purement et simplement. Le problème qui se pose alors est le *problème de la problématisation*, dont l'énoncé peut s'exprimer ainsi : « définir les conditions dans lesquelles l'être humain "problématise" ce qu'il est, ce qu'il fait et le monde dans lequel il vit[7] ». Poser et tenter de résoudre ce problème est « la tâche d'une histoire de la pensée, par opposition à l'histoire des comportements ou des représentations[8] ». Délaissant les textes théoriques ou n'y ayant recours que pour y puiser des éclaircissements, Foucault examine un ensemble de textes « prescriptifs », « pratiques », « éthopoétiques », qui lui permettent de dégager une « archéologie des problématisations » et une « généalogie des pratiques de soi[9] ».

Avant d'entrer plus avant dans les formes de problématisation proposées, revenons sur le thème nouvellement introduit dans les analyses, l'*herméneutique de soi*, dont Foucault traite pour la première fois dans son cours du Collège de France de 1981-1982[10]. Il distingue, d'une part, les formulations théoriques de ce thème, et d'autre part, l'ensemble des pratiques qui s'y relient, pratiques appelées en latin : *cura sui* ; d'où la traduction de Foucault : *souci de soi* — rappelons également la formule grecque : *epimeleïa heautou.* Et, sans doute, suggère encore Foucault, le « Connais-toi toi-même » a-t-il un peu obscurci le « souci de soi », mais le premier et le second vont de pair. Le Socrate de l'*Apologie* se présente comme celui qui s'occupe de son âme, par opposition à ceux qui s'occupent de leurs richesses, de leur réputation et de leurs honneurs. S'occuper de soi-même plutôt que de ses biens permet de s'occuper de la cité plutôt que de ses affaires matérielles. La notion d'*epimeleïa heautou* réapparaît dans la perspective de l'Église grecque avec Grégoire de Nysse, elle est utilisée comme signifiant le détachement de la chair et le regain de l'immortalité. Les deux extrêmes que sont Socrate et Grégoire de Nysse permettent de situer toute une gamme de pratiques communément répandues allant jusqu'à la consécration à la philosophie ; car la philosophie est un soin et même une thérapie de l'âme. Et le concept d'*Otium* n'est pas sans rapport avec le souci de soi : il faut être dégagé des soucis quotidiens, donc avoir une certaine aisance pour pouvoir mieux s'occuper de soi ; et le « loisir » n'est autre que ce temps d'étude et d'application. La philosophie a adopté pour elle-même un idéal inhérent à la société dans laquelle elle se développait. D'ailleurs, *epimeleïa* concerne aussi l'activité du souverain ou celle du maître de maison. On ne saurait donc voir dans le souci de soi une simple préparation à la vie, mais bien une forme de vie : par la conversion à soi qui est en même temps élévation vers le divin et repos en soi. Le dialogue cité par Foucault comme illustrant cette thématique est l'*Alcibiade* ; mais, au-delà de Platon, il faut voir surtout chez Sénèque, Plutarque et Épictète ce « retournement sur place » auquel Foucault est sensible. Le souci de soi devient permanent avec Sénèque, un mode de vie, et fait selon Plutarque une même région de la philosophie et de la médecine : en quoi il rejoint Épicuriens, Cyniques et Stoïciens. Ce mode de vie, cette thérapie, mettent sur la voie d'une « direction de l'âme », d'un « service d'âme », en même temps que d'une culture de soi.

Le terme *askesis* désigne les pratiques de la culture de soi en vue de la maîtrise devant les événements ; et ces pratiques dépendent elles-mêmes de *logoï*, discours vrais et raisonnables, ceux que Lucrèce appelle des *veridica dicta*. Aussi Foucault pose-t-il les questions relatives, tout d'abord, à la nature de ces discours, ensuite, à leur statut ou au « mode d'existence en nous de ces discours vrais », enfin celles relatives aux méthodes d'appropriation de ces discours. Il s'agit d'une ascèse de la vérité à laquelle l'écoute est nécessaire, mais accompagnée d'un exercice personnel d'écriture à propos des lectures et conversations qui donnent à réfléchir, permettant les « retours sur soi » ou les exercices de mémorisation dont Marc Aurèle fait état avec l'expression *anachorèsis eis heautou*. Comme on le voit, il ne s'agit nullement d'une herméneutique du sujet livrant le secret d'une vérité qu'il détiendrait, ni se faisant l'objet d'une vérité ; il s'agit de la prise d'armes, dans une vérité étrangère au sujet, et dont il s'empare pour, au contraire, faire d'elle, comme le dit Foucault, un « quasi-sujet ».

Quels sont ces exercices auxquels Foucault fait allusion ? Il les énumère très clairement. D'abord la *premeditatio malorum*, expression qu'il traduit par « méditation des maux futurs », rejetée par les Épicuriens, mais recommandée par les Stoïciens, on voit pourquoi, puisqu'elle est « une prévision sombre et pessimiste de l'avenir[11] ». Ensuite l'*exercitatio*, des exercices effectués en réalité : abstinence, privation, résistance physique, durant de courtes périodes d'épreuves. De plus, toute une série de pratiques d'épreuve de soi, comme le « contrôle des représentations » recommandé par Épictète dans ses *Entretiens*, et qui était destiné à rappeler certains principes fondamentaux. Enfin, et c'est le sommet, il y a, ainsi que Foucault l'affirme, l'exercice de la mort, *melete thanatou*, et qui consiste à « rendre la mort actuelle dans la vie », c'est-à-dire comme le dit Sénèque, à vivre chaque jour comme s'il était le dernier de notre vie. Marc Aurèle évoquait aussi la perfection qu'il y avait à passer chaque journée comme si c'était la dernière, et à accomplir chaque action comme si aucune ne devait plus la suivre. L'intérêt de cette méditation de la mort est de permettre chaque fois de jeter un regard rétrospectif sur sa propre vie ; mais encore, c'est attendre sa propre mort pour connaître le jugement qu'elle nous donnera sur notre vie écoulée. Pour Sénèque cette échéance lui permettrait de mesurer son « progrès moral[12] ». L'évocation de ce cours de Foucault de 1981-1982, que nous considérons comme essentiel pour la nouvelle orientation que prend alors son œuvre, nous fait comprendre dans ses prémisses pourquoi il se pose le problème de la problématisation : ainsi le veut la généalogie de l'éthique. Les grandes lignes des deux ouvrages relatifs au souci de soi, nous les voyons tracées un an plus tôt, dans le résumé du cours au Collège de France de l'année 1980-1981 ; d'ailleurs, Foucault l'écrit explicitement, ce cours devait donner lieu à « une publication prochaine ». Et, s'il y est déjà question des « techniques de soi », des « techniques de vie », des « techniques d'existence » et du « souci de soi-même », on ne trouve pas mention, du moins dans ce résumé, du thème de l'herméneutique de soi qui sera abordé dans le cours de l'année suivante. Les quatre exemples des techniques de soi étudiées sont d'abord celles de l'*Onirocritique* d'Artémidore, que l'on retrouvera dans *Le Souci de soi*, celles des régimes médicaux qui sont surtout reprises dans la section « Diététique » de *L'Usage des plaisirs*, celles de la vie de mariage réapparaissant dans la section « Économique » du même ouvrage, et celles du choix des amours dans la section « Érotique ». On peut déjà apercevoir comment Foucault est passé à la notion de « technique de soi » à partir de la notion, de « gouvernement » dont il a déjà traité précédemment, dans le cours de l'année 1979-1980 : « Gouvernement des enfants, gouvernement des âmes ou des consciences, gouvernement d'une maison, d'un État ou de soi-même[13] ». Dans le résumé du cours de 1980-1981, Foucault estime que « l'histoire du "souci" et des "techniques" de soi, serait donc une manière de faire l'histoire de la subjectivité[14] ». Le clivage entre le champ de l'objectivité sur lequel portaient les précédentes analyses et le champ de la subjectivité se produit « à travers la mise en place et les transformations dans notre culture des "rapports à soi-même"[15] ». C'est ainsi que la « subjectivité » fait maintenant pendant à la « gouvernementalité » : celle-ci concerne les conceptions courantes du pouvoir analysé « comme un domaine de relations stratégiques entre des individus ou des groupes[16] », la nouvelle histoire de la subjectivité ne vise plus « les modes d'objectivation du sujet dans des savoirs comme ceux concernant le langage, le travail et la vie[17] », elle vise désormais « le gouvernement de soi par soi dans son articulation avec les rapports à autrui[18] ». La question que s'est posée Foucault dans la perspective de ce nouveau point de départ a donc été : « Comment les techniques de vie, philosophiques et médicales, ont-elles, à la veille du développement du christianisme, défini et réglé la pratique des actes sexuels, la *chrêsis aphrodisiôn*[19] ? » Foucault justifie l'intérêt qu'il porte pour l'art du gouvernement de soi correspondant à la période hellénistique et romaine en montrant son importance fondamentale, car le schéma conjugal classique s'y est forgé pour l'Occident bien avant le christianisme.

2. *La problématisation morale des plaisirs*

Après ces vues décisives, nous pouvons passer à ce que Foucault appelle « la problématisation morale des plaisirs ». Nous comprenons mieux l'entreprise de mettre l'éthique comme rapport à soi au premier plan de la question de la « sexualité », celle-ci étant appelée à se poser, mais au sein d'autres préoccupations morales qui la portent avec toutes les autres formes de la sensibilité. La question de la problématisation morale au sujet de l'activité sexuelle se présente ainsi : « Comment le comportement sexuel, dans la mesure où il impliquait [...] différents types de relations, a-t-il été réfléchi comme domaine d'expérience morale[20] ? » Foucault rappelle que « morale » désigne un « code moral », mais encore le comportement réel des individus compte tenu de ce « code moral » : mais outre la règle et la conduite (qui est plutôt moralité que « morale »), il faut en effet surtout considérer « la manière dont on doit "se conduire", c'est-à-dire la manière dont on doit se constituer soi-même comme sujet moral agissant en référence aux éléments prescriptifs qui constituent le code[21] ». Donc, l'objet d'étude ici n'est pas ce qu'on appelle l'agent moral, mais le sujet moral de l'action. Les différences selon lesquelles on se conduira par rapport aux éléments prescriptifs du code concernent « la *détermination de la substance éthique*[22] », ce que chacun considère comme le principal dans sa conduite morale, ou « le *mode d'assujettissement*[23] », les raisons pour lesquelles on suit une pratique, ou les « formes de l'*élaboration*, du *travail éthique*[24] », comment on se transforme soi-même en sujet moral de sa conduite, ou la « *téléologie* du sujet moral[25] », d'après son insertion dans une conduite. Une action morale ne peut être comprise telle seulement de façon objective, il faut encore que ce soit dans le rapport à soi, dans un mode de subjectivation et selon une pratique de soi. L'opération de subjectivation peut être plus ou moins accentuée, elle n'en demeure pas moins, et c'est sur elle que l'analyse va porter à travers les prescriptions qui, dès lors, seront étudiées et analysées. Par rapport à cette subjectivation liée à la question des *aphrodisia*, c'est-à-dire des « plaisirs de l'amour », domaine plus large que notre notion de « sexualité », ce que Foucault va mettre en évidence, c'est le champ de la problématisation qui pourra, d'ailleurs, être commun à plusieurs contextes doctrinaux, qu'il s'agisse de Xénophon, de Platon ou d'Aristote. La notion d'*aphrodisia* étant traitée, est abordée celle de la *chrêsis*, l'usage déterminant l'assujettissement moralement valorisé, ensuite celle d'*enkrateia*, la maîtrise définissant l'attitude à l'égard de soi dans la subjectivation morale, enfin la notion de *sòphrosunè*, sagesse et tempérance.

Le vague de la notion d'*aphrodisia* a bien été souligné par Foucault ; rien qui puisse l'identifier à la notion de « sexualité » ; mais rien non plus qui puisse l'assimiler à ce dont traitent les manuels de confession, les pénitentiels, ni davantage les ouvrages de psychopathologie. L'intempérance, telle qu'elle est critiquée par Aristote, nous met sur la voie de ce dont il faut se méfier, et qui finalement concerne les plaisirs de la nourriture et de la boisson, ainsi que les plaisirs du sexe. Ce qui est surtout craint, c'est l'amollissement de l'âme, non pas la « chair » ni la « sexualité » : le « sexuel » ne présente rien de spécifique au cœur des *aphrodisia* sinon qu'il peut conduire à l'intempérance, donc à l'amollissement de l'âme. La démesure, chez Platon, ou l'intempérance dans le plaisir, est « contre nature », d'où l'idée, dans le *Timée*, que la luxure est une pathologie de l'excès, une maladie du corps ; on trouve la même chose dans le livre troisième de l'*Éthique à Nicomaque*, où Aristote ramène l'immoralité dans les plaisirs du sexe à une exagération : les intempérants excèdent de toutes les manières. Autre idée : la polarité active et la polarité passive des acteurs « passifs » ou « actifs » donnent prise à une appréciation morale. Mais toujours l'activité sexuelle est vue comme « naturelle », encore qu'elle soit plus dynamique que morphologique. La force virtuellement excessive du plaisir implique la nécessité de le maîtriser. D'où la question : « Comment peut-on et comment faut-il "se servir" (*chrèsthai*) de cette dynamique des plaisirs, des désirs et des actes[26] ? » Il y a donc une manière de prendre son plaisir « comme il faut ». La vertu de prudence commande de saisir le *kairos*, le moment opportun : l'art du moment relève aussi de la morale ; la méconnaissance du temps, selon Xénophon et Socrate, contribue à condamner l'inceste, condamnable également pour d'autres raisons. Le statut du sujet intervient dans l'art d'user du plaisir : la tempérance convient tout particulièrement à ceux qui sont responsables dans la cité. Et Platon souhaite même doter l'État de la vertu de tempérance. La pratique des plaisirs connaît des variations selon les individus, les sexes, les fonctions dans la cité. Ce qui guide le comportement est alors, non pas un texte qui aurait force de loi, mais « une *technè* ou [...] une "pratique", [...] un savoir-faire qui en tenant compte des principes généraux guiderait l'action dans son moment, selon son contexte et en fonction de ses fins[27] ».

Si la morale chrétienne a encouragé l'intériorisation, on ne peut dire que la morale païenne l'ait découragée ou simplement oubliée. Qu'est-ce que l'intériorité chrétienne ? c'est, écrit Foucault, « un mode particulier de rapport à soi, qui comporte des formes précises d'attention, de soupçon, de déchiffrement, de verbalisation, d'aveu, d'autoaccusation, de lutte contre les tentations, de renoncement, de combat spirituel, etc.[28] ». Ce qui s'est produit avec le christianisme, c'est « une restructuration des formes du rapport à soi et une transformation des pratiques et techniques sur lesquelles ce rapport prenait appui[29] ». L'*enkrateia* est l'empire sur les désirs et les plaisirs par une dynamique de domination de soi, un exercice exigeant un rapport agonistique : le combat et la polémique avec soi-même, la victoire enfin d'un sujet tempérant exerçant sa maîtrise sur les désirs et sur les plaisirs. Aussi la vertu est-elle un rapport de domination sur des plaisirs auxquels il est encore possible d'avoir recours. Là où la discipline chrétienne élucide et renonce, la discipline païenne commande et soumet. Le résultat est ce que Foucault appelle « la structure "héautocratique" du sujet dans la pratique morale des plaisirs[30] », dont plusieurs modèles sont proposés chez Xénophon, chez Platon et chez Aristote. Tout ce que l'on fait se fait au moyen d'exercices : « L'exercice est tout ensemble réduction à la nature, victoire sur soi et économie naturelle d'une vie de vraies satisfactions[31]. » L'*askesis* intervient dans toutes les phases de l'existence, et surtout pour entraîner l'âme au courage. Homme privé ou citoyen, l'individu est appelé à pratiquer la maîtrise de soi et la maîtrise des autres. Qui est capable de vertu, est capable de pouvoir. L'art de soi ne se détache pas encore de son contexte civique : « Pour la pensée grecque de l'époque classique, l'"ascétique" qui permet de se constituer comme sujet moral fait intégralement partie, jusque dans sa forme même, de l'exercice d'une vie vertueuse qui est aussi la vie de l'homme "libre" au sens plein, positif et politique du terme[32]. » Les *aphrodisia* portent avec eux le danger de la servitude. L'idéal pour l'être tempérant et libre, c'est d'être régi non par des prescriptions extérieures, mais par un principe raisonnable, et précisément par le principe raisonnable de l'homme supérieur. Quant à celui qui dirige les autres, il doit être capable de se diriger lui-même : le pouvoir sur les autres implique le pouvoir sur soi. D'où, l'idée du caractère viril de la tempérance.

Cette appréciation de la tempérance virile entraîne l'idée de l'intempérance comme passivité, voire comme féminité : « L'homme de plaisirs et de désirs, l'homme de la non-maîtrise (*akrasia*) ou de l'intempérance (*akolasia*) est un homme qu'on pourrait dire féminin, mais à l'égard de lui-même plus essentiellement encore qu'à l'égard des autres[33]. » Il faut entendre ici que cet homme n'est pas maître de lui-même, qu'il donne les signes moraux de la féminité dans son image traditionnelle : « paresse, indolence, refus des activités un peu rudes du sport, goût pour les parfums et les ornements, mollesse[34] ». Telle est « la négativité éthique par excellence[35] », pour les Grecs. Foucault pousse l'analyse de ce rapport de l'homme tempérant et sage (*sòphròn*) jusqu'à nous montrer que le sujet moral et libre est aussi un sujet ayant rapport à la droite raison (*orthos logos*) : en lui le *logos* est souverain, structuralement et instrumentalement. Structuralement, le *logos* hiérarchise et ordonne les désirs ; du point de vue instrumental, il se fait « raison pratique » discernant les circonstances opportunes. Mais, de plus, le logos de l'homme tempérant permet « la reconnaissance ontologique de soi par soi[36] » : le « Connais-toi toi-même » est indispensable à qui veut être vertueux. Le sujet tempérant pratique une esthétique de l'existence, sinon une herméneutique du désir comme le permettra la spiritualité chrétienne[37]. Le *logos* permet, en effet, de vivre (ni selon un code, ni en vue d'une purification) en recherchant certaines formes dans l'usage des plaisirs : en tenant à « certains principes formels généraux[38] ». La conduite mesurée et le respect de soi donnent à l'individu la beauté plastique du modèle « digne d'une longue mémoire[39] ». D'où, l'orientation vers « une stylisation de l'attitude et une esthétique de l'existence[40] ». L'art de vivre fait alors de la tempérance sexuelle « un exercice de la liberté qui prend forme dans la maîtrise de soi[41] ».

Foucault déploie ensuite le triptyque : « Diététique », « Économique », « Érotique », qui situe la « sexualité », mais seulement à côté de bien d'autre préocupations. Le « régime » de cette tempérance de l'homme sage tient compte, en effet, outre des excercices, des aliments, des boissons, des sommeils, également des *aphrodisia*, c'est-à-dire des rapports sexuels. Là nous voyons en exercice cette problématisation morale des plaisirs, qui est, en fait, une problématisation du rapport au corps à travers le principe d'une esthétique générale de l'existence. Ainsi, le *Régime* de Dioclès problématise la pratique sexuelle comme une activité soumise à une délimitation d'ordre temporel. Le principe d'une équitable répartition de l'activité guide cette diététique qui concerne aussi bien les individus que leur progéniture : les dangers peuvent venir de l'âge des parents, de leur diète (ils ne doivent pas procréer en état d'ivresse), du moment de l'année, du soin apporté et de la vigilance dans l'usage des plaisirs. Cette attitude morale est recommandée par Platon dans les *Lois* et surtout il « insiste sur le fait que l'un et l'autre des deux époux doivent garder à l'esprit (*dianoeisthai*) qu'ils ont à donner à la cité "les enfants les plus beaux et les meilleurs possibles"[42] ». La diététique concerne également le processus de l'acte sexuel, comme le traité *De la génération* le montre : Hippocrate y décrit méticuleusement la mécanique de l'émission humorale, sur l'origine de laquelle Foucault analyse rapidement les thèses antiques en présence ; mais cette émission est généralement considérée comme une coûteuse dépense, l'abandon d'une part de l'être de celui qui en est l'auteur. Et si l'acte sexuel peut inquiéter, ce n'est que dans cette relation à l'individu qui y joue l'intégralité de sa constitution, nullement parce qu'il serait le « mal ». Là où la pastorale chrétienne réglementera et donnera une codification juridico-morale, aussi bien des actes, que des moments et des intentions, la culture hellénique débouche sur une technique de vie, sur « la possibilité de se constituer comme sujet maître de sa conduite, c'est-à-dire de se faire [...] l'habile et prudent guide de soi-même, apte à conjecturer comme il faut la mesure et le moment[43] ».

De la « Diététique » à l'« Économique », il n'y a qu'un pas. En effet, il s'agit essentiellement, en la matière, du mariage. L'adultère n'est une infraction « que dans le cas où une femme mariée a une relation avec un homme qui n'est pas son époux[44] ». Donc pas de fidélité réciproque.

Car la conduite sexuelle de l'homme tempérant et sage n'est problématisée que dans le rapport à son propre corps, non dans la relation à son épouse. Xénophon a décrit au plus près les fonctions respectives des époux dans le foyer ; s'il est question de descendance, il est, toutefois, peu question des rapports sexuels entre époux, si ce n'est pour évoquer l'*enkratia*, la maîtrise des passions, vertu commune de l'homme et de la femme. La « fidélité » de l'époux proposée par Xénophon ne s'identifie cependant pas à l'exclusivité sexuelle qui est caractéristique de l'épouse. Cette « économique » débouche, d'ailleurs, sur une « politique » dans la mesure où l'époux s'engageant dans le mariage contracte moralement plus avec la cité qu'avec l'épouse elle-même. C'est ce qui apparaît dans les *Lois* de Platon. Dans *Nicoclès*, Isocrate « associe très nettement les considérations qu'il développe sur la tempérance et le mariage à l'exercice du pouvoir politique[45] ».

Quant à l'« Érotique », Foucault y évoque la « relation problématique » de ce que nous appelons l'« homosexualité ». Puisque le plaisir sexuel n'était pas un « mal » en général, peu importait que le partenaire de l'homme fût une femme ou un homme. Les « mœurs relâchées » concernaient le fait de ne pouvoir résister au plaisir. Les Grecs étaient-ils bisexuels ? telle est la question que se pose Foucault. Oui, si l'on pense au double choix possible ; mais, non, si l'on analyse la nature de leur désir ou de leur pulsion. Les Grecs n'ont pas « une structure double, ambivalente et "bisexuelle" du désir[46] ». La ligne de partage ne passe pas entre un amour hétérosexuel et un amour homosexuel, mais entre un amour bas et un amour élevé. Seul l'objet plus noble et plus beau, désiré par un être moralement noble est appréciable. Toutefois, Foucault remarque que la culture grecque comporte plus de textes sur l'amour « homosexuel » que sur l'amour « hétérosexuel » ; et le premier donne lieu à une problématisation, car l'attention porte sur une relation privilégiée, avec différence d'âge et de statut : ce décalage fonde le discours socratico-platonicien appréciant l'apport d'un aîné à un plus jeune qui se trouve ainsi formé et initié. La préoccupation morale naît de la différence qui sépare l'adolescent de l'homme. Avant d'être prise en compte par le discours philosophico-pédagogique, cette pratique a donné lieu à un jeu social : ensemble de conduites convenues de « cour ». La relation conjugale impose un double statut ; entre hommes et garçons, le jeu est ouvert et n'entraîne aucun statut. L'Éros décrit par les Grecs unit deux êtres humains quels qu'ils soient, il n'est pas nécessairement « homosexuel » même si cette relation « homosexuelle » détermine une réflexion sur l'amour. S'il y a une tempérance sexuelle « économique », ou propre à l'*oikos*, elle ne relève pas de l'Érotique, qui comporte sa tempérance spécifique. L'honorable et le honteux, qui sont des catégories morales du jeune homme grec, concernent la tenue de son corps, ses regards, sa façon de parler, les gens qu'il fréquente, mais aussi sa conduite amoureuse. Ainsi disserte Démosthène dans son *Eroticos*. Le point d'honneur tient dans l'usage, la réalisation de cette conduite : mais la discrétion et l'imprécision sont cependant de rigueur dans les textes, et même dans le *Phèdre*, malgré les développements de Platon. Ce qui est finalement le plus honorable, c'est de résister, et de manifester sa sagesse et sa tempérance (*sòphrosunè*). Et c'est la philosophie du « souci de soi » qui est alors invoquée. Après la Diététique, traitant de la maîtrise sur soi, et après l'Économique, traitant du pouvoir sur soi dans l'exercice du pouvoir exercé sur la femme, l'Érotique traite de la maîtrise du point de vue du garçon : « le problème est de savoir comment il va pouvoir assurer sa maîtrise en ne cédant pas aux autres[47] ».

Foucault explique l'isomorphisme qui s'est accompli dans la culture grecque entre la relation sexuelle et le rapport social. La première est conçue comme le rapport dominant/dominé qui structure la réalité sociale. A côté de l'esclave, compris sans faculté délibérative, et de la femme, dénuée de pouvoir de décision, le jeune homme n'a de faiblesse que relative à son développement inachevé. C'est ce qu'indique Aristote dans le livre premier de la *Politique*. Eschine cite des lois qui spécifient que celui qui s'est prostitué ne pourra occuper le rang d'archonte, de prêtre ni d'avocat public (*Contra Timarque*).

Mais le problème moral subsiste, cependant, s'il y a relation amoureuse, quant à celui qui tient le rôle du dominé, et qui risque ainsi de se laisser reconnaître comme « passif », et même comme « objet de plaisir ». Or, il y a une difficulté morale à « penser le garçon comme objet de plaisir[48] », mais également à penser qu'il « peut éprouver du plaisir[49] ». C'est ce que Foucault appelle une « dénégation ». En fait, Socrate explique comment l'amour tourne en haine lorsqu'il en vient aux relations physiques, et cela dans le *Banquet* de Xénophon, où il affirme qu'un garçon « reste le spectateur à jeun de [l']ardeur sensuelle[50] ». La philosophie de l'Éros de la doctrine socratico-platonicienne, bien qu'elle ne fût sans doute pas la seule, a dominé, toutefois, dans la Grèce classique : enracinée dans les thèmes de l'éthique des plaisirs, elle transforme cette dernière en une morale austère d'accès à la vérité. A la problématique de l'honneur, Platon substitue la problématique de la vérité à travers l'ascèse, en posant la question sur l'être de l'amour. A cet égard, Foucault souligne la différence qui nettement s'instaure entre Xénophon et Platon : les déplacements, opérés par Socrate ou Diotime dans le *Banquet* de Platon, transforment le fond des débats coutumiers : 1. en passant de la question éthique concernant la conduite amoureuse à l'interrogation philosophique sur l'être de l'amour ; 2. en passant de la question éthique de l'honneur du garçon au problème philosophique de l'amour de la vérité ; 3. en passant de la question éthique de la dissymétrie des partenaires au thème philosophique de la convergence de l'amour ; 4. en passant de la vertu du jeune bien-aimé à l'amour propédeutique du maître et à sa sagesse exemplaire. Ni condamné ni interdit, l'amour masculin a été l'occasion des plus rigoureuses austérités. Le renoncement socratique passe par cet amour vers une « abstention indéfinie ». Et très justement Foucault insiste pour remarquer que l'ascétisme sur lequel on débouchait n'était pas une condamnation mais une valorisation de cet amour.

Le foyer d'intérêt va se déplacer peu à peu vers la femme, à propos de laquelle se marqueront les temps forts de la réflexion morale sur les plaisirs sexuels : questions de la virginité, de la conduite dans le mariage. Dans la conclusion de *L'Usage des plaisirs*, Foucault annonce également le déplacement d'intérêt qui peu à peu se prononcera de la femme vers le corps : questions des rapports entre sexualité, santé et normalité. Mais, au cœur même de la problématisation morale des plaisirs sexuels, l'unification doctrinale de saint Augustin fera se rejoindre des préoccupations telles que l'institution du mariage et l'accès à la vérité, la mort et l'immortalité. Dès lors, la pratique même se transformera, d'une esthétique du plaisir vers une herméneutique du désir.

Le volet suivant, que constitue *Le Souci de soi*, nous situe également en présence d'études d'histoire, comme l'Introduction au livre précédent l'avait annoncé. La curiosité qui les anime est également la même : « non pas celle qui cherche à s'assimiler ce qu'il convient de connaître, mais celle qui permet de se déprendre de soi-même[51] ». Or, « se déprendre de soi-même », apparu dans cette même Introduction, a été une devise foucaldienne souvent prononcée par son auteur à l'occasion de dialogues publics ou privés, et qui semble devoir mériter une importance analogue à celle du fameux « Connais-toi toi-même » socratique. Comme la devise socratique, la devise foucaldienne témoigne du travail critique de la pensée sur elle-même, de son effort pour dépasser ses propres bornes dans la perspective de « penser autrement ». Or, avec *Le Souci de soi*, nous allons avancer dans la chronologie. L'étude ouvre sur un texte du IIe siècle après J.-C., *La Clef des songes* d'Artémidore, ouvrage de « pratique », dit Foucault, qui confirme la manière courante de pensée sur la base de laquelle philosophes et médecins vont pouvoir innover. Car ce texte d'onirocritique ne fait rien de plus que de propager la doctrine courante d'un individu ordinaire. A travers le texte d'Artémidore, Foucault tente de ressaisir le mécanisme des interprétations et surtout la dynamique des appréciations morales dans la mantique des rêves. D'ailleurs, là encore, les appréciations morales sexuelles sont intimement liées à des appréciations sociales : vie privée et vie publique marchent de pair, en ce sens que l'on pourrait, à travers les descriptions d'Artémidore, dire en transformant l'adage « dis-moi qui tu hantes (sexuellement), je te dirai qui tu es (socialement) ». De plus, écrit Foucault, « l'interprétation des songes n'est pas considérée comme affaire de pure et simple curiosité personnelle ; c'est un travail utile pour gérer son existence et se préparer aux événements qui vont se produire[52] ». Et, si la finalité de cette onirocritique est la vie sociale, le principe même de sa méthode impose à l'analyste également de devoir se référer à des points de repère sociaux. Aussi les actes sexuels analysés dans ces rêves ne sont-ils qualifiés qu'« en fonction de la manière dont le sujet rêveur maintient comme sujet de l'acte rêvé sa position de sujet social[53] ». Là encore, la plasticité de la conduite est observable, car l'interprétation tient compte, moins de la forme et de la manière propres à l'activité sexuelle, que du « style d'activité » propre au sujet, soucieux de coordonner cette activité à l'ensemble de toutes ses autres activités : familiales, sociales, économiques, civiques. On reconnaît la forme d'expérience spécifique de l'époque classique, qui perdure pour attester sa solidité.

S'opposant pour ainsi dire à cet isomorphisme entre la relation sexuelle et le rapport social, l'accentuation vers la vie privée et un certain individualisme va se produire. Mais la « culture de soi », dont traite Foucault, peut se développer aussi bien dans une ambiance sociale que dans une ambiance privée. En effet, Foucault remarque que « le mouvement ascétique chrétien des premiers siècles s'est présenté comme une accentuation extrêmement forte des rapports de soi à soi, mais sous la forme d'une disqualification des valeurs de la vie privée[54] ». Le chapitre II du *Souci de soi* redonne pour l'essentiel la substance du cours de 1981-1982 que nous avons déjà évoqué, et qui ouvre la voie, d'ailleurs, à l'ouvrage tout entier. Mais, ce dont Foucault ne traitait pas dans son cours de 1981-1982, c'est de l'étroite corrélation qui s'est instituée dans la culture grecque entre l'attitude éthique du « souci de soi » et, tout à la fois, pensée et pratique médicales. De cette corrélation il avait été question dans le cours de l'année 1980-1981 à propos des régimes, lequel traçait le plan de *L'Usage des plaisirs* : diététique, économique et érotique, tout en traitant de l'*Onirocriti-*

que d'Artémidore dont il ne sera fait usage que dans *Le Souci de soi*. Ainsi le voulait la chronologie, mais encore la démonstration qui établissait qu'une attitude mentale s'était longuement installée au-delà de la période classique, et concernait l'esthétique des plaisirs au niveau de la conscience commune, sinon au niveau de la réflexion philosophique. Mais cette réflexion philosophique, à travers surtout la doctrine socratico-platonicienne, va se trouver jouer le rôle de préliminaires par rapport à ce que la doctrine chrétienne va apporter de transformation avec l'herméneutique du désir et le travail de purification qui sera fait autour et à propos du désir, analogue aux « déplacements » platoniciens déjà mentionnés.

3. *La question de soi et les autres*

Foucault va donc repérer les changements qui s'introduisent, d'une part, dans la pratique matrimoniale, d'autre part, dans les règles du jeu politique. Cette ancienne morale d'hommes va permettre la réflexion de soi à soi dans le rapport à la femme : d'où, écrit Foucault, une « nouvelle stylistique de l'existence[55] ». La permanence de l'*oikos* d'abord, tel était le but du mariage, ce qui en faisait surtout une affaire privée, non juridique même si des effets de droit s'ensuivaient[56]. Ainsi en va-t-il dans le monde hellénistique. La même chose se constate à Rome : une « publicisation » progressive du mariage, remarque Foucault[57]. La conséquence se manifeste dans une « libéralisation », puisque, aussi bien, « le mariage apparaît de plus en plus comme une union librement consentie entre deux partenaires dont l'inégalité s'atténue jusqu'à un certain point sans pour autant disparaître[58] ». La conjugalité devient matière à amélioration, voire idéalisation. On formule des exigences qui, si elles ne correspondent pas à la réalité telle qu'elle se déroule, n'en sont pas moins partie intégrante de cette même réalité. Quant au jeu politique, dès le IIIe siècle avant J.-C., on assiste au déclin des cités-États, perdant progressivement leur autonomie. Ce qui est rendu plus problématique, c'est « la constitution de soi-même comme sujet éthique de ses propres actions[59] ». Le retour à soi qui s'impose n'est nullement un refus de la vie active, c'est plutôt la recherche, écrit Foucault, du « principe d'une relation à soi qui permettra de fixer les formes et les conditions dans lesquelles une action politique, une participation aux charges du pouvoir, l'exercice d'une fonction seront possibles ou impossibles[60] ».

Le résultat se trouve être une innovation dans la problématisation de l'activité politique. Foucault indique les voies de cette problématisation : par la relativisation du pouvoir, comme en fait foi le traité de Plutarque, *Praecepta gerendae reipublicae* ; par l'évocation du thème ancien de la nécessaire vertu de l'homme d'État, dont témoignent les *Pensées* de Marc Aurèle ; par le rapprochement entre l'activité politique et la destinée personnelle, que met en avant tout un courant de pensée derrière Sénèque et ses *Lettres à Lucilius* ; Sénèque n'écrit-il pas, en effet : « Ainsi agit le sage : il évite un pouvoir qui peut nuire, prenant garde avant tout de paraître l'éviter[61]. » A ce risque d'être pris dans l'engrenage de puissances hostiles, Sénèque oppose le refuge de la philosophie, du moins le choix de se retirer à temps « des affaires », selon le conseil qu'il donne à Lucilius. En tous ces traits Foucault voit une « crise du sujet ou plutôt de la subjectivation[62] ».

Du point de vue des techniques de la culture de soi, le plan du *Souci de soi* suit la tripartition qui a déjà été opérante pour *L'Usage des plaisirs* : diététique, économique et érotique, mais, cette fois-ci, il s'est produit un virement. En effet, ce qui était « diététique » relève désormais et de la médecine et de la philosophie ; ce qui était « économique » relève maintenant d'une éthique de soi dans le rapport à autrui avec tout un déplacement qui infléchit l'éthique conjugale ; enfin, ce qui était « érotique » et se manifestait dans l'amour masculin, correspond à un déclin croissant dans la stylistique de l'existence. A travers ces trois canaux d'informations, il apparaît explicitement un renforcement très net des thèmes de l'austérité. Les effets de la pratique sexuelle deviennent un objet d'inquiétude de la part des médecins : ils recommandent le plus souvent l'abstention. Une fidélité rigoureuse entre les époux est prescrite par les philosophes. Enfin, l'amour pour les garçons commence à se disqualifier, du moins doctrinalement. A travers les topiques du « corps », de la « femme », et des « garçons », Foucault reprend donc sa tripartition précédente, mais celle-ci est un cadre dont les perspectives ont changé.

Médecine et philosophie se rapprochent, bien qu'elles aient toujours été dans le voisinage l'une de l'autre. Les *Préceptes de santé* de Plutarque consacrent la parenté des deux disciplines. Si le directeur d'âme et le médecin se rencontrent, c'est dans le savoir minutieux et l'attention rigoureuse de soi qu'ils impliquent l'un et l'autre. De plus, comment concevoir une existence raisonnable sans une pratique de santé ? Galien imagine de donner une explication cosmologique et démiurgique au plaisir et au désir sexuels : ils sont l'appât nécessaire donné aux êtres vivants pour qu'ils se reproduisent ; mais ce ne sont pas des suppléments ajoutés par les dieux, ce sont les effets directs des dispositions anatomiques comme des processus physiques. Le livre de Galien, *De l'utilité des parties*, implique le corps tout entier dans l'accomplissement de l'acte sexuel. Aussi Galien relie-t-il l'acte sexuel au phénomène épileptique ou, du moins, l'acte fait-il partie, pour lui, de la famille des convulsions. Donc Galien, pour conclure, situe les *aphrodisia* sur trois niveaux : celui de la providence démiurgique, celui de la corrélation des parties du corps, enfin dans la parenté des maladies avec lesquelles ils présentent des rapports d'analogie. Avec d'autres médecins, Galien partage un jugement ambivalent : un jugement positif, d'une part, puisque ce qu'il y a de plus puissant dans la vie est ainsi recueilli, retransmis, au-delà de la mort ; mais un jugement négatif, d'autre part, puisque l'acte libère une substance précieuse, la force même de la vie concentrée dans la semence. Il y a des descriptions qui rapprochent très précisément l'acte sexuel de la crise épileptique : Foucault cite Caelius Aurelianus, Arétée, Galien ; cependant, la pathologie sexuelle est encore décrite sous d'autres formes, telle la gonorrhée. Outre la pathologie, il faut encore considérer la pathogénie complexe à laquelle les actes sexuels sont soumis, et, de plus, les maladies qu'ils peuvent engendrer dans l'organisme. Toutes ces constatations vont avoir pour conséquence de reconnaître les effets positifs de l'abstention ; mais « l'abstention sexuelle n'est pas considérée comme un devoir, ni l'acte sexuel représenté comme un mal[63] », et prendre soin de soi devient la règle pour « ceux qui se livrent aux rapports sexuels » selon Rufus[64].

Cependant, il faut prendre soin de ses actes, non seulement dans le rapport direct à soi, mais aussi dans la finalité de la procréation afin de mettre au monde une progéniture douée de qualités. Donc les *aphrodisia* sont soumis à un régime pour la préparation de la descendance. Entrent en jeu un certain nombre de conditions : l'âge du sujet, tout d'abord, ni trop vieux ni trop jeune ; le *kairos* ou le moment favorable, très discutable et très discuté ; également, le tempérament individuel.

L'âme raisonnable a également un rôle à jouer sur le corps en le soumettant au régime approprié. Les médecins ont donc recours à l'âme pour le travail qu'ils attendent d'elle : à l'égard du mouvement du désir, à propos de la présence des images, quant à l'attachement au plaisir. La suppression du désir n'est pas pensable : c'est l'aiguillon indispensable placé par la nature. Une règle subsiste : ne pas vouloir tromper la nature. Rufus déconseille d'avoir des rapports sexuels sans éprouver de désir. Une éthique du désir doit coordonner le désir de l'âme et les besoins du corps. En ce qui concerne les images, c'est-à-dire aussi ce qui les entretient comme les discours, les pensées, les convoitises, etc., mais encore les perceptions, la prudence et la pudeur sont recommandées instamment. La littérature amoureuse traite du regard, par lequel est véhiculée la passion, qui entre dans le cœur. La lumière du jour est également redoutable. Pour ou contre l'amour, l'image sera utilisée selon une technique appropriée. Quant au plaisir, il n'est pas question de le supprimer, pas plus que le désir : il faut, selon Galien, veiller à ce que le plaisir ne devienne pas un principe d'excès. A côté des autres régimes, Foucault rappelle que ceux qui réglementent l'activité sexuelle n'ont pas une importance exagérée ; l'usage des *aphrodisia* n'a pas sa finalité dans le plaisir.

L'Économique s'inscrivait dans le cadre de la cité. Et l'épouse n'était pas réduite à sa fonction reproductrice. Mais l'homme marié était un chef de famille dont l'art d'être marié contribuait à son statut social. Avec le temps, jusqu'au second siècle de notre ère, le mariage change, valorisant la relation personnelle entre les époux. De plus, le principe de la conduite de l'homme marié n'est plus la maîtrise sur les autres, mais la considération de la réciprocité entre les époux, celle de la pratique des devoirs envers les autres, celle du respect à l'endroit de l'épouse. Non pas que ces dispositions fussent inconnues à l'époque classique, mais elles deviennent l'objet d'une problématisation selon laquelle, comme l'écrit Foucault, « l'intensification du souci de soi va de pair [...] avec la valorisation de l'autre[65] ». Le mariage en est influencé : il se présente déjà comme une relation duelle et conforme à la nature, l'homme étant un animal conjugal selon Hiéroclès[66] ; il est encore une relation universelle : c'est même un devoir pour Musonius, Épictète, Hiéroclès. Les Stoïciens le classent parmi les choses préférables *(proègoumena)*. Et les philosophes eux-mêmes, dont la vie n'était généralement pas considérée compatible avec le mariage, doivent se marier, selon Musonius, car le philosophe doit vivre conformément à la nature et, de plus, il doit donner un modèle de vie raisonnable.

Ainsi, la vie matrimoniale est doublement nécessaire au philosophe : pour suivre la nature, donc vis-à-vis de soi-même en donnant à son existence une forme universellement valable, et pour offrir un modèle de vie aux autres. Certes, Foucault rappelle ce qu'en pense Épictète pour qui le philosophe n'a ni femme ni enfants, ni foyer, ni abri, ni ressources. Toutefois, pour Épictète, il ne s'agit, en l'occurrence, que du philosophe militant, en attendant que tous les hommes puissent être sages eux-mêmes : dès lors, le célibat des philosophes ne sera plus utile. Une relation nouvelle consistera surtout dans l'affection entre les époux : Musonius pense en fait le mariage comme le rapport le plus fondamental qui soit. L'art d'être ensemble caractérise ce nouveau style de mariage et même « l'art de constituer à deux une unité nouvelle[67] ». Et Foucault d'ajouter à propos de cette nouvelle conception du mariage : « Un privilège naturel, à la fois ontologique et éthique, est accordé, aux dépens de tous les autres, à cette relation duelle et hétérosexuelle[68]. » Le soin de la vie à deux ne contredit nullement l'attention à soi. De là, on passe avec Musonius à la question de la fidélité conjugale symétrique. Il est pour le parti d'une conjugalisation totale des *aphrodisia*, dans le souci de préserver le lien des époux. Ce lien exclusif qui implique l'application de deux principes : premièrement, Éros et Aphrodite y sont présupposés, c'est-à-dire la passion amoureuse et les voluptés, sous le règne d'Héra ; deuxièmement, le principe de la décence conjugale est toujours valide, à la fois comme conseil de prudence et comme conseil de mesure entre l'austérité et la débauche. La première finalité du mariage demeure la perspective d'une descendance et la seconde concerne le rapport personnel valorisé qui préside à une vie commune. Dans les nombreux conseils qui prolifèrent alors, surtout chez Plutarque, Foucault reconnaît « les préliminaires d'une longue histoire : celle de la codification des relations morales entre les époux, sous le double aspect d'une recommandation générale de réserve, et d'une leçon complexe de communication affective à travers les plaisirs sexuels[69] ».

La rubrique des « garçons », qui s'identifiait précédemment à l'Érotique, reprend les thèmes anciens, surtout platoniciens, et, de ce fait, réactive la culture classique. Le thème du dialogue de Plutarque sur l'amour est la célébration à la fois d'Éros, la force de l'amour, et de Gamos, le lien conjugal. L'un des traits du dialogue est de se poser à la croisée des chemins : celui de l'amour pour les garçons et celui de l'amour pour les femmes, mais tout en traitant ce vieux schéma de discussion sous une forme nouvelle, et en posant le choix entre les garçons et le mariage. De plus, Plutarque introduit une nouveauté, liée à l'intrigue de son dialogue, et qui consiste à attribuer à la relation avec une femme les mêmes qualités éthiques qu'à la relation avec un garçon. Ce *Dialogue sur l'Amour* est jugé par Foucault particulièrement important, car il manifeste un changement notable dans l'Érotique antique : « l'effort pour constituer une Érotique unitaire, très nettement organisée sur le modèle de la relation homme-femme et même mari-femme[70] ». Ce qui apporte, désormais, le contrepoids de la qualification de l'attachement pédérastique, sans tracer cependant, comme le remarque Foucault, de limites exclusives entre « homosexualité » et « hétérosexualité ».

La théorie unitaire de l'amour répond à la théorie dualiste : le partisan du dualisme souligne l'avantage de l'amour masculin du fait qu'il n'est pas une inclination naturelle, assimilable à un appétit, et qu'il n'implique pas la finalité du plaisir. A cette argumentation répond la dénonciation par Daphnée de l'hypocrisie pédérastique. La partie centrale du dialogue porte sur l'éloge de l'Amour comme étant un dieu, et tous les éléments de l'éloge sont empruntés, nous dit Foucault, à l'Érotique de la pédérastie, alors que Plutarque célèbre l'amour féminin. Ainsi est illustrée la thèse propre à Daphnée que rappelle Foucault : « si nous ne regardons que la vérité, nous constatons que l'attrait pour les garçons et l'attrait pour les femmes procèdent d'un seul et même Amour[71] », car « les deux sexes présentent en commun les mêmes caractères » selon Plutarque[72]. Mais la finalité même du dialogue ne sera atteinte que lorsqu'il sera montré que l'amour, qui est un, prend dans le mariage sa forme parfaite, ce qui exclut cette réalisation complète dans le rapport aux garçons. Plutarque réussit le tour de force de prendre appui sur l'amour masculin pour édifier l'amour féminin — ce qui valide un amour qui est un, et non à deux voies — et, à partir de là, de dévaloriser le rapport aux garçons qui se trouve, pour ainsi dire, déchu et imparfait, comparé à l'amour des époux. Ce résultat est l'effet d'une sorte de dialectique entre Éros et Aphrodite.

En effet, écrit Foucault, « si Aphrodite, sans Éros, n'offre qu'un plaisir passager qu'on peut acheter pour quelques drachmes, Éros sans Aphrodite n'est pas moins imparfait lorsque lui fait défaut le plaisir physique[73] ».

L'une des clefs de cette réflexion réside dans le terme *charis*, grâce que définit Daphnée comme le consentement que la femme accorde à l'homme ; et Plutarque évoque cette complaisance à laquelle il ajoute respect mutuel, affection et confiance, pour en faire les solides ingrédients d'une heureuse expérience matrimoniale. Les deux conjoints ne sont plus pensés dans la polarité active/passive, mais chacun d'eux est invité à aimer, car « dans le mariage, aimer est un plus grand bien qu'être aimé[74] » selon le mot de Plutarque, rapporté par Foucault.

Après Plutarque, Foucault rappelle Lucien, auteur des *Amours* du début du IVe siècle. Les deux amours y sont confrontés et le dialogue conclura en faveur de l'amour masculin, mais la question débattue relève d'Aphrodite : « Quelle place, quelle forme, donner au plaisir sexuel dans l'un et l'autre amour[75] ? » Le dualisme est rigoureux, puisque les dialogues opposent deux formes de vie, deux stylisations du plaisir, avec les discours philosophiques adéquats. La dénonciation traditionnelle de l'hypocrisie pédérastique y est faite par Chariclès. Il étend assez loin son argumentation, car il fait ressortir l'ambiguïté de cette relation lorsque le garçon devient adulte[76]. Chariclès déploie toute une rhétorique fort bien étudiée sur l'avantage de l'amour féminin[77]. L'adversaire Callicratidas n'aura guère à offrir, en échange de cette plaidoirie astucieuse et documentée, qu'une série de lieux communs sur les femmes en général ; mais, surtout, il est remarquable que le plaisir, auquel fait allusion Callicratidas à propos des garçons, n'est jamais désigné comme « plaisir sexuel ». Si la palme finale lui revient, c'est pour célébrer une pédérastie de philosophes, dénuée de plaisir physique.

Cette double étude foucaldienne des plaisirs et de leur problématisation morale, dans son volet classique et dans son volet hellénistique et romain, semblait avoir été entamée à propos d'un objet, la « sexualité », qui était, sinon inexistant, du moins l'un parmi beaucoup d'autres nécessaires à une vie problématisée du point de vue moral. Si Éros ne semblait pas l'apanage de la relation avec les femmes, Aphrodite y était dès l'origine toujours très contrôlée surtout dans le mariage, centré sur l'*oikos*, de la même façon que l'homme marié pensait son mariage comme un mode d'être ou une caractéristique de son existence sociale et civique. Sans beaucoup exagérer, disons que l'homme libre classique, du fait de son mariage, se retrouvait à la tête d'une petite (ou d'une moyenne) entreprise à gérer. Les sentiments n'y étaient pas interdits — rappelons, toutefois, que « la relation de l'homme et de la femme manque d'appellation précise », ainsi que l'écrit Aristote au début de la *Politique*[78], qui remarque aussi que la relation parents/enfants n'a pas davantage d'appellation propre, puisque la *philia* réciproque est présupposée entre le maître et l'esclave — aussi parlera-t-on d'une bienveillance *(eunoia)* mutuelle. Cependant, le pivot de cette petite entreprise était l'autorité dans son triptyque : autorité du maître, autorité maritale et autorité paternelle. Le livre premier de la *Politique* d'Aristote est on ne peut plus explicite à ce sujet. Donc, cet objet d'études parmi d'autres aurait pu être analysé et étudié avec tous les autres puisqu'ils concernent tous un art de vivre, une relation à soi, un souci de soi qui aurait continué une « bonne » éducation. Mais, à travers la perspective qu'offraient les *aphrodisia*, leur réflexion et leur problématisation pour « bien » vivre, le rapport à soi impliquait un autre que soi, et les analyses de Foucault nous ont montré l'élaboration et la justification de liens qui se déplaçaient peu à peu, en même temps que les institutions et la configuration sociale se transformaient. Toutefois, il ne faut pas perdre de vue avec Foucault que « l'austérité sexuelle qu'on rencontre chez les philosophes des premiers siècles de notre ère s'enracine dans cette tradition ancienne, au moins autant qu'elle annonce une moralité future[79] ». L'activité sexuelle a bénéficié d'un intérêt particulier de la part des médecins établissant ses circonstances et ses conséquences. La valorisation du lien conjugal et de la relation duelle qu'il a, dès lors, impliquée, a été accompagnée d'une éthique nouvelle. Et celle-ci a déplacé, pour ainsi dire, l'éthique liée à l'amour des garçons : la nécessité de l'abstinence s'est alors imposée dans ce rapport.

C'est la valorisation des rapports de soi qui a favorisé

l'exigence d'austérité en matière sexuelle. Et le thème du souci de soi, ainsi que le constate Foucault[80], est celui-là même qui, présidant à la philosophie ultérieure, vient néanmoins de Socrate se présentant à ses juges, puisque, écrit Foucault, « le dieu l'a mandaté pour rappeler aux hommes qu'il leur faut se soucier, non de leurs richesses, non de leur honneur, mais d'eux-mêmes, et de leur âme[81] ». Or, ces rapports éthiques de soi à soi étaient généralement pensés sur le modèle de la métaphore médicale, puisque précisément médecine et morale ont toujours été confondues sur la question du rapport à soi. De plus, comme l'écrit Foucault, et par principe, « la pratique de soi implique qu'on se constitue à ses propres yeux non pas simplement comme individu imparfait, ignorant et qui a besoin d'être corrigé, formé et instruit, mais comme individu qui souffre de certains maux et qui doit les faire soigner soit par lui-même, soit par quelqu'un qui en a la compétence[82] ». Mais Socrate ne détient pas le privilège de l'art de toute cette connaissance de soi-même qui se trouve abordée, développée, approfondie dans de nombreux ouvrages. Et ce qui point, dans cette analyse universalisée prenant pour fin principale le déplacement du regard et la conversion à soi, c'est, au-delà des moyens et des usages, la visée personnaliste qui ne déploiera sa grande envergure que dans le souci de l'autre. Ainsi d'une morale des plaisirs s'élevant du cadre d'inquiétudes médicales, on va déboucher sur une réciprocité qui ne sera pas seulement d'intérêts : la gestion de l'*oikos* se trouvera placée au second plan dans la question du mariage, dont la finalité est d'assurer la descendance en même temps que de vivre ensemble dans une conversion à soi qui passe par la conversion à l'autre. Jamais le plaisir sexuel n'a été assimilé au « mal », et toujours il est pensé comme force à laquelle l'individu doit se mesurer. Si on est loin du temps où il deviendra le « mal », déjà on peut voir avec Foucault « comment la question du mal commence à travailler le thème ancien de la force, comment la question de la loi commence à infléchir le thème de l'art et de la *technè*, comment la question de la vérité et le principe de la connaissance de soi se développent dans les pratiques de l'ascèse[83] ». Ce qui frappe à l'époque hellénistique et romaine, ce n'est pas la crainte de la démesure, mais celle de la faiblesse humaine, de « la fragilité de l'individu à l'égard des maux divers que peut susciter l'activité sexuelle[84] ». Celle-ci est vue comme dangereuse, préférable dans le mariage, à éviter dans l'amour pour les garçons, sans que celui-ci soit lui-même condamné.

NOTES

1. En fait, le terme même de « sexualité », avant Nietzsche et Freud, est peu usité. Nous avons cherché dans le *Traité d'anthropologie physiologique et philosophique* du docteur F. Frédault (Paris, Baillière, 1863) le terme de « sexualité » *sans le trouver* : l'auteur traite des « besoins d'émission ovulaire chez la femme et spermatique chez l'homme, qui peuvent se faire naturellement par la menstruation chez l'une, par les pollutions chez l'autre, mais qui sollicitent les rapports sexuels » (*op. cit.*, p. 438). Ainsi en est-il des « modes objectifs de l'affection ». Quant à ses « modes subjectifs », il s'agit de chercher « dans quels états l'affection peut se trouver à l'égard de l'objet » (*op. cit.*, p. 443). L'état de passion peut affecter tous les modes, objectifs et subjectifs. Jusque dans les dernières années de son activité (1888-1889), Nietzsche parlera souvent d'instinct sexuel *(Geschlechtstrieb)*, par exemple dans les *Nachgelassene Werke* (Kröner, Leipzig, 1911, p. 334), ou d'acte sexuel *(geschlechtlichen Aktus)* dans un fragment posthume (*Œuvres philosophiques complètes*, XIV, *Fragments posthumes*, début 1888-début janvier 1889, Gallimard, Paris, 1977, p. 342). Le terme de « sexualité » *(Geschlechtlichkeit)* apparaît aussi, par exemple dans *Par-delà le bien et le mal*, 75 : « Le degré et la nature de la sexualité d'un homme atteint jusqu'au dernier sommet de son esprit » (collection Marabout Université, notre traduction, Verviers, 1975, p. 99). Mais le substantif *Geschlechtlichkeit* reste sous sa plume infiniment plus rare que l'adjectif *geschlechtlich* ou les mots composés avec *Geschlecht*, comme *Geschlechtstrieb, Geschlechtsliebe, Geschlechtsverbände ;* naturellement le substantif « sexe », *Geschlecht*, est utilisé par Nietzsche sans restriction.

Ce sera Freud qui banalisera le terme même de « sexualité ». Enfin, pour ce qui est du début du XIXe siècle comme l'époque à laquelle Foucault nous renvoie pour constater l'apparition du terme, ce point n'est pas évident. Il semble qu'Auguste Comte soit l'un des premiers à utiliser le terme. Littré ne lui donne pas d'entrée dans son *Dictionnaire* (1863 et 1872) mais en donne une à « *sexualisme* » et il cite, à ce propos, Sénebier, *Essai sur l'art d'observer* (1802). Comte, en effet, place *l'instinct sexuel* immédiatement après l'instinct nutritif, dans la théorie cérébrale qu'il expose dans le tome I du *Système de politique positiviste* (1851) et dans le

Catéchisme positiviste (1852). On lit le terme de « sexualité » sous sa plume : « Les deux sexes diffèrent à cet égard, surtout dans notre espèce, puisque la sexualité se trouve plus développée chez l'homme et la maternité chez la femme » (*Système de politique positive*, t. IV, 239). Ce texte a paru en 1854. Il faut noter que la théorie de Comte concernant les fonctions cérébrales (y compris la sexualité) n'a pu se dégager de l'emprise de Gall et se constituer qu'à travers la découverte de la « sociologie ».

2. *L'Usage des plaisirs*, sigle *UP*, p. 11.

3. *Ibid.*

4. *Ibid.*

5. *UP*, p. 16 : « Pourquoi ce souci éthique, qui, au moins à certains moments, dans certaines sociétés ou dans certains groupes, paraît plus important que l'attention morale qu'on porte à d'autres domaines pourtant essentiels dans la vie individuelle ou collective, comme les conduites alimentaires ou l'accomplissement des devoirs civiques ? »

6. *Ibid.*

7. *Ibid.*

8. *Ibid.*

9. *UP*, p. 19.

10. *Annuaire du Collège de France 1981-1982. Résumé des Cours et Travaux. 82e année*, Paris, 11, place Marcelin-Berthelot, V^e^, pp. 395-406.

11. *Op. cit.*, p. 403.

12. *Op. cit.*, p. 406 : « Et Sénèque envisageait le moment de la mort comme celui où on pourrait en quelque sorte se faire juge de soi-même, et mesurer le progrès moral qu'on aura accompli jusqu'à son dernier jour. Dans la lettre 26, il écrivait : "Sur le progrès moral que j'aurais pu faire, j'en croirai la mort... J'attends le jour où je me ferai juge de moi-même et connaîtrai si j'ai la vertu sur les lèvres ou dans le cœur". »

13. *Annuaire du Collège de France 1979-1980. Résumé des Cours et Travaux. 80e année*, Paris, pp. 449-452. Voir p. 449.

14. *Annuaire du Collège de France 1980-1981. Résumé des Cours et Travaux. 81e année*, Paris, pp. 385-389. Voir p. 386.

15. *Ibid.*

16. *Ibid.*

17. *Ibid.*

18. *Ibid.* : « Comme on le trouve dans la pédagogie, les conseils de conduite, la direction spirituelle, la prescription des modèles de vie, etc. »

19. *Op. cit.*, p. 387.

20. *UP*, p. 31.

21. *UP*, p. 33.

22. *Ibid.*

23. *UP*, p. 34.

24. *Ibid.*

25. *Ibid.*

26. *UP*, p. 62.

27. *UP*, p. 73.

28. *UP*, p. 74.

29. *Ibid.*

30. *UP*, p. 82.
31. *UP*, pp. 85-86.
32. *UP*, p. 90.
33. *UP*, p. 98.
34. *UP*, p. 99.
35. *Ibid.*
36. *UP*, p. 101.
37. *UP*, p. 103.
38. *UP*, p. 103.
39. *UP*, p. 105.
40. *UP*, p. 106.
41. *UP*, p. 107.
42. *UP*, p. 140. *Cf.* p. 151.
43. *UP*, p. 156.
44. *UP*, p. 163.
45. *UP*, p. 188.
46. *UP*, p. 208.
47. *UP*, p. 234.
48. *UP*, p. 245.
49. *Ibid.*
50. *UP*, p. 246.
51. *UP*, p. 14.
52. *Le Souci de soi*, sigle *SS*, p. 41.
53. *SS*, p. 46.
54. *SS*, p. 57.
55. *SS*, p. 89.
56. *SS*, p. 92.
57. *Ibid.*
58. *SS*, p. 93.
59. *SS*, p. 105.
60. *SS*, p. 107.
61. *Œuvres Complètes de Sénèque*, Lib. Hachette, Paris, 1905. Tome second, *Lettres à Lucilius*, lettre XIV, p. 30. Dans cette lettre, Sénèque évoque les dangers : la violence des plus puissants, le courroux des puissances ; et il propose le sacerdoce de la philosophie pour vaincre la peur des « gouffres tournoyants ».
62. *SS*, p. 117.
63. *SS*, p. 145.
64. *SS*, p. 146.
65. *SS*, p. 175.
66. *SS*, p. 180.
67. *SS*, p. 189.
68. *SS*, p. 191.
69. *SS*, p. 213. Voir de Plutarque, *Banquet des sept sages, Préceptes conjugaux, Des vertus des femmes, Dialogue sur l'amour,* ouvrages cités par Foucault.
70. *SS*, p. 230.
71. *SS*, p. 234.
72. *SS*, p. 236.
73. *SS*, p. 237.

74. *SS*, p. 241.

75. *SS*, p. 245.

76. *SS*, p. 252 : « La modification physique des garçons est invoquée ici comme principe non de fugacité des sentiments mais d'inversion du rôle sexuel. »

77. *SS*, p. 253 : « Dans la relation sexuelle avec une femme, il y a, affirme-t-il, "un échange égal de jouissance". »

78. Aristote, *Politique*, Livres I et II, texte établi et traduit par Jean Aubonnet, Les Belles Lettres, Paris, 1968. Voir livre I, III, 2, p. 16.

79. *SS*, p. 271.

80. *SS*, p. 59.

81. *SS*, p. 58.

82. *SS*, p. 73.

83. *SS*, p. 85.

84. *SS*, p. 272.

L'ENTREPRISE DE SAVOIR : COMMENT ET JUSQU'OÙ IL SERAIT POSSIBLE DE PENSER AUTREMENT

Dans notre Introduction nous posions la question de savoir si l'archéologue devait jamais élaborer une théorie générale. Nos racines exhumées, nos généalogies démontrées, nous pressentons maintenant quelles pourraient être les tâches préliminaires à cette théorie générale. Et nous avons acquis la certitude qu'une vie n'y suffit pas.

Mais la philosophie de l'historien philosophe qu'est Foucault relève de la théorie enveloppante née du champ spécifique qu'elle s'est ménagée. L'ambition archéologique et généalogique que nous lui prêtions s'est confirmée au-delà de toute espérance, réalisant l'égarement, la déprise de soi, l'exploration de soi par le rapport à l'autre, le commerce de l'autre, l'exercice d'un autre savoir. A quoi servirait le jeu de la vérité s'il ne devait nous modifier nous-mêmes ?

Pour savoir ce qui se passe aujourd'hui, nous devons conjurer nos propres limites ; et celles-ci ne reculeront pas si nous nous frappons la tête contre les murs. C'est vers nous-mêmes que nous devons nous tourner, à nous que nous devons nous convertir, à cette commune subjectivité, objet possible de notre connaissance. L'homme, devenu objet positif de notre savoir, nous apparaît dans une histoire de la subjectivité : que celle-ci soit abordée par la médiation des partages sociaux entre fous et non-fous, entre malades et non-malades, entre délinquants et non-délinquants, ou qu'elle le soit simplement dans l'examen du rapport à soi, du souci de soi, et du souci de soi à travers l'autre. Ce que Foucault a développé dans notre représentation de la gouvernementalité, c'est que le pouvoir n'est pas un système unitaire à dynamique interne, mais tout un domaine de relations stratégiques entre les individus et entre les groupes, selon les règles du jeu institutionnel dans lequel la norme et les disciplines opèrent une dynamique plurielle difficile à maîtriser. L'histoire de la subjectivité dévoile la mécanique des stratégies du gouvernement de soi, articulé aux rapports avec l'autre. Où l'on voit le souci de soi conduire au souci de l'autre.

Foucault a travaillé dans l'optique de penser autrement, de nous faire tous penser autrement la tâche de susciter notre histoire. Cet historien de la pensée nous a introduit à l'anthropologie historique en dégageant les issues que prend la problématisation de ce que nous croyons être, de ce que nous croyons faire ou transformer (serait-ce le monde même). L'archéologie des problématisations s'est ainsi doublée d'une généalogie des pratiques de soi. La croisée de ces deux voies nous a fait perdre en chemin la notion d'interdit. Ne proposait-il pas dans *La Volonté de savoir* de nous affranchir de l'instance du sexe ? Il écrivait : « Contre le dispositif de sexualité, le point d'appui de la contre-attaque ne doit pas être le sexe-désir, mais les corps et les plaisirs[1]. » Autre façon de se déprendre de soi pour se déprendre du pouvoir biotechnique. Or celui-ci ne réprime pas : bien au contraire, il suscite la sexualité, car « s'il y a quelque chose qui est du côté de la loi, de la mort, de la transgression, du symbolique et de la souveraineté, c'est le sang ; la sexualité, elle, est du côté de la norme, du savoir, de la vie, du sens, des disciplines et des régulations[2] ». Aussi pour maîtriser la biopolitique — qui est « la manière dont on a essayé depuis le XVIIIe siècle, de rationaliser les problèmes posés à la pratique gouvernementale par les phénomènes propres à un ensemble de vivants constitués en population : santé, hygiène, natalité, longévité, races[3]... » —, il faut non pas « libéraliser » la sexualité, mais se convertir à la culture de soi. Ce qui serait une façon de réaliser la Promesse-Menace du « surhomme », commentée par Foucault dans *Les Mots et les Choses* comme la « grondante inexistence » de l'homme moderne. Aussi le prélude à l'éthique comme rapport à soi faut-il le voir déjà joué longtemps à l'avance, et renouvelé dans la chute de *La Volonté de savoir* : « Et nous devons songer qu'un jour, peut-être, dans une autre économie des corps et des plaisirs, on ne comprendra plus bien comment les ruses de la sexualité, et du Pouvoir qui en soutient le dispositif, sont parvenues à nous soumettre à cette austère monarchie du sexe, au point de nous livrer à la tâche indéfinie de forcer son secret et d'extorquer à cette ombre les aveux les plus vrais[4]. »

Pour articuler le présent et l'actuel sans tomber dans l'ornière des automatismes modernes dont souffre notre pensée, nous devons reconnaître avec Foucault les deux voies qui s'imposent à notre choix. Soit « une philosophie analytique, de la vérité en général[5] », soit cette autre philosophie critique que constitue l'ontologie de nous-mêmes et l'ontologie de l'actualité. Et Foucault concluait dans son premier cours de l'année 1983 : « C'est cette forme de philosophie qui, de Hegel à l'École de Francfort en passant par Nietzsche et Max Weber, a fondé une forme de réflexion dans laquelle j'ai essayé de travailler[6]. »

NOTES

1. *VS*, p. 208.
2. *VS*, p. 194.
3. *Annuaire du Collège de France 1978-1979. Résumé des Cours et Travaux. 79e année*, Paris, p. 367.
4. *VS*, p. 211.
5. « Un cours inédit », in *Le Magazine littéraire*, mai 1984, Paris, p. 39.
6. *Ibid.*

BIBLIOGRAPHIE DES ŒUVRES DE MICHEL FOUCAULT
(seuls les ouvrages sont recensés)

Maladie mentale et psychologie. PUF, 1954, rééd. 1966.
Folie et déraison, Histoire de la folie à l'âge classique. Plon, 1961. Rééd. Gallimard, 1972.
Naissance de la clinique. PUF, 1963.
Raymond Roussel. Gallimard, 1963.
Les Mots et les Choses. Gallimard, 1966.
L'Archéologie du savoir. Gallimard, 1969.
L'Ordre du discours. Leçon inaugurale du Collège de France. Gallimard, 1971.
Ceci n'est pas une pipe. Fata Morgana, 1973.
Moi, Pierre Rivière, ayant égorgé ma mère, ma sœur et mon frère... Gallimard-Julliard, 1973.
Surveiller et punir. Gallimard, 1975.
La Volonté de savoir, Histoire de la sexualité, tome I. Gallimard, 1976.
Microphysique du pouvoir, éditée par Alessandro Fontana et Pasquale Pasquino. Turin, Einaudi, 1977.
Herculine Barbin dite Alexina B. Gallimard, 1978.
Le Désordre des familles, Lettres de cachet des archives de la Bastille, présentées par Arlette Farge et Michel Foucault. Gallimard, 1982.
L'Usage des plaisirs, Histoire de la sexualité, tome II. Gallimard, 1984.
Le Souci de soi, Histoire de la sexualité, tome III. Gallimard, 1984.